AF198262

**Kinder fordern uns heraus**

Ratgeber für die Familie bei Klett-Cotta

Hendrik Simon

# Dyskalkulie – Kindern mit Rechenschwäche wirksam helfen

Klett-Cotta

Der Autor:
Hendrik Simon ist Diplommathematiker und promovierter Mathematikdidaktiker. Er wohnt in Erftstadt, wo er in eigener Praxis rechenschwache Kinder therapiert. Außerdem arbeitet er an der Bergischen Universität Wuppertal als Dozent in der Lehrerausbildung. Gemeinsam mit seiner Frau Nina entwickelt er Unterrichtsmaterialien und Lernspiele für die Grundschule.

Klett-Cotta
www.klett-cotta.de
© 2005 by J. G. Cotta'sche Buchhandlung
Nachfolger GmbH, gegr. 1659
Stuttgart
Alle Rechte vorbehalten
Printed in Germany
Umschlag: Finken & Bumiller, Stuttgart
unter Verwendung eines Fotos von: © zefa visual media, Düsseldorf
Gesetzt aus der 9,5 Punkt Melior von Dörlemann Satz, Lemförde
Gedruckt und gebunden von Esser printSolutions GmbH, Bretten
ISBN 978-3-608-94597-3

Vierte Auflage, 2018


Bibliographische Information der Deutschen Nationalbibliothek
Die Deutsche Nationalbibliothek verzeichnet diese Publikation in der Deutschen Nationalbibliographie; detaillierte bibliographische Daten sind im Internet über <http://dnb.d-nb.de> abrufbar

# Inhalt

# 1. Einleitung

»Rechnen war noch nie meine große Stärke« oder »Ich habe in Mathe immer eine Fünf gehabt«. Solche und ähnliche Zitate hört man immer wieder in den Medien. Prominente bekennen sich zu ihren Problemen mit der Mathematik und können mit dem wohlwollenden Verständnis ihrer Gesprächspartner rechnen.

Weniger Verständnis erfährt jedoch ein Kind, wenn es scheinbar grundlos in Mathematik versagt. Der rücksichtsvollere Teil seines Umfeldes »unterstützt« es mit gut gemeinten Ratschlägen, während es von anderen Menschen als faul, störrisch oder dumm bezeichnet wird. Schule und Hausaufgaben können so zum Alptraum werden. Diese Situation belastet nicht nur das Kind selbst, sondern die ganze Familie. Leider vergeht oft viel Zeit, bis der Kern des Problems, nämlich eine Teilleistungsschwäche namens »Dyskalkulie« oder »Rechenschwäche«, erkannt wird – Zeit, die sinnvoller hätte genutzt werden können.

Dieser Ratgeber richtet sich in erster Linie an Eltern, Lehrer und sonstige Bezugspersonen von Kindern, die durch Probleme im Fach »Mathematik« auffallen. Er setzt sich praxisorientiert mit dem Thema »Dyskalkulie/ Rechenschwäche« auseinander und zeigt eigene Handlungsmöglichkeiten auf.

Eine kurze Einstimmung gibt Ihnen die Gelegenheit, sich ein wenig mit der Wahrnehmung der Mathematik durch ein rechenschwaches Kind vertraut zu machen. Nach der Definition von Dyskalkulie/Rechenschwäche im 3. Kapitel widmet sich Kapitel 4 den Fehlern, die bei rechenschwachen Kindern am häufigsten zu beobachten sind. Erklärungen für diese Fehler helfen dabei, das Kind zu verstehen und die angespannte Situation in der Familie zu lindern.

Der darauf folgende 5. Abschnitt stellt einfache und aussagekräftige Tests vor, die im Familien- oder Schulrahmen eingesetzt werden können und dabei helfen, eine echte Dyskalkulie/ Rechenschwäche von anderweitigen Problemen zu unterscheiden. In den Erläuterungen zu diesen Tests werden die Voraussetzungen für das Lernen von Mathematik erklärt.

Das 6. Kapitel konzentriert sich auf die Mathematik aus der Sicht des Kindes. Es soll dabei helfen, das Verhalten und die Gefühle des Kindes besser zu verstehen, und macht Vorschläge, wie dem Kind das Leben erleichtert werden kann.

Im 7. Kapitel werden Möglichkeiten der Förderung sowohl für zu Hause als auch für die Schule vorgestellt. Sie werden durch einen begründeten Forderungskatalog an gewerbliche Therapiemaßnahmen ergänzt.

Näheres zur Definition von Rechenschwäche, Hinweise zur rechtlichen Lage und kompakte Erläuterungen der wichtigsten Begriffe runden den Ratgeber ab.

## 2.    Einführung: ein Unterrichtsbeispiel

Rechenschwache Kinder leben in einer Welt, in der sie erleben, dass niemand ihr Problem versteht. In vielen Lehrsituationen (in der Schule, aber auch zu Hause) werden solche Kinder missverstanden, weil die Lehrperson (Lehrer, Eltern, Nachhilfelehrer etc.) den eigentlichen Leistungsstand des Kindes nicht kennt und daher falsch einschätzt. Um ein wenig auf die Schwierigkeiten in der Kommunikation zwischen Lehrperson und Kind einzugehen, folgt jetzt eine fiktive Unterrichtssituation mit einem Erstklässler und seiner Lehrerin:

Die Situation sei die, dass das Kind die 1 + 1-Aufgaben schlechter als seine Klassenkameraden auswendig lernt. Die Lehrerin will dem Kind noch einmal einen Rechentrick erklären, mit dem man Aufgaben wie 6 + 4 rechnet. Zuerst soll das Kind also 6 + 4 mit Klötzchen ausrechnen, bevor die Lehrerin mit dem Kind erarbeitet, dass 6 + 4 = 5 + 5 ist. Damit kann das Kind also zur Erinnerung von 6 + 4 auf 5 + 5 = 10 zurückgreifen.

Damit Sie die Unterrichtssituation erst aus der Perspektive der Lehrerin wahrnehmen und dann die Perspektive des Kindes einnehmen können, folgt der Dialog zweimal: beim ersten Durchgang so, wie er von außen wahrgenommen würde, und beim zweiten Mal in Klammern mit dem, was ein rechenschwaches Kind denken könnte. Die notierten Gedanken des Kindes sind, wie die Unterrichtssituation, rein fiktiv, spiegeln aber die mir bekannte Denkweise von Kindern mit Schwierigkeiten in Mathematik wider. In den grauen Kästen wird der jeweils zuvor geschilderte Dialog genauer betrachtet.

**Der Unterricht, von außen wahrgenommen**

| | |
|---|---|
| Lehrerin: | »*Finde mal mit den Klötzchen heraus, was 6 + 4 ist!*« |
| Kind: | Zählt aus einem Vorrat sechs Klötzchen ab und legt sie auf den Tisch. Dann zählt es weitere vier Klötzchen ab und legt sie neben den ersten Haufen. Nun zählt es erst den einen Haufen durch und dann beim anderen weiter: »*1, 2, 3, 4, 5, 6, …, 7, 8, 9, 10.*« |
| Lehrerin: | »*Du brauchst nicht den ersten Haufen nochmals durchzuzählen!*« |
| Kind: | »*Ich muss doch wissen, wie viel es zusammen ist!*« |
| Lehrerin: | »*Du weißt ja, wie viel der erste Haufen ist, und dann musst du nur noch beim zweiten Haufen zu Ende zählen!*« |
| Kind: | »*Ach so.*« |
| Lehrerin: | »*Und jetzt zeige ich dir einen Trick, wie man noch viel leichter auf das Ergebnis kommt!*« |
| Kind: | (ungeduldig) »*Mmmh.*« |
| Lehrerin: | »*Du nimmst von dem einen Haufen einen weg und tust ihn zum anderen Haufen. Was hast du dann für eine Aufgabe?*« |
| Kind: | Nimmt ein Klötzchen und verschiebt es zum anderen Haufen. Es zählt: »*Eins, zwei, drei, …*« |
| Lehrerin: | (unterbricht das Kind) »*Du hast jetzt von den sechs einen weg, wie viel sind es dann noch?*« |
| Kind: | »*… Fünf. Und da: eins, zwei, drei, …*« |
| Lehrerin: | »*Die brauchst du jetzt nicht zu zählen!*« |
| Kind: | »*Aber ich muss doch noch wissen, wie viele das sind!*« |
| Lehrerin: | »*Das waren eben vier und da kam einer dazu.*« |
| Kind: | »*Fünf.*« |

| | |
|---|---|
| Lehrerin: | *»Also ist die Aufgabe?«* |
| Kind: | *»Fünf plus Fünf. Sind zehn.«* |
| Lehrerin: | *»Gut! Und sechs plus vier waren ja auch zehn. Siehst du jetzt, wie man das auch rechnen kann?«* |
| Kind: | *»Man muss einfach einen rüber tun, und dann hat man fünf plus fünf ist zehn.«* |

Ein unabhängiger Beobachter würde an dieser Stelle vielleicht folgendes Fazit ziehen:

- Das Kind kann die Addition sinnvoll mit Klötzchen darstellen.
- Es ist nicht immer flexibel in der Vorgehensweise.
- Das Kind hat anhand des Beispiels verstanden, dass 6 + 4 dasselbe sein muss wie 5 + 5.

Die Lehrerin würde die Unterrichtssituation so empfinden:

- Das Kind hat bereitwillig mitgearbeitet und eigene Gedanken eingebracht.
- Es nimmt Ratschläge an.
- Es ist noch nicht sicher in der Addition.
- Es hat diesen Zusammenhang verstanden. Es braucht aber sicherlich noch Übung, um ihn auf ähnliche Beispiele auszudehnen.

Weitere Kommentare:

- Die gezeigte Unterrichtssituation ist didaktisch wertvoll. An einem Beispiel, welches das Kind selbst handelnd erleben darf, wird ein Zusammenhang aufgezeigt, der auch auf andere Beispiele ausdehnbar ist.
- Die Lehrerin ist aufmerksam, erkennt Stellen, an denen das Kind ineffektive Strategien nutzt, und geht darauf ein.

**Sehen wir uns jetzt einmal den Unterricht Schritt für Schritt an:**

*(Die Gedanken des Kindes sind in Klammern gesetzt)*

(1) Lehrerin: *»Finde mal mit den Klötzchen heraus, was 6 + 4 ist!«*

(2) Kind: Zählt aus einem Vorrat sechs Klötzchen ab und legt sie auf den Tisch. Dann zählt es weitere vier Klötzchen ab und legt sie neben den ersten Haufen. Nun zählt es erst den einen Haufen durch und dann beim anderen weiter: *»1, 2, 3, 4, 5, 6, ..., 7, 8, 9, 10.«*

(3) Lehrerin: *»Du brauchst nicht den ersten Haufen nochmals durchzuzählen!«*

(4) Kind: *(Hä? Plus ist doch, wenn ich sage, wie viel die beiden Haufen zusammen sind. Hat die Lehrerin doch so erklärt. Und wie viel, das finde ich raus, wenn ich zähle. Wieso soll ich dann den einen Haufen nicht mitzählen?)* *»Ich muss doch wissen, wie viel es zusammen ist!«*

(5) Lehrerin: *»Du weißt ja, wie viel der erste Haufen ist, und dann musst du nur noch beim zweiten Haufen zu Ende zählen!«*

(2) Das Kind kennt die Darstellung der Addition mittels Klötzchen. Das geht aber fast allen Kindern so, auch den besonders schwachen. Das Durchzählen aller vorhandenen Klötzchen, um die Summe zu bestimmen, sollte eigentlich nicht mehr stattfinden.

(3) Die Reaktion der Lehrerin ist verständlich.

(4) Die Antwort des Kindes widerspricht dem Hinweis der Lehrerin. Da es aus der Sicht der Lehrerin zulässig ist weiterzuzählen, das Kind aber deutlich widerspricht, könnte hier ein Hinweis auf größere Probleme des Kindes vorliegen.

(5) Die Lehrerin erklärt den Grund für die Abkürzung (das Weiterzählen) noch einmal. Allerdings ist diese Erklärung nur für Kinder mit Zahlverständnis sinnvoll.

(6) Kind: *(Dann stimmt das doch nicht mehr. Man muss doch alles zählen. Aber wenn die Lehrerin das sagt, dann mache ich das besser so, weil sie dann sagt, dass es richtig ist.)* »Ach so.« *(Ich hoffe, ich kann mir das merken, wenn ich mit der Lehrerin arbeite. Die Hausaufgaben mache ich aber lieber so, wie ich weiß, dass es richtig ist.)*

(7) Lehrerin: *»Und jetzt zeige ich dir einen Trick, wie man noch viel leichter auf das Ergebnis kommt!«*

(8) Kind: (ungeduldig) *»Mmmh.«* *(Ich kann mir doch nicht so viel auf einmal merken! Eine Methode reicht doch.)*

(9) Lehrerin: *»Du nimmst von dem einen Haufen einen weg und tust ihn zum anderen Haufen. Was hast du dann für eine Aufgabe?«*

(10) Kind: *(Das ist einfach. Es sind ja immer noch zwei Haufen, also Plus. Ich mach mal schnell einen rüber.)* Nimmt ein Klötzchen und verschiebt es zum anderen Haufen. Es sagt: *»Eins, zwei, drei, ...«*

(6) Das »Ach so« ist eine Reaktion vieler Kinder, die es gewohnt sind, Erklärungen zu bekommen, die sie nicht verstehen. Sie haben bereits erfahren, dass ihnen Erklärungsversuche der Lehrer nie etwas bringen. Das liegt daran, dass sämtliche Erklärungsmuster, die von den Lehrkräften im Studium und in der Schulpraxis gelernt werden, von Kindern mit Kardinalzahlverständnis ausgehen. Das »Ach so« motiviert die Lehrerin auch, ohne Bedenken fortzufahren.

(8) Die Ungeduld kann Interesse signalisieren, aber auch den Wunsch, dass die Situation möglichst bald vorbei ist. Ein weiterer Trick, etwas zu rechnen, wenn doch

schon ein funktionierender Trick da ist und eine zweite Variante bekannt (das Weiterzählen), scheint unnötig und verwirrt zusätzlich. Dieses Gefühl kennt das Kind und möchte ihm entgehen.

(9) Die Lehrerin will hier eine Rechenaufgabe in eine andere Rechenaufgabe abwandeln. Da sie durch ihre Handlungsanweisung die Handlungsebene anspricht, ist das Kind wieder motiviert, denn diese Aufgabenstellung ist ohne Rechnen lösbar.

(10) Das Kind benutzt hier Hinweiswörter (so genannte »cues«), um die Aufgabe so »mathematisch« wie möglich zu bearbeiten. Es wird nach einer Aufgabe gefragt. Zwei Haufen sind Plus. Und jetzt, so wie immer, zählen, was da ist ...

(11) Lehrerin: (unterbricht das Kind) *(Wieso unterbricht die mich jetzt, ich mache doch alles richtig!)* »Du hast jetzt von den sechs einen weg, wie viel sind es dann noch?«

(12) Kind: *(Einen weg von 6? Fünf kommt vor sechs.)* »Fünf. Und da: eins, zwei, drei, ...«

(13) Lehrerin: »Die brauchst du doch jetzt nicht zu zählen!«

(14) Kind: »Aber ich muss doch noch wissen, wie viele das sind!«

(15) Lehrerin: »Das waren eben vier und da kam einer dazu.«

(11) Zählen ist aus Sicht der Lehrerin hier nicht nötig. Die Lehrerin weiß, dass die sechs Klötzchen von eben um eines vermindert wurden. Damit das Kind nicht immer gedankenlos zählt, weist sie es durch eine »geschickte« Frage darauf hin, dass man das Ergebnis auch ohne Zählen bekommen kann.

(12) Das Kind, das eben noch voller Elan an einer Fragestellung gearbeitet hatte, sieht sich, obwohl es ziemlich

sicher war, dass es auf dem richtigen Weg ist, mit Kritik an seiner Vorgehensweise konfrontiert. Glücklicherweise (aus der Sicht des Kindes) stellt die Lehrerin wieder eine Frage mit Hinweiswörtern. Die Frage lautet übersetzt: »Welche Zahl kommt vor sechs?« Da das Kind sich weiter auf dem richtigen Weg weiß (schließlich war die Antwort auf die letzte Frage garantiert richtig!), fährt es mit der Beantwortung der ursprünglichen Frage fort und setzt an, den zweiten Haufen durchzuzählen.

(13) Die Lehrerin möchte, dass das Kind das Wissen aus dem vorigen Schritt anwendet, nämlich dass man ohne Nachzählen das Ergebnis der Veränderung herausfinden kann.

(14) Das Kind wird erneut in seiner als sicher geglaubten Vorgehensweise unterbrochen. Es will diese beibehalten und begründet sein Beharren auf dieser Vorgehensweise.

(15) Um dies zu verhindern, gibt die Lehrerin einen Hinweis, der das Kind dazu veranlassen soll, abermals auf seinen eigenen Weg zu verzichten. Da sie das Ergebnis schnell will, benutzt sie (unbewusst?) wieder suggestive Hinweiswörter.

(16) Kind:       *(Nach 4 kommt 5.) »Fünf.«*

(17) Lehrerin: *»Also ist die Aufgabe?«*

(18) Kind:       *»Fünf plus Fünf. (5 + 5 = 10 weiß ja jeder. Ob ich das noch sagen soll?) Sind zehn.«*

(19) Lehrerin: *»Gut! Und sechs plus vier waren ja auch zehn. Siehst du jetzt, wie man das auch rechnen kann?«*

(20) Kind:       *(Das muss jetzt mit dem Rüberschieben zusammenhängen, sonst hätten wir das alles nicht gemacht!) »Man muss einfach einen rübertun, und dann hat man fünf plus fünf ist zehn. (Verstehe ich nicht, aber ich kann ja sowieso plus, dann muss ich das nicht verstehen.)*

(16) Das Kind übersetzt die Frage als »Was kommt nach vier?«. Es gibt die Antwort, von der es weiß, dass sie das ist, was die Lehrerin hören möchte. Wieso das jetzt einen Zusammenhang mit der vorherigen Handlung haben soll, wird dem Kind nicht so schnell klar, wie die Lehrerin zur nächsten Frage übergeht.

(18) Aus den vorigen Fragen der Lehrerin wird klar, dass die beiden Fünfen zu den beiden Haufen gehören. Es ging um eine Plusaufgabe, also um die Aufgabe 5 + 5. Da das Kind aber zeigen will, dass es etwas verstanden hat, liefert es das Ergebnis, von dem es weiß, dass es zu 5 + 5 gehört, gleich mit. Die Aufgabe 6 + 4 ist zu diesem Zeitpunkt vergessen.

(19) Die Lehrerin geht auf Nummer sicher, dass die ursprüngliche Aufgabe wieder »da« ist, indem sie selbst die Aufgabe und das Ergebnis von einer Minute vorher erwähnt. Sie will jetzt vom Kind noch einmal zum Abschluss hören, ob die Rechenweise verstanden wurde.

(20) Das Kind merkt, dass es sich hier um den Abschluss der Fragerei handelt, und weiß aus Erfahrung, dass die Frage auf den vorherigen Inhalt abzielt. Außerdem war fünf plus fünf auch zehn. Es beschreibt einfach nochmals die Handlung, die es selbst durchgeführt hat (Handlungen sind das, woran sich der Mensch am besten erinnert!), und das Fazit, welches das Ergebnis der Anstrengungen zu sein schien.

Dieses Unterrichtsbeispiel legt folgendes Fazit nahe:

- Wenn man mit rechenschwachen Kindern ergebnisorientiert arbeitet, billigt man dem Kind oft schneller Verständnis zu, als es dieses bekommt.
- Viele Aussagen des Kindes kann die Lehrperson auf mehrere Weisen interpretieren. Sie sollte daher erst dann an-

nehmen, dass das Kind etwas verstanden hat, wenn sie sich dessen sicher ist.

- Viele Aussagen der Lehrperson werden vom Kind anders interpretiert, als die Lehrperson sich dies vorstellt. Die Antwort des Kindes ist immer die Antwort auf die Interpretation des Kindes.
- Man sollte sich für die Arbeit mit einem schwachen Kind kein bestimmtes Pensum vornehmen. Zeitdruck ist ein schlechter Mitarbeiter.

Wie erlebt das Kind wohl diesen Unterricht?
- Es weiß, dass die Lehrerin ihm helfen will.
- Es erlebt ein weiteres Mal, dass jeder eigene gedankliche Ansatz von der Lehrerin abgebrochen wird.
- Es sieht erneut, dass es durch eine schematische Vorgehensweise dazu in der Lage ist, richtige Antworten zu liefern. Dabei ist es ihm sehr wohl klar, dass das nicht zu seinem Verständnis beiträgt.
- Es sieht, dass man sich unangenehmen Lehrsituationen leicht entziehen kann durch (a) Raten, was gemeint sein könnte, (b) gedankenloses Akzeptieren von angeblichen Zusammenhängen und (c) gespieltes Verständnis.

Kinder mit Rechenschwäche sind oft im Unterricht, Förderunterricht und zu Hause solchen Lehr- und Lernsituationen ausgesetzt. Die Lehrkräfte, Erzieher, Eltern etc. wissen oft nichts von einer bestehenden Rechenschwäche oder können damit nicht umgehen. Die Erklärungsversuche bewirken meist nur eine Verstärkung der nachfolgenden Erkenntnisse des Kindes:
- Jeder will mir helfen. (Wie steht es nur um mich?)
- Ich mache alles falsch. (Ich bin dumm!)
- Es macht nichts, wenn ich es nicht verstehe; ich komme auch so durch!
- Ich muss möglichst wenig Aufmerksamkeit auf mein Matheproblem lenken!

## 3. Was ist Rechenschwäche/Dyskalkulie?

Als Eltern oder Lehrer haben Sie bei einem Kind große Lücken im Bereich Mathematik feststellen können. In diesem Zusammenhang ist der Begriff Rechenschwäche oder Dyskalkulie aufgetaucht. Dieser Begriff klingt so, als würde es sich um etwas Ähnliches handeln wie bei einer Legasthenie (Lese-Rechtschreib-Schwäche), nur im Bereich Mathematik, was im Wesentlichen auch richtig ist. Wie die Legasthenie ist die Rechenschwäche eine Teilleistungsstörung. Das bedeutet, dass die Leistung des Kindes in einem bestimmten Schulfach (Mathematik) erheblich niedriger ist, als die Intelligenz des Kindes es erwarten lassen würde. Im internationalen und nationalen Gebrauch hat sich eine entsprechende Definition durchgesetzt. In Deutschland wird eine Rechenschwäche durch einen kombinierten Test festgestellt. Dabei werden ein Intelligenztest und ein mathematischer Test durchgeführt. Um eine Rechenschwäche zu diagnostizieren, müssen die gemessene Intelligenz des Kindes über 70 IQ-Punkte und der mathematische Testteil in den unteren 10 % derselben Altersklasse liegen. Zusätzlich muss das Ergebnis des mathematischen Testteils deutlich (1,5 Standardabweichungen) unter dem Ergebnis des Intelligenztests liegen. Daher kann es passieren, dass nicht allen Kindern mit denselben Matheproblemen unbedingt eine Dyskalkulie bescheinigt wird. Im praktischen Umgang mit Kindern ist es sowieso unwichtig, ob ein Kind eine Rechenschwäche hat oder nicht. Der praktische Umgang mit Kindern muss sich individuell an den Stärken und Schwächen der Kinder orientieren. Dafür ist eine differenziertere Aussage nötig als »rechenschwach« oder »nicht rechenschwach«. Mehr dazu lesen Sie in den Kapiteln 4 und 5.

Die Unterscheidung in rechenschwach oder nicht rechenschwach ist nur dann von Bedeutung, wenn es darum geht, ob die Kosten einer Therapie übernommen werden. Rechtlich relevant sind dabei nur solche Diagnosen, die von dafür zugelassenen Personen erstellt werden. Selbst therapierende Einrichtungen sind hier ausgeschlossen, da das Gutachten nicht als unabhängig eingestuft werden kann. Mehr zu den Definitionen von Rechenschwäche/Dyskalkulie und den rechtlichen Aspekten lesen Sie im Kapitel 8.

In diesem Ratgeber verwende ich die beiden Begriffe Rechenschwäche und Dyskalkulie im gleichen Sinne. Beide drücken dasselbe aus. Ich spreche dann von einer Rechenschwäche oder Dyskalkulie, wenn (1) das Kind Probleme beim Lernen der Grundschulmathematik hat, die mit den gängigen Lehrmethoden der Schule nicht in den Griff bekommen werden können, und (2) dadurch der Rückstand im Schulstoff immer größer wird.

## 4. Typische Fehler und ihre Erklärung

Erste Beobachtungen, die Eltern oder Lehrer auf Mathematikprobleme eines Kindes aufmerksam werden lassen, werden grundsätzlich in der Schule oder bei den Hausaufgaben gemacht. In der Regel sind dies Fehler oder Vorgehensweisen, die man bei einem Kind dieses Alters nicht mehr erwarten würde.

Um die Schwierigkeiten des Kindes (beispielsweise Probleme beim Rückwärtszählen, der Addition oder im Verständnis des Zahlenaufbaus) richtig einordnen zu können, müssen Sie sie erst einmal verstehen lernen. Die Feststellung einer Dyskalkulie und die Planung geeigneter Gegenmaßnahmen können erst dann versucht werden, wenn die Zusammenhänge, welche die einzelnen Fehlertypen verursachen können, klar sind. Nur durch Kenntnis dieser Zusammenhänge kann man lernen zu beurteilen, ob ein Fehler oder eine falsche Vorgehensweise des Kindes die Folge von behandlungsbedürftigen Problemen sind. Eines der Hauptprobleme von Kindern mit Dyskalkulie ist, dass sie Fehler machen, die ihre Eltern, Lehrer und Mitschüler mit Ratlosigkeit, Unverständnis, Verzweiflung oder Hilflosigkeit reagieren lassen. Auch im Hinblick darauf ist es wichtig, dass Sie die Fehler und Schwierigkeiten des Kindes begreifen lernen. Das Ziel dieses Abschnittes ist es, Ihnen die gängigsten Fehler und Auffälligkeiten (auch Symptome genannt) zu erklären. Beachten Sie bitte dabei, dass alle diese Symptome auch vorübergehend im normalen Lernprozess auftreten können und dann keinen Grund zur Besorgnis darstellen. Die Angaben, wann bestimmte Fehler nicht mehr auftreten sollten, sind subjektive Erfahrungswerte, mit denen ich schwere Probleme von weniger schweren abgrenze. Tritt hier eine auffällige Häufung ein, halte ich den Verdacht einer Dyskalkulie des Kindes für berechtigt.

## 4.1 Probleme beim Zählen

### 4.1.1 Probleme beim reinen Zählen (Zahlwortfolge)

Bei einigen Kindern kommt es bereits beim Zählen zu Problemen. In schweren Fällen ist es ihnen nicht einmal möglich, die Zahlen bis 20 aufzusagen. Andere Kinder wiederum lassen beharrlich alle Zahlen mit zwei gleichen Ziffern aus (wie 33 oder 44) oder können immer erst nach einer kleinen Pause von einer vorgegebenen Zahl aus weiterzählen. Bekannt sind auch Schwierigkeiten mit dem Zehnerübergang beim Vorwärts- und Rückwärtszählen. Aber auch leichtere oder unauffälligere Fehler und Probleme können Eltern stutzig machen.

**Allgemeines:**
Grundlage für das Zählen bis 20 ist in jedem Fall das auditive Gedächtnis des Menschen (das Gedächtnis für alles, was man gehört hat). Die von fast allen Kindern ab der frühesten Kindheit als wichtig empfundene Zahlwortfolge »eins, zwei, drei, ...« wird oft wiederholt und so beizeiten eingeprägt. Sie hat zunächst die Qualität eines Abzählreims. Die Stabilität dieser Wortfolge (dass sie also immer wieder exakt gleich aufgesagt wird) ist eine Voraussetzung für das Verständnis, dass die Zahlen feste Eigenschaften von Mengen sind und daher zum Rechnen taugen.
Ab 20 bis 100 findet eine gewisse Periodisierung des Abzählreims »eins, zwei, drei, ...« statt. Damit ist gemeint, dass sich die Einer in den jeweiligen Zehnerpäckchen immer wiederholen. Vielfach wird hier, besonders im ersten Schuljahr, noch rein aus dem Gedächtnis aufgesagt, ohne auf diese Regelmäßigkeit zu achten. Typisch für die deutsche Sprache

(und nur wenige andere Sprachen) ist die Umkehrung von Zehnern und Einern (»SECHS und achtzig« anstelle von »ACHTZIG und sechs«), welche gegen die Leserichtung der Zahlen läuft. Wenn die Kinder über 100 hinaus zählen, können durch diese Eigenschaft der deutschen Sprache weitere Fehler entstehen.

**Erklärung der Symptome:**
1. Beim Vorwärtszählen im Raum bis 20 entstehen Fehler. Sowohl systematische Fehler, also Auslassung immer derselben Zahlen, als auch zufällige Fehler sollten spätestens bis Ende der ersten Klasse nicht mehr auftreten. Falls hier hartnäckige Fehler vorhanden sind, sollte unter Umständen auch nach Ursachen im Bereich des Gehörs gesucht werden.

2. Beim Zählen werden die Zahlen 22, 33, 44 usw. ausgelassen.
Das hat eine zweigeteilte Ursache. Einerseits haben die Kinder die einzelnen Dekaden (»Zehnerbereiche«, z.B. von 30 bis 39, von 40 bis 49 etc.) noch nicht in ihrer sich wiederholenden Struktur verinnerlicht, d.h., sie setzen die immer gleiche Abfolge der Einer noch nicht bewusst ein. Andererseits folgen sie dem bekannten 1, 2, 3, 4, 5, 6, …, wenn sie »EIN und dreißig, ZWEI und DREIßig, VIER und dreißig« zählen. Das Aufeinanderfolgen der »ZWEI« und der »DREI« verursacht, dass das nächste Zahlwort mit »VIER« beginnt.

3. Der Zehnerübergang misslingt.
Hier nennt das Kind nach der 49 die 80 oder nach der 29 die 90. Entweder ist ihm noch nicht klar, dass die Dekaden im selben Prinzip angeordnet sind wie die Zahlen selbst (erst 1–9, dann 10–19, dann 20–29, dann 30–39 usw.), oder die Namen der einstelligen Zahlen sind im Zahlnamen des zugehörigen Zehners noch nicht klar genug erkennbar. Das Erreichen einer »neun und etwas-zig« provoziert lediglich den

Übergang auf eine neue Zehnerzahl, wobei das auditive Gedächtnis wegen der Ähnlichkeit dieser Zahlworte nicht präzise genug ist. Zusätzlich wird nicht an die entsprechende Größenordnung einer Menge gedacht, wenn die Zahl gesagt wird (eventuell Hinweis auf Mangel an Erfahrung im Zählen größerer Mengen), sodass ein deutlicher Sprung im Zahlwert nicht auffallen kann.

4. Fehler beim Zählen in Zehnerschritten: 10, 20, 30, 40, 50, 60, 70, 80, 90, **20**.
Hier liegt auch eine Ähnlichkeit der Zahlwörter vor (vergleiche »achtzehn, neunzehn« mit »achtzig, neunzig«). Ferner wird auch hier beim Zählen keine zugehörige Größenordnung mitgedacht, wie es bei Menschen ohne Rechenschwäche der Fall ist (mehr dazu Seite 68). Es fällt nicht auf, dass 20 kleiner als 90 ist, obwohl die Reihe ansteigend war. Dieses sollte spätestens Anfang der zweiten Klasse nicht mehr auftreten.

5. Startverzögerung beim Vorwärtszählen ab einer vorgegebenen Startzahl.
(»Zähle mal von 35 weiter!«) Im Falle einer Startverzögerung liegt die Zahlwortreihe noch unstrukturiert vor, also als zusammenhangslose Abfolge von Worten. Das Kind beginnt an einer markanten Zwischenstelle der Zahlwortreihe, von der es weiß, dass sie vor der geforderten Startzahl liegt (z.B. bei 1, wenn 7 die Startzahl ist, oder bei 30, wenn bei 34 angefangen werden soll). Dann zählt es im Kopf bis zur geforderten Startzahl hoch und ab dort laut weiter. Die Startverzögerung steigt merklich an, wenn eine Startzahl gewählt wird, die weiter von der Zwischenstelle entfernt liegt. Spätestens Mitte der zweiten Klasse sollte dieses Problem aber verschwinden.

6. Jenseits der 100 wird falsch gezählt.

Hier treten ab 99 die Zahlen »hundert, ein und hundert, zwei und hundert, drei und hundert, …« oder sogar »hundert, einhundert, zweihundert, dreihundert, …« auf. Das ist ganz klar eine Anwendung des Prinzips der Zahlbildung von zweistelligen Zahlen, ganz im Stile der Sprechweise »sieben und sechzig«. In der zweiten Klasse ist dies in der Regel kein Grund zur Besorgnis. In der dritten Klasse sollte dieser Fehler aber ausgeräumt werden.

7. Rückwärtszählen ohne Zehnerübergang ist sehr langsam.

Hier muss das Kind jeweils den Vorgänger der letztgenannten Zahl finden. Wenn das Zehnersystem nicht genutzt werden kann (»vor 5 kommt 4, also kommt vor 35 die 34«) oder wenn das Rückwärtszählen im kleinen Bereich nicht funktioniert, dann muss das Kind an einer markanten Zwischenstelle loszählen und jeweils die Zahl, die unmittelbar vor der letztgenannten Zahl kam, aus dem akustischen Gedächtnis abrufen.

8. Rückwärtszählen mit Zehnerübergang ist schwer.

Ein Kind mit Problemen beim Zehnerübergang vorwärts oder beim normalen Rückwärtszählen hat auch hier Schwierigkeiten. Aber ein Kind, das nur hier Probleme hat, zeigt, dass wahrscheinlich sein Verständnis für die dezimale Zahlenstruktur nicht vorhanden ist. Ende der zweiten Klasse sollte auch das Rückwärtszählen im Zahlenraum bis 100 verständig ausgeführt werden können.

### 4.1.2 Probleme beim Zählen von Gegenständen

Es ist für die meisten Erwachsenen verwirrend, wenn Kinder eine zuvor durchgezählte Menge auf die Frage hin, wie viele es denn nun seien, nochmals zählen. Irgendwie scheint das Kind nicht zu verstehen, dass es nicht alles neu zählen muss, wenn es gesehen hat, dass nichts hinzu gekommen sein kann. Genauso seltsam mutet es an, wenn bei zwei »offensichtlich« gleich großen Mengen beide durchgezählt werden müssen, um jeweils die Frage »wie viele?« zu beantworten.

**Allgemeines:**

Das Auszählen einer Menge ist eine der grundlegenden mathematischen Tätigkeiten. Kinder lernen es normalerweise im Vorschulalter. Zahlreiche Experimente haben in den vergangenen Jahrzehnten bewiesen, dass selbst dreijährige Kinder darauf reagieren, wenn ein Erwachsener oder eine Handpuppe eine Menge fehlerhaft auszählt. So werden von den Kindern sowohl Fehler in der Zahlwortreihe »Eins, zwei, drei, ...« als auch das Doppeltzählen oder das Auslassen von Gegenständen beanstandet. Dabei ist es egal, bei welchem Gegenstand das Zählen begonnen wird. Liegen die Objekte z.B. in einer Reihe, so wird es kommentarlos hingenommen, wenn der Zählvorgang irgendwo in der Mitte begonnen wird. Ich kann aus meiner eigenen Praxis berichten, dass auch Kinder, die selbst häufig Fehler beim Auszählen einer Menge machen, Fehler im Zählvorgang meinerseits bemerken und beanstanden.

Es ist anzunehmen, dass die Zählfähigkeit des Menschen in zweierlei Ursprüngen begründet ist: Einerseits haben wir ein ausgezeichnetes akustisches Gedächtnis, welches ja auch das Erlernen der Sprache erst ermöglicht und für das Aufsagen der Zahlwortreihe verantwortlich ist. Andererseits besitzen wir Menschen ein Verhalten, das wir mit vielen Tierarten teilen, welches sich im Zuge der Evolution als vorteilhaft erwiesen hat: das Suchverhalten. Damit ist die Fähigkeit gemeint, Gegenstände oder Positionen gedanklich als »bereits berücksichtigt« zu markieren. Damit werden Suchvorgänge bei der Nahrungssuche oder Wegesuche optimiert.

Der Schweizer Psychologe Jean Piaget hat sich u.a. intensiv mit der Entwicklung des Zahlbegriffs und dessen, was als »Kardinalzahlverständnis« bezeichnet wird, beschäftigt. Mit Kardinalzahlverständnis ist gemeint, dass diejenige Zahl, bis zu der wir beim Zählen gekommen sind, von uns auch tatsächlich als eine feste Eigenschaft der gezählten Menge betrachtet wird.

**Kardinalzahlverständnis: ein Schlüssel zum Erlernen der Mathematik**

Dieser Begriff ist der Schlüssel zum Verständnis vieler Auffälligkeiten, die beim Auszählen einer Menge passieren können. *Es ist nämlich keineswegs selbstverständlich, dass das letzte Zahlwort, das wir gesagt haben, auch tatsächlich etwas mit dem zu tun hat, was wir als Anzahl kennen.* Im Piaget-Test (siehe 5. Kapitel) wird dieser Unterschied auf beeindruckende Weise deutlich: Wird, wie in Bild 4.1, eine von zwei gleich langen Reihen, welche dieselbe Anzahl von Gegenständen besitzen, durch Vergrößern der Zwischenräume verändert, so glauben manche Kinder, beide Mengen seien nicht mehr gleich groß (im Sinne der Anzahlen). Sie sind es ihrer Meinung nach erst wieder, wenn an den Positionen mit Fragezeichen weitere weiße Kringel platziert werden.

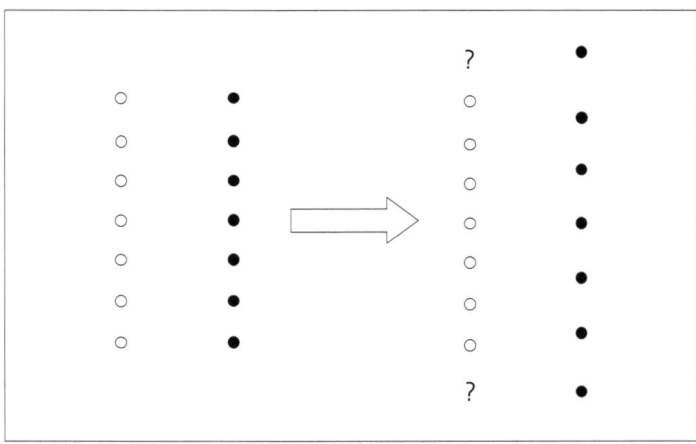

*Abbildung 4.1*

**Erklärung der Symptome:**

1. Das Kind zählt eine zuvor abgezählte Menge erneut durch. Wenn das Kind nicht einfach Spaß am Zählen hat, sich nicht sicher ist, ob die Menge nicht doch verändert wurde, einfach unaufmerksam war und sich das Zählergebnis von vorher nicht gemerkt hat oder glaubt, das nochmalige Durchzählen sei verlangt worden, dann kann dies auch ein Zeichen für mangelndes Kardinalzahlverständnis sein.

2. Zwei für uns Erwachsene offensichtlich gleich große Mengen werden beide durchgezählt.
Hier gilt das Gleiche wie eben. Erwachsene und Kinder ohne dieses Symptom stellen intuitiv eine Eins-zu-Eins-Beziehung zwischen den beiden Mengen her und brauchen daher nur eine der beiden durchzuzählen. Beiden Symptomen gemeinsam ist, dass der Konstanz der Zählergebnisse über Raum und Zeit hinweg nicht vertraut wird bzw. dass sie nicht bekannt ist.

3. Wird eine Menge umsortiert, so muss sie erneut gezählt werden.
Kinder mit den oben genannten Schwierigkeiten haben in der Regel auch dieses Symptom, das in der klassischen Variante des Piaget-Experiments vorliegt. Man findet die eine oder andere Variante von Symptom 3 bei vielen Kindern mit Dyskalkulie. Wird einem Kind oft genug gesagt, dass es nicht noch einmal durchzuzählen braucht, dann verschwinden diese Auffälligkeiten, ohne dass sich ein Kardinalzahlverständnis entwickelt haben muss. Das Verständnis für die weitere Mathematik wird nicht erleichtert. Vielmehr kann dies sogar der Anfang der sinnlosen mechanischen Anwendung aller in der Schule vorkommenden Inhalte sein. Dadurch kann eine Dyskalkulie lange verdeckt werden. Bei Schuleintritt sollten diese Symptome in der Regel nicht mehr vorhanden sein.

4. Das Kind schätzt Anzahlen völlig falsch ab.

Kinder, die nur sehr wenig Erfahrung im Zählen von Mengen haben, verbinden mit größeren Anzahlen oft noch keine Zählergebnisse. Daher wird eine Schätzung von ganz vielen Gegenständen oft erstaunlich schlecht sein: Das Kind erwähnt einfach die größte Zahl, zu der es einen Bezug hat. In der Regel ist dies 20 oder 100. Diese ist für das Kind sozusagen die »Maximalzahl«.

## 4.2 Probleme in den Grundrechenarten

Genauso wie die Benutzung von Zahlen nur dann Sinn macht, wenn man sie auch als Eigenschaften von Mengen versteht (Zahl = Anzahl der Gegenstände), sollte dem Kind geläufig sein, dass die Grundrechenarten abstrakte Versionen von Handlungen darstellen.

> Die Grundrechenarten entsprechen bestimmten Handlungen

Um Handlungen aber abstrahieren zu können, muss das Kind erst einmal dazu in der Lage sein, über Handlungen zu reden, Handlungen zu planen und Handlungsergebnisse vorhersagen zu können. Kurzum: das Kind sollte die Handlung als so genanntes »mentales Objekt«, also als gedanklich vorhandenen Gegenstand, kennen lernen. Es reicht nicht aus, wenn das Kind die Grundrechenarten nur als Mittel versteht, um aus einigen Zahlen unter Benutzung irgendeines Schemas neue Zahlen herzustellen.

### 4.2.1 Probleme mit Plus (der Addition)

Erste Auffälligkeiten im Mathe-Unterricht bei Kindern mit einer möglichen Rechenschwäche beziehen sich fast immer auf Beobachtungen bei der Addition. Manche Kinder rechnen Plusaufgaben beharrlich mit den Fingern. Die Technik des »Weiterzählens« findet manchmal sogar im Kopf statt, produziert dann aber oft Ergebnisse, die um eins zu hoch oder zu niedrig liegen. Viele Kinder schaffen es nicht, Ergebnisse der einfachen Plusaufgaben länger als ein paar Tage im Kopf zu behalten. Sie benötigen für ihre Hausaufgaben deswegen »unnötig« viel Zeit, weswegen ihnen oft Trödeln vorgeworfen wird.

**Allgemeines:**

Die Addition ist die abstrakte Version einer ganzen Reihe von Handlungen. So z.B. benötigt man das »Plus« bei folgenden Aufgaben, die sich z.T. erheblich in ihrer Struktur unterscheiden:

- Man legt drei Klötzchen in einen Beutel, in dem bereits sechs Klötzchen sind. Wie viele Klötzchen sind im Beutel?
- Man kippt zwei Gläser voll Wasser in einen Krug. In dem einen Glas befinden sich 200 ml, im anderen 250 ml. Wie viel Wasser ist im Krug?
- Leonie ist drei Jahre älter als Felix und Felix ist zwei Jahre älter als Christian. Um wie viele Jahre ist Leonie älter als Christian?
- Vater hat vier Bratwürste gegessen, Mutter drei und Max und Jan je zwei. Wie viele Würste haben sie insgesamt gegessen?
- Ich befinde mich im sechsten Stockwerk. Dann fahre ich mit dem Aufzug fünf Stockwerke nach oben. Im wievielten Stockwerk lande ich?

Genauso wie die Menge von vier Stiften, die Menge von vier Kätzchen und eine Abfolge von vier Klopfzeichen die Anzahl »vier« gemeinsam haben (obwohl sie durch nichts anderes in Verbindung stehen), haben die oben aufgeführten Handlungen lediglich die mathematische Beschreibung durch das »Plus« gemeinsam.

**Erklärung der Symptome:**

1. Es wird beharrlich mit den Fingern gerechnet.

Dieses Symptom ist oft bei Kindern mit Dyskalkulie anzutreffen. (Umgekehrt hat aber noch lange nicht jedes Kind, das mit den Fingern rechnet, auch eine Dyskalkulie!) Das Fingerrechnen ist eine der ersten Rechenstrategien, die ein Kind unabhängig von (anderem) Anschauungsmaterial durchführen kann. Es liefert im kleinen Zahlenraum und bei kleinen zweiten Summanden (also z.B. bei Aufgaben wie 46 + **3** oder 123 + **5**) zuverlässig das richtige Ergebnis. Ein Kind, welches im Umgang mit Zahlen besonders unsicher ist, bleibt gerne bei einer Rechenstrategie, die immer das richtige Ergebnis liefert. Mit richtigem Ergebnis ist aus der Sicht eines rechenschwachen Kindes immer das Ergebnis gemeint, welches die Lehrperson gutheißt. Und in dem Wunsch, auf jeden Fall das Ergebnis zu produzieren, welches als richtig bezeichnet wird, ist wohl auch der Hauptgrund für das Beharren auf dem Fingerrechnen zu sehen. Andere Rechenverfahren wie »6 + 6 = 12, also ist 6 + 7 = 13« werden von wirklich schwachen Kindern auch nicht verstanden, weil sie meist auf der Grundlage von Handlungen oder geometrischen (oder zeichnerischen) Situationen erklärt werden. Mögliche Auswege aus dem Fingerrechnen werden in Kapitel 7 vorgeschlagen.

2. Es entstehen Fehler mit einer Abweichung von eins (3 + 5 = 9 oder 23 + 9 = 31).

Das ist ein charakteristischer Fehlertyp, der meistens darauf hindeutet, dass das Kind immer noch zählend rechnet. Dies kann durch mehr oder weniger verdecktes Fingerrechnen geschehen, aber auch durch Weiterzählen im Kopf. Die Fehler können mehrere Ursachen haben:

• Es wurde fehlerhaft weitergezählt.

- Die Startzahl wird mitgezählt (bei 5 + 4 = 8, denn es wird »5, 6, 7, 8« gezählt, womit vier Zahlen erwähnt worden wären und das Ergebnis 8 ist).
- Wenn im Kopf weitergezählt wurde: Es wurde nicht die entsprechende Anzahl Schritte weitergezählt.

Bei einem Kind, das zählend rechnet, kann man eine deutliche Abhängigkeit zwischen der Größe des kleineren Summanden und der Dauer der Rechnung feststellen: Je größer die kleinere Zahl von beiden, desto länger braucht das Kind, bis es das Ergebnis hat (7 + 4 geht schneller als 7 + 6, weil nicht so lange gezählt wird). Wenn ein solcher »Zeiteffekt« nicht vorhanden ist, können Abweichungen von eins immer noch auftreten, wenn beispielsweise ein Ergebnis falsch erinnert wurde (durch mehrfaches Wiederholen desselben Fehlers verstärkt sich dieser!) oder wenn das Ergebnis spontan wegen der richtigen Größenordnung gewählt wurde (3 + 6 = 10, weil die Mengenvorstellungen vom richtigen Ergebnis 9 und von 10 doch sehr dicht beieinander liegen).

3. Es entstehen Fehler mit einer Abweichung von Vielfachen von fünf (26 + 12 = 43 oder 23 + 10 = 28).

Abweichungen um 5 in beide Richtungen, bei größeren Zahlen sogar um 10, 15 oder noch mehr, kommen fast sicher vom Fingerrechnen. Da bei größeren Zahlen die Möglichkeiten beider Hände schnell erschöpft sind, ist das Kind darauf angewiesen, irgendwie noch die Anzahl der Hände mitzuzählen. Ich möchte die drei gängigsten Arten, mit den Fingern zu addieren, kurz anhand des Beispiels »28 + 23« vorstellen:

- Bei der »28« wird angefangen zu zählen. Wenn das Kind »29« sagt, streckt es einen Finger aus, bei »30« den zweiten und so weiter. Wenn alle 10 Finger gestreckt sind, hat es gerade die Zahl »38« gesagt. Mit einem Finger geht es dann bei der Zahl »39« weiter. Dieses Zählen wird so lange durchgeführt, bis das Kind glaubt, den 10-Finger-Zyklus zweimal durchlaufen zu haben, und an einer

**33**

Hand drei Finger gestreckt sind. Wenn das Kind sich aber bei der Anzahl der Zehnfingerzyklen vertan hat, entstehen dadurch wieder die Abweichungen von 10 in die eine oder andere Richtung. Dieses Verfahren ist auch mit einer Hand machbar. Dann ist es für das Kind aber noch schwieriger, die Anzahl der 5-Finger-Zyklen im Auge zu behalten. Oft werden diese 5-Finger-Zyklen noch gedanklich in Pärchen zusammengefügt, aber Fehler um plus/minus 5 kann dieses nicht immer verhindern.

- Die erste Zahl »28« wird anhand von acht ausgestreckten Fingern dargestellt. Dann zählt das Kind bis 23. Bei »eins« streckt es den 9. Finger aus, bei »zwei« den 10. Finger und sieht, dass es alle Finger gestreckt hat. Alle werden nun eingeklappt und beim Wort »drei« wird der erste Finger gestreckt, bei »vier« der zweite und so weiter. Beim Zahlwort »dreiundzwanzig« angekommen, wird es sehen, dass ein Finger gestreckt ist, und wissen, dass die Zahl eine »ein-und-etwas-zig« sein muss. Die Größenordnung lässt nun 41, 51, 61 oder sogar 31 oder 71 plausibel erscheinen, so dass ein Fehler von 10 oder sogar 20 möglich ist.

- Dasselbe Verfahren wie oben, nur benutzt das Kind eine Hand. Die »28« wird daher nur mit 3 Fingern dargestellt (fünf volle Hände und drei Finger). Am Ende des Verfahrens hat das Kind wie eben einen Finger ausgestreckt, muss sich nun aber zusätzlich entscheiden, ob der eine Finger zur Einerziffer 1 oder zur 6 gehört. Daher sind die Ergebnisse 36, 46, 56 und 66 zusätzlich noch möglich.

4. Das Kind vergisst das 1 + 1 immer wieder.
Hierfür kann es viele Gründe geben. Nicht alle weisen auf eine Rechenschwäche hin.

- Das Kind empfindet das Addieren nur als willkürliche Art, zwei Zahlen miteinander zu kombinieren. Der Zusammenhang von Addition zu bestimmten Handlungen ist ihm nicht klar. Es hat keine konkreten Vorstellungen, an denen es das Wissen verankern kann. Das ist vergleichbar mit einer Situation, in der jeder von Ihnen bereits gewesen sein dürfte: Sie fragen in einer fremden Stadt nach einem Weg. Es ist nicht leicht, sich eine derartige Beschreibung zu merken und umzusetzen. Wenn sie aber in einer bekannten Stadt eine vergleichbare Wegbeschreibung erhalten, wissen sie genau Bescheid, wo es entlang geht. Das liegt daran, dass sie die Beschreibung an Elementen Ihres Wissens festmachen, also die neue Information mit altem Wissen vernetzen konnten.

- Das Kind hat kein ausreichend entwickeltes Kardinalzahlverständnis (s. Seite 75 ff.). Dann ist ihm nicht klar, dass bei einer Veränderung der Anordnung von Gegenständen das Ergebnis des Zählens immer gleich bleiben muss. Wieso soll es dann glauben, dass drei Nüsse links und fünf Nüsse rechts immer zu einem Haufen Nüsse zusammengeschoben werden können, der sich genau bis acht durchzählen lässt? Da aber das Plusrechnen immer über das Zusammenschieben von Mengen erklärt wird, erscheint das Addieren an sich schon wenig sinnvoll und wird nur ausgeführt, um dem Lehrer ein »richtiges« Ergebnis zu geben. Das Auswendiglernen von Ergebnissen ist in diesem Zusammenhang aus Sicht des Kindes unsinnig. Mal ehrlich gesagt: Ich könnte mir eine Serie von 100 Aussagen der Art »grün knatsch gelb gleich weißschwarz« auch nicht merken. Von einem Kind, das nicht weiß, worin die Bedeutung und die Wichtigkeit der Addition liegen, sollte man dieses Auswendigkönnen nicht fordern.

- Auch ein Kind ohne Rechenschwäche kann Probleme mit dem Behalten der Plusaufgaben entwickeln. Aus der Gedächtnis- und Lernforschung ist bekannt, dass Inhalte dann besonders gut dauerhaft behalten werden können, wenn unser Gehirn innerhalb der Zeitspanne des Arbeitsgedächtnisses (ca. 2–3 Sekunden) einen Zusammenhang zwischen Ursache und Wirkung herstellen kann. Deswegen werden diejenigen Aufgaben des 1 + 1 besonders gut behalten, bei denen das Kind es schafft, innerhalb von 2–3 Sekunden von der Aufgabenstellung zum Ergebnis zu kommen. Wenn das Kind für manche Aufgaben die Antwort nicht auswendig sagen kann, dann liegt das unter anderem auch daran, dass es noch keine Rechenstrategie entwickelt hat, mit der es diese Aufgabe in angemessener Zeit lösen kann. Zum Beispiel kann man die Aufgabe 7 + 9 auf folgende Weisen lösen: (a) 7 + 9 mit Fingern, (b) 9 + 7 mit Fingern, (c) 8 + 8 rechnen, weil es eins mehr plus eins weniger ist, (c) 7 + 10 = 17, dann eins weniger, (d) 6 + 10, weil es so eins weniger plus eins mehr ist.

## 4.2.2 Probleme mit Minus (der Subtraktion)

Oft verwundert es, wenn ein Kind das kleine 1 + 1 beherrscht, aber für Minusaufgaben in diesem Bereich extrem lange benötigt. Andere Kinder berechnen die Ergebnisse von Subtraktionen ausschließlich durch Plusrechnen von der kleineren Zahl aus, auch wenn die anderen Tricks effektiver wären. Eine weitere Auffälligkeit ist, wenn Kinder scheinbar grundlose Leistungsschwankungen beim Bearbeiten von Minusaufgaben haben.

**Allgemeines:**
Genauso wie bei der Addition ist auch die Subtraktion eine Rechenweise, die zu einer großen Anzahl verschiedener Handlungen passt. Prinzipiell entsprechen diese genau den Plus-Handlungen. Mehr noch: Aufgaben, die zur Lösung ein Minus verlangen, können auf deutlich unterschiedliche Weise formuliert sein. Diese Formulierungen haben zur Folge, dass Aufgaben, die geübte Rechner mit Minus lösen würden, bei Kindern und ungeübten Rechnern eine Vielzahl von z.T. ungewöhnlichen Rechenstrategien hervorrufen.

Z.B. können die folgenden Aufgaben mit der Subtraktion 34 − 15 gelöst werden:

- In einem Beutel sind 34 Klötzchen. Wie viele wurden zu den ursprünglich 15 hinzugelegt? ($15 + \square = 34$)
- In einem Beutel waren einige Klötzchen. Dann wurden 15 hinzu gegeben. Nun sind es 34 Stück. Wie viele Klötzchen waren vorher im Beutel? ($\square + 15 = 34$)
- In einem Beutel sind 34 Klötzchen. Es werden 15 herausgenommen. Wie viele sind dann noch darin? ($34 − 15 = \square$)
- In einem Beutel sind 34 Klötzchen. Es werden einige herausgenommen. Danach sind noch 15 vorhanden. Wie viele wurden entwendet? ($34 − \square = 15$)

Diese unterschiedlichen Darreichungsformen provozieren auch unterschiedliche Lösungsmethoden bei Kindern (und bei Erwachsenen):

- Bei der ersten Aufgabe wird wohl am ehesten von der 15 bis zur 34 hochaddiert: $15 + \mathbf{5} = 20$, $20 + \mathbf{10} = 30$, $30 + \mathbf{4} = 34$, $5 + 10 + 4 = 19$
- Die zweite Aufgabe kann so gelöst werden: $\mathbf{10} + 15 = 25$, zu klein. $\mathbf{20} + 15 = 35$, zu groß (aber nur um einen!*). Also $\mathbf{19} + 15 = 34$.
- Die dritte Aufgabe ist die klassische Minusaufgabe: $34 − 10 = 24$, $24 − 5 = \mathbf{19}$. Wie im Einzelnen der Übergang unter die Zehnerzahl »20« vonstatten geht, ist hier nicht wichtig.
- Ähnlich der ersten Aufgabe wird bei der letzten Aufgabe wohl ein Herabrechnen bis zur 15 stattfinden: $34 − 10 = 24$, $24 − 4 = 20$, $20 − 5 = 15$.

Besonders dann, wenn Kinder mit ihren Rechnungen eng an den Anschauungen bleiben, kommt es zu den oben beschriebenen Lösungsansätzen. Die Unterschiede in den Aufgabentypen sind oft verantwortlich dafür, dass manche Kinder

---

\* Das entdecken Kinder mit Problemen in Mathe oft nicht. Dann geht das Probieren weiter.

scheinbar Schwankungen in ihren Leistungen bei Minus zeigen.

**Erklärung der Symptome:**

1. Das Kind verwendet immer nur ergänzende Addition (Minusaufgaben werden wie unvollständige Plusaufgaben behandelt, also statt 12 − 5 = ? lieber 5 + ? = 12).

Erst einmal muss man festhalten, dass das Plusrechnen erheblich einfacher zu handhaben ist und somit auch als Strategie für das Minusrechnen taugt. Zudem sind viele Aufgaben zum Thema Minus auch so gestellt, dass sie das Addieren als Lösungsstrategie geradezu herausfordern (s. o.). Wenn ein Kind aber insbesondere ab dem dritten Schuljahr bei allen Subtraktionen das ergänzende Addieren anwendet, dann ist dies zumindest zu hinterfragen. Oft ist dieses Verhalten eher als Zeichen der Unsicherheit zu werten. Wenn das Kind erhebliche Probleme mit dem Verständnis der dezimalen Zahlstruktur hat (Zehner-Einer), dann sind die meisten reinen Subtraktionsverfahren sowieso sehr schwierig zu verstehen, da die schrittweisen Vorgehensweisen stark auf diesem Verständnis aufbauen. 73 − 26 rechnet man in der Schule oft so: 73 − 20 = 53, 53 − 6 = 47. Der erste Schritt erfordert ein Zerlegen der Zahl in Zehner und Einer, während der zweite Schritt den nicht ganz einfachen Zehnerübergang rückwärts benötigt. Bei der schriftlichen Subtraktion (Minus untereinander) hingegen müssen nicht unbedingt Probleme entstehen, denn hier bietet die ergänzende Addition (»von der 6 zur 13 fehlen 7« usw.) wieder ein gutes Hilfsmittel zur Berechnung aller Teilergebnisse.

2. Das Kind vertauscht ab und zu die beiden Zahlen (12 − 4 oder 4 − 12, ist doch egal!).

Problematisch ist dieses Verdrehen nur dann, wenn das Kind Schwierigkeiten hat zu entscheiden, welche von zwei Zahlen größer ist. Es handelt sich bei der Minusschreibweise nämlich eigentlich um eine Konvention, eine Vorgabe von außen. Die Aussage, dass die erste Zahl das ist, mit dem man anfängt, und die zweite das, was man von der ersten wegnimmt, kann nicht begründet werden. Die Aufgabenstellung »nimm 5 weg von der 12« klingt zudem auch schon nach 5 – 12. Das Kind macht dann noch die Annahme, dass man bei Minus genauso vertauschen kann wie bei Plus, so dass es doch »egal ist, wie 'rum man das schreibt«. Kinder kennen aus der Schule sowieso nur Zahlen ab Null, so dass die Subtraktion 5 – 12 nur heißen kann, dass man 5 von der 12 wegnimmt, denn anders herum macht es ja keinen Sinn! Die Konvention der Reihenfolge macht erst mit der Einführung von negativen Zahlen (–1, –2, –3 usw.) Sinn. Wenn sich der Sinn der geschriebenen Reihenfolge erschlossen hat, sollte das Verdrehen von alleine verschwinden.

3. Beim Subtrahieren entstehen Fehler von ± 1 oder ± 2.
Das Problem ist im Wesentlichen wie bei den Fehlern in der Addition zu erklären. Das Kind rechnet im Kopf (oder mit den Fingern) rückwärts zählend und zählt die Startzahl mit oder lässt (insbesondere beim Rückwärtszählen) ein oder zwei Zahlen aus.

4. Es entstehen Fehler von ungefähr einem Vielfachen von zehn (also 9, 10, 11, 19, 20, 21, …).
Das kann ein Hinweis darauf sein, dass das Kind Schwierigkeiten mit dem Zehnerübergang rückwärts hat und mangels Verständnis des Zehnersystems dieses noch nicht nutzen kann. Es rechnet z.B. 64 – 7 so: 63, 62, 61, 60, 39, 38, **37**.

5. Es entstehen Fehler, die man zuerst überhaupt nicht einordnen kann (62 – 5 = 39 oder 57 – 4 = 35).
An einer Stelle des Zehnerübergangs und an einer Doppelzahl wie 55 läuft ein Kind Gefahr, von Einerschritten in Zehnerschritte zu wechseln, wenn es bereits fließend von 10

rückwärts zählen kann. Die beiden obigen Beispiele kommen dadurch zustande, dass wie folgt gezählt wurde: 61, 60, 59, 49, **39** und 56, 55, 45, **35**. Kinder, die diese Fehler machen, neigen auch dazu, »Zahlendreher« zu machen.

6. Das Kind hat scheinbar grundlose Leistungsschwankungen bei der Subtraktion.

Wie bereits am Anfang erwähnt, gibt es verschiedene Aufgabentypen im Bereich der Subtraktion, die unterschiedliche Vorgehensweisen motivieren. Oft unterscheiden sich aber auch die reinen Rechenaufgaben in den Schulbüchern (aus denen die Hausaufgaben stammen, die zu den Beobachtungen der Leistungsschwankungen führen) in den geforderten Rechenverfahren. Ein Kind, das noch nicht so sicher in der Subtraktion ist, hat noch nicht alle Verfahren ausreichend verstanden. Wird durch eine Aufgabenstellung ein bevorzugtes Verfahren angesprochen, so zeigt das Kind annehmbare Leistungen, die man zu einem anderen Zeitpunkt, wenn vom Kind eine andere Technik gefordert ist, vermisst.

### 4.2.3 Probleme mit Mal und Geteilt (Multiplikation und Division)

In der zweiten Klasse geht es mit der Multiplikation los. Kinder müssen zu Hause die Ein-Mal-Eins-Reihen auswendig lernen; später wird von ihnen verlangt, zu jeder Malaufgabe sofort das Ergebnis sagen zu können. Die Ein-Mal-Eins-Reihen bleiben aber oft nur kurz und schlecht im Gedächtnis. Das Kind erkennt nicht, wenn sich ein Ergebnis in der falschen Reihe befindet oder in gar keiner Reihe. Zudem erkennen manche Kinder diejenigen Situationen nicht, in denen die Multiplikation benötigt wird. Wenn man sie fragt, ob sie eine Malaufgabe mit Klötzchen erklären können, dann werden nur die Faktoren hingelegt und ein Klötzchen dazwischen mit dem Kommentar »das ist der Malpunkt«.

**Allgemeines:**

Wie wir gesehen haben, beschrieben Addition und die Subtraktion klar erkennbar bestimmte Handlungen wie das Hinzufügen und das Wegnehmen. Dahingegen arbeitet die Multiplikation mit Zahlen, die völlig unterschiedliche Eigenschaften haben können. Als Beispiel betrachten wir einmal die Malaufgabe 5 × 7.

- Sabine kauft 5 T-Shirts, von denen jedes einzelne 7 Euro kostet. Wie viel muss sie bezahlen? Hier ist die 5 eine Anzahl konkreter Gegenstände und die 7 eine Eigenschaft, die alle Gegenstände gemeinsam haben.

- Ich gehe 5-mal in den Keller und bringe jedes Mal 7 Äpfel mit. Wie viele Äpfel waren es insgesamt? Hier beschreibt die 5 die Anzahl der Wiederholungen einer Handlung und die 7 die Anzahl der relevanten Gegenstände dieser Handlungen.

- Ein Rechteck ist 5 Zentimeter lang und 7 Zentimeter hoch. Wie groß ist seine Fläche? Hier sind beide Zahlen exakt gleichberechtigt!

- Christopher geht 5 Stunden lang spazieren. Er geht im Schnitt 7 Kilometer in der Stunde. Wie weit kommt er? Hier sind die 5 und die 7 aus unterschiedlichen Bereichen. Es handelt sich um den durchgehenden Ablauf eines Ereignisses, das durch die beiden Zahlen gemeinsam beschrieben wird.

- 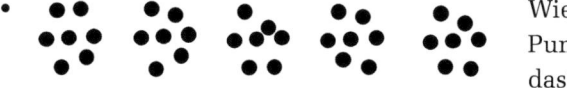 Wie viele Punkte sind das?

Weitere Deutungen der Multiplikation kann man aus vergleichenden Aussagen erhalten, wie z.B.: »Es ist 5-mal so weit von hier nach Frankfurt, wie es von hier nach Köln ist.«

Allen Deutungen gemeinsam ist, dass sie (mit unterschiedlichem Aufwand) in eine Plusaufgabe umgeschrieben werden können. Manchmal ist dies für jeden einsichtig (etwa beim letzten Beispiel), manchmal aber schon ziemlich unanschaulich (bei der Rechteckaufgabe).

**Symptome:**

1. Die 1 × 1-Reihen bleiben nicht lange oder gar nicht im Gedächtnis.

Die 1 × 1-Reihen werden in der Schule meistens dadurch erklärt, dass man immer wieder die gleiche Zahl zum vorher ermittelten Ergebnis hinzuzählt. Wenn ein Kind bereits Probleme mit der Addition hat, dann wird es daher auch kein Verständnis für die Berechtigung der 1 × 1-Reihen entwickeln können. Oft geht diese Beobachtung mit der entsprechenden Beobachtung im kleinen 1 + 1 einher.

2. Das Kind besitzt keine Anschauungen für Mal.

Die einzige Möglichkeit, die das Kind hat, um Ergebnisse zu Malaufgaben zu erhalten, sind das Hochzählen in den Reihen oder wenn es die Antwort bereits auswendig weiß. Falls das Kind – etwa aufgrund eines Rechenfehlers – dazu aufgefordert wird, das Ergebnis noch einmal auszurechnen, ist die einzige zur Verfügung stehende Technik das laute Vorzählen in der entsprechenden Reihe. Vorhandenes Anschauungsmaterial wird nicht angerührt. In diesem Fall ist es möglich, dass das Kind die Multiplikation noch gar nicht verstanden hat. Auf Fähigkeiten in der Addition kann man hier keine Rückschlüsse ziehen.

3. Rechenfehler mit Ergebnissen in derselben Reihe (z.B. 7 × 4 = 32).

- Sehr langsame Antwort: Das Kind erarbeitet sich wahrscheinlich sorgfältig und langsam zählend die entsprechende Reihe. In dieser Aufgabe wäre es die Viererreihe. Dabei ist es schwierig, die richtige Anzahl von vierschrittigem Weiterzählen zu treffen, so dass es häufiger vorkommen kann, dass einmal zu viel vier Schritte weiter gezählt wird. Statt 28 kommt man also auf 32.

- Mittelschnelle Antwort: (1) Die ganze oder ein Teil der Reihe ist bekannt und kann auswendig aufgesagt werden. Dabei wird aber in der entsprechenden Reihe ein Schritt zu viel getan. (Genauso kann es natürlich auch vorkommen, dass ein Schritt zu wenig gezählt wird und das Ergebnis stattdessen zu klein ausfällt.) (2) Die Reihe ist bereits bekannt, wird aber unvollständig aufgesagt. Das Ergebnis ist daher zu groß. Manche Kinder vertauschen in den Reihen auch einzelne Zahlen miteinander.
- Schnelle Antwort: Die Zahlen der Reihen sind schon bekannt, aber die schnelle Beurteilung der Position einer Zahl in der Reihe gelingt nicht. Möglich ist auch eine Verwechslung mit ähnlich klingenden Aufgaben. Die Aufgaben des kleinen 1 × 1 sind nämlich bei manchen Kindern nur akustisch (nach Klang) gespeichert, so dass zusätzliche Kontrollmöglichkeiten zur Beurteilung des Ergebnisses fehlen. Und da die Aufgaben doch irgendwie ähnlich klingen, verwundert es nicht, dass öfters ein falsches Ergebnis »erinnert« wird.

4. Rechenfehler mit Ergebnissen in einer anderen Reihe (z.B. 6 × 3 = 20).
Wenn man sich die Aufgabe vom Kind noch einmal vorrechnen lässt, dann sieht man, dass in diesem Fall häufig von einer Reihe in eine andere Reihe »abgebogen« wird. 6 × 3 ist 20, weil das Kind 3, 6, 9, 12, 16, 20 zählt. Anfällig für das »Abbiegen« sind die Dreier-, Vierer-, die Sechser- und die Achterreihen. Von der Dreier- und der Viererreihe wird zudem auch manchmal in die Zweierreihe übergewechselt. Kritische Stellen sind die Zahlen, die in zwei oder mehreren Reihen gleichzeitig liegen. Der Fehler kann mit der Funktionsweise unseres akustischen Gedächtnisses erklärt werden: Nach dem Start in der festen Wortfolge der ersten paar Zahlen der Reihe orientieren wir uns bald nur noch nach dem Klang des vorherigen Wortes. Wenn wir z.B. »sechs,

zwölf, achtzehn« angefangen haben, wissen wir, dass nun etwas folgt, das im Klang nach der achtzehn kommen muss. Die Reihen ermöglichen zweierlei: die 21 und die 24. Das Anzahlgefühl sagt uns, dass der Schritt zur 24 richtiger ist. Wenn wir aber dann die 24 gesagt haben, haben wir die Auswahl zwischen 28, 30 und 32. Nach dem Gefühl gehend scheint der Schritt zur 28 etwas zu kurz, aber der zur 30 und der zur 32 sind ebenbürtig: von 18 zu 24 sind es sechs, wie auch von 24 zu 30, aber 24 ist ein Drittel mehr als 18, wie auch 32 ein Drittel mehr als 24 ist. Deswegen hilft uns hier auch das von den Zählneuronen (s. S. 69) vermittelte Anzahlgefühl nicht mehr weiter. Zur Absicherung der Reihen gehört also sogar noch mehr, als sich zusätzlich zum Aufsagen noch die Größenvorstellung zu den Zahlen zu denken, die Fehler nicht immer entdecken lässt. Diese Art von Fehlern ist – wenn sie in der zweiten Klasse auftritt – nicht als problematisch zu sehen. Mit zunehmender Erfahrung im Rechnen sollten diese Fehler aber in der dritten Klasse ausgeräumt sein.

5. Rechenfehler mit Ergebnissen, die kleine Abweichungen haben (z. B. $7 \times 6 = 43$).
Sie sind ein fast sicheres Zeichen dafür, dass sich das Kind immer noch zählend im Zahlenraum fortbewegt. Wie auch bei der Addition entstehen beim Weiterzählen Fehler mit geringen Abweichungen. Es kann auch sein, dass das Kind die Reihe ein Stück weit beherrscht; dann muss es nur wenige Schritte weiterzählen. Diese Fehlerart kann auch in Verbindung mit Fehlertyp 3 auftreten, wobei dann Ergebnisse auftauchen, die sich kaum einordnen lassen.

6. Schwierigkeiten mit der Division (»Geteilt«).
Im Allgemeinen muss man davon ausgehen, dass jedes Kind, das Schwierigkeiten bei der Multiplikation hat, auch mit der Division nicht zurechtkommen wird. Probleme beim Dividieren können also ein Zeichen dafür sein, dass das Kind auch

die Multiplikation nicht richtig verstanden hat. Häufig werden die Reihen nicht richtig oder nicht schnell genug beherrscht. Es kann jedoch – wie bei den anderen Grundrechenarten – sein, dass das Kind nicht die zur Division gehörenden Handlungen (gerecht Teilen oder Haufen in vorgegebenen Größen herstellen usw.) zuordnen kann. In diesem Fall wird z.B. eine Textaufgabe nicht richtig bearbeitet oder das Kind kann eine Geteiltrechnung nicht anschaulich erklären. Für die Feststellung einer Rechenschwäche bei einem Grundschulkind erachte ich die Division als unwichtig.

## 4.3 Zehnersystem

Einer der bekanntesten Fehler von Kindern, die im Mathematikunterricht auffallen, ist das Vertauschen von Ziffern. Diese »Zahlendreher« machen Eltern und Lehrer verrückt. Kann sich das Kind nicht einfach darauf konzentrieren, dass die Einer hinten stehen und die Zehner links daneben? In anderen Situationen kommt das Kind mit Einern, Zehnern und Hundertern durcheinander, obwohl es kurz vorher noch ging. Dazu kommt dann noch, dass einzig die schriftlichen Rechenverfahren richtige Ergebnisse liefern, während diejenigen Verfahren, in denen Zahlen sinngemäß zerlegt werden, in der Anwendung scheitern.

**Allgemeines:**

Die Schreibweise unserer Zahlen scheint mittlerweile selbstverständlich. In der Tat ist es aber so, dass eine Jahrtausende lange Entwicklung hin zu unserer Ziffernschreibweise geführt hat. Die ersten Zahldarstellungen waren Serien von Kerben oder Punkten, die in Steine oder Knochen geritzt waren. Sie stellten jeweils genau die Zahl dar, die der Anzahl der Symbole entsprach. »/////////////////« sollte »siebzehn« heißen. Bei größeren Zahlen wurde dies jedoch unübersichtlich, sodass größere Zwischenräume zwischen jeweils gleich großen Gruppen gelassen wurden. Später erfand man Symbole, um Gruppen von fünf oder zehn Objekten zusammenzufassen. Bekannt sind hier die römischen Zahlen, wo jedes Symbol einen festen Wert hat, wie D = 500 oder X = 10. Sieht man eine römische Zahl, so braucht man also nur ihre einzelnen Symbole zusammenzuzählen. In einigen ostasiatischen Ländern hatte sich ein fortgeschritteneres System entwickelt, welches auf den als »Zehnerpotenzen« bezeichneten Zahlen 1, 10, 100, 1000 usw. basiert. Die Zahl, die uns jetzt als 4502 bekannt ist, wird in diesem System aus den fünf Zeichen für 4, 1000, 5, 100 und 2 zusammengesetzt. Erst in Arabien konnte mit der Einführung der Ziffer Null das System weiter verkürzt werden. Durch die Vereinbarung, dass die Zahl rechts den unbedeutendsten Wert (Einer), links davon die Anzahl der Zehner, davon links dann die Hunderter usw. hat, wird die so geschriebene Zahl entschlüsselbar. Dafür bedurfte es aber – wie bereits erwähnt – einer Möglichkeit, die Abwesenheit von z.B. Zehnern durch ein Zeichen auszudrücken. Die Zahlen wurden hierdurch aber wieder schwerer lesbar, wie Sie am Beispiel 33687550045 selbst sehen können. Im Prinzip wohnt unserer Zahlenschreibweise also eine ganze Rechnung inne: $4502 = 4 \times 1000 + 5 \times 100 + 0 \times 10 + 2 \times 1$. Ein solcher Zusammenhang kann erst dann völlig verstanden sein, wenn die Multiplikation und die Addition begriffen wurden.

Es gibt viele verschiedene Sichtweisen, die ein Kind auf mehrstellige Zahlen haben kann, u.a. folgende:

- Das Kind empfindet die komplette geschriebene Zahl als Symbol für die entsprechende Zahl, z.B. steht »34« für »vierunddreißig«.
- Das Kind sieht die geschriebene Zahl als Kette von mehreren Symbolen, die Aufschluss über den Namen der Zahl geben, z.B. »34« besteht aus »drei« und »vier«, sodass dieses den Zahlen »dreiundvierzig« oder »vierunddreißig« entsprechen könnte.

- Das Kind kann die entsprechende Zahl aus der Symbolkette herstellen und umgekehrt, d.h., es weiß bei zweistelligen Zahlen wie der »34«, dass die Vier zuerst gelesen wird, und danach an die Drei ein »-ßig« angehängt wird.

- Das Kind begreift geschriebene Zahlen als Symbolketten, aus denen man mit Hilfe von Rechenverfahren nach einem bestimmten Schema neue Symbolketten herstellen kann, also z.B. 34 + 55 = 89, indem man erst die rechten Ziffern 4 + 5 = 9 addiert und dann links daneben hinschreibt, was 3 + 5 ist.

- Das Kind nutzt die Schreibweise aus, z.B. indem es rein schematisch die Information »drei Zehner und vier Einer« umsetzt und zum Rechnen verwendet.

- Das Kind erkennt in der Schreibweise die darin enthaltenen rechnerischen Informationen wie z.B. bei 34, dass dieses drei Zehner und vier Einer sind, sodass $3 \times 10 + 4 = 34$ ist.

**Erklärung der Symptome:**

1. Zahlendreher: Die Zahl 34 wird als »dreiundvierzig« gelesen.

Dieser Fehler ist bei vielen Kindern anzutreffen und zählt auch zu den Fehlern, die bei Kindern ohne Rechenschwäche vorübergehend in Erscheinung treten können. Gleich eine ganze Reihe von Faktoren können das Auftreten von Zahlendrehern begünstigen. (1) In der deutschen Sprache widerspricht die Leserichtung von Wörtern der Leserichtung innerhalb von Zahlen. So passiert es sowohl beim Ablesen oder Aufschreiben von Zahlen als auch beim Kopfrechnen, dass die Ziffern einer Zahl vertauscht werden. (2) Die Vorzugsrichtung des Kindes ist sehr stark auf »von rechts nach links« festgelegt. Genauso, wie es Rechtshändigkeit und Linkshändigkeit gibt, haben Menschen auch unterschiedliche Vorzugsrichtungen. Hierdurch kann bei manchen Kindern, welche die »falsche« Richtung bevorzugen, das Lesen allgemein und das Lesen von Zahlen insbesondere erheblich erschwert werden. (3) Die Bedeutung der Ziffern und ihrer Positionen in der Zahl haben sich dem Kind noch nicht erschlossen. Für diese Kinder ist die geschriebene Zahl noch nicht aus zwei Symbolen zusammengesetzt, sondern existiert als Einzelsymbol, das Hinweise auf den Klang der Zahl enthält. So ist die Ziffernfolge »34« das Symbol für die Zahl vierunddreißig, gibt dem kindlichen Leser aber nur den Hinweis, »etwas mit einer Drei und einer Vier« zu sein. Also sind beide, die »Drei und vierzig« und die »Vier und dreißig« erst einmal zulässig. Ein etwas erfahreneres Kind nutzt dann noch die Zusatzinformation, dass es »falschrum« zu lesen ist. Die Positionen der Ziffern machen erst dann Sinn, wenn man »das mit den Zehnern und Einern« verstanden hat. Beim Kopfrechnen führen Zahlendreher oft zu völlig unverständlichen Ergebnissen. Das ist in besonderem Maße dann der Fall, wenn die Ziffernvertauschung in einem Zwischenschritt stattfindet. Zahlendreher sollten ab Mitte bis Ende des zweiten Schuljahres nicht mehr auftreten.

2. Probleme mit halbschriftlichen Rechenverfahren.
In der Didaktik werden schriftliche und halbschriftliche Rechenverfahren unterschieden. Die schriftlichen Rechenverfahren wie »Plus untereinander« zeichnen sich dadurch aus, dass sie an eine ganz bestimmte Form gebunden sind, von der nicht abgewichen werden darf. Bei halbschriftlichen Verfahren hingegen hat das Kind die freie Wahl, welche Zahlen und Zwischenergebnisse es sich wohin auf sein Blatt schreibt, sodass hier die Rechnung oft sehr durcheinander zu sein scheint. Halbschriftliche Rechenverfahren werden in der Schule hauptsächlich vor der Entwicklung der normalen schriftlichen Verfahren eingesetzt. Wenn ein Kind Probleme in der Durchführung dieser Techniken hat, so beziehen sich diese zumeist auf die Zerlegung mehrstelliger Zahlen in ge-

eignete Teile wie Hunderter, Zehner und Einer. (1) Es lässt sich oft beobachten, dass die Zahlen eher in die jeweiligen Ziffern zerlegt werden und nicht in die tatsächlichen Werte. Das Kind deutet damit an, dass es die geschriebene Zahl nur als Ziffernkette wahrnimmt. (2) Es gibt Kinder, die in dreistelligen Zahlen die Hunderter richtig abtrennen, aber dann Zehner und Einer jeweils nur als Ziffern verwerten. Z.B. wird 456 in 400 + 5 + 6 zerlegt. Diese Kinder haben die rechnerische Information der Schreibweise noch nicht begriffen. Bei ihnen existiert die Zahl noch in einem Zwischenzustand von Symbolkette und Einzelsymbol. Vielfach kann bei Kindern, die Mühe mit halbschriftlichen Verfahren haben, beobachtet werden, dass sie die schriftlichen Verfahren gut beherrschen. Gerade dies ist aber kein Grund zur Entwarnung, denn das Verständnis der schriftlichen Verfahren basiert auf den halbschriftlichen Verfahren.

## 4.4 Schriftliche Verfahren

Viele Eltern nehmen die Matheprobleme ihrer Kinder erst dann ernst, wenn Schwierigkeiten bei den schriftlichen Rechenverfahren auftreten. Gerade der große Anteil der reinen Rechenaufgaben in den Hausaufgaben sorgt dafür, dass Eltern diesen Aspekt besonders gut kennen. Sie erklären ihrem Kind die schriftlichen Verfahren ein ums andere Mal, aber mehr als ein paar fehlerfreie Schritte kann es danach trotzdem nicht rechnen. Selbst wenn plötzlich ein total abwegiges Ergebnis auftaucht, bemerken manche Kinder diesen Rechenfehler nicht, sondern akzeptieren das Ergebnis, ohne »noch einmal hinzuschauen«.

**Allgemeines:**

Das Erlernen der schriftlichen Rechenverfahren ist für die meisten Menschen der typische Inhalt des Mathematikunterrichts. Häufig wird vom Mathematikunterricht nichts anderes erwartet, als dass den Kindern das fehlerfreie Durchführen von Plus, Minus, Mal und Geteilt ohne Taschenrechner beigebracht wird. Dies widerspricht zwar modernen Unterrichtskonzepten, steht aber bei vielen Lehrern und Eltern ganz oben auf der Liste dessen, was besonders wichtig ist. Schriftliche Rechenverfahren sind auf Effektivität ausgelegt. Das heißt, dass Schreibaufwand und Rechenaufwand so gering wie möglich gehalten werden sollen, um eine möglichst schnelle und richtige Ergebnisermittlung zu gewährleisten. Alle überflüssigen Zeichen auf dem Blatt, wie z.B. Nullen bei der Multiplikation oder Zwischenergebnisse aller Art sind wegrationalisiert worden. Daher tritt auch das dezimale Stellenwertsystem nicht mehr deutlich hervor und die Zahlen können beim Rechnen als bedeutungslose Zeichenreihen verwendet werden. Insbesondere für Kinder mit Problemen im dezimalen Zahlverständnis ist das gefährlich, denn sie können mit Hilfe der schriftlichen Rechenverfahren Aufgaben lösen, ohne sich über die Bedeutung der Zahlen noch Gedanken machen zu müssen. Ein weiteres Problem der schriftlichen Rechenverfahren ist, dass sie – mit Ausnahme der Division – von rechts nach links durchgeführt werden. Das widerspricht unserer eigentlichen Wahrnehmung, denn normalerweise behandelt man immer den relevanten Teil einer Sache zuerst, und der ist ja wohl eher in den Tausendern zu sehen als in den Einern! Genauso wie die einzelnen Grundrechenarten bestimmten Handlungen entsprechen, kann man auch jedes schriftliche Rechenverfahren in einzelnen Teilhandlungen darstellen. Hier entspricht dann jede Handlung einem Rechenschritt. Dazu wird mit Material gearbeitet werden müssen, das in Einer, Zehner, Hunderter usw. gebündelt ist.

Leider ist oft zu beobachten, dass Eltern Kindern schrift-

> Schriftliche Rechenverfahren widersprechen unserer Wahrnehmung und reduzieren Zahlen zu bedeutungslosen Zeichenketten

liche Rechenverfahren beibringen, bevor diese im Unterricht thematisiert werden. Dadurch wird der Wahrnehmung der Zahlen als bedeutungslose Ziffernketten Vorschub geleistet.

**Erklärung der Symptome:**

1. Das Kind verrechnet sich andauernd bei den einzelnen Schritten.

Wenn das Problem des Kindes nicht in den Grundrechenarten selbst zu suchen ist (Abschnitt 4.2), sondern nur in Verbindung mit schriftlichen Verfahren auftritt, liegt hier möglicherweise eine Stressreaktion des Kindes vor. Schriftliche Verfahren werden häufig von den Eltern (seltener auch von den Lehrerinnen und Lehrern) als extrem wichtig empfunden. Daher kann es sein, dass Kinder besonders bei diesem Thema unter Leistungsdruck geraten und versagen.

2. Das Kind kann sich das entsprechende Verfahren nicht merken.

In diesem Fall ist es recht wahrscheinlich, dass das Kind die schriftlichen Verfahren nur als willkürliche Art begreift, Ziffernketten nach einem sinnlosen, vorgegebenen Muster miteinander zu verarbeiten. Sofern das Kind keine anderweitigen Probleme mit dem Verständnis der betroffenen Grundrechenart oder dem Dezimalsystem hat, muss man davon ausgehen, dass es die Handlungsabläufe, die den einzelnen Schritten der Rechenverfahren entsprechen, nicht begriffen hat oder nicht alleine in die richtige Abfolge bringen kann. Möglicherweise zeigt dieses Problem Schwierigkeiten des Kindes bei der Fähigkeit an, Handlungen in Gedanken durchzuführen (mentale Operationen). Es kann aber auch einfach die Folge ungeeigneter Erklärungsversuche sein, z.B. wenn das Kind bereits zu Hause ohne genügend Grundlagenwissen das Schema der schriftlichen Rechenverfahren kennen lernen konnte. Dann verkommt die Durchführung der Rechenverfahren zwangsläufig zur schematischen Arbeit, ohne dass die Gründe für das Schema bekannt sind. Fehler, die sich einschleichen, können so nicht erkannt werden, und die Macht der Gewohnheit macht die Fehler stabil gegenüber Veränderungen.

3. Das Kind erkennt nicht, wenn das Ergebnis total falsch ist. Oft verwundert es die Eltern oder die Lehrkräfte, wenn ein Kind bei einer Rechenaufgabe ein völlig falsches Ergebnis erhält, sich darüber aber nicht wundert. »Schau mal genau hin!« oder »Wie kommst du denn darauf?« oder »Wieso merkst du denn nicht, wenn etwas so Falsches herauskommt?« sind die verständlichen Kommentare, die sich das Kind dann anhören muss. In den ersten beiden Fällen sagt das Kind häufig noch reflexartig etwas wie »Das ist falsch!«, im letzten Fall »Ich hab' nicht genau hingeguckt!«. In der Regel denkt ein Mensch bereits beim Lesen einer Aufgabenstellung immer auch an die zugehörigen Größenordnungen und die durch die Rechenart beschriebenen Handlungen. Durch jahrelange Erfahrungen mit Mengen und den dazugehörenden Zählergebnissen merkt man, wenn das Ergebnis einer Rechnung weit vom tatsächlich richtigen Wert entfernt liegt. Bei der Aufgabe 34 + 17 = 411 z.B. läuft bei rechenfähigen Menschen meistens ein unterschwelliges Anzahlgefühl mit. Dieses Gefühl sagt ihnen, dass wenn eine Menge von 34 (also zwischen 30 und 40) und eine Menge von unter 20 zusammengeschüttet (»+«) werden, niemals so viel wie 400 oder mehr herauskommen kann. Kinder, die wenig Zählerfahrung besitzen, kein Kardinalzahlverständnis haben oder auch nicht mühelos in der Lage sind, Rechnungen mit Handlungen zu identifizieren, können hier Probleme bekommen. Insbesondere die schriftliche Addition und die schriftliche Subtraktion sind bei bestimmten Arten von Fehlern anfällig für stark abweichende Ergebnisse. Z.B. schreiben manche Kinder den Übertrag (die kleine Eins) nicht in die nächste Spalte, sondern unter den Strich, sodass etwa bei der Auf-

gabe 48 + 54 als Ergebnis 912 entsteht. Bei der Subtraktion gibt es Fehlertypen, bei denen ein größeres Ergebnis entsteht als die Ausgangszahl.

## 4.5 Kopfrechnen

Kinder mit Rechenschwäche zeigen oft auffällig schlechte Leistungen im Kopfrechnen. Sie erhalten Ergebnisse, die völlig unverständlich sind, oder rechnen extrem lange, bis sie eine (richtige?) Antwort geben. Viele von ihnen weichen insbesondere Situationen aus, in denen ihre Kopfrechenleistungen direkt mit den Leistungen anderer Kinder verglichen werden können (»Eckenrechnen«). Für Beobachtungen im Kopfrechnen mit kleinen Summanden, z.B. 35 + 6 oder 7 + 7, lesen Sie bitte Abschnitt 4.2.

**Allgemeines:**

Neben den schriftlichen Rechenverfahren spielt das Kopfrechnen als Lernziel des Mathematikunterrichts eine wichtige Rolle. Die Rechenwege beim Kopfrechnen und bei den schriftlichen Verfahren unterscheiden sich im Normalfall erheblich. Die Gründe hierfür sind in unserer Wahrnehmung zu suchen. Wenn wir eine Zahl hören, z.B. 64, dann haben wir automatisch auch ein Vorstellung davon, wie groß eine Menge aus 64 Gegenständen etwa wirkt. Wollen wir nun das Ergebnis berechnen, welches bei 127 + 64 herauskommt, dann sagt uns unsere Erfahrung, dass dieses beispielsweise dem Hinzufügen von einer Menge zu einer anderen Menge entspricht. Man hat aber – von der dezimalen Zahlenstruktur her – zwei Möglichkeiten: erst die 60 oder erst die 4 zu addieren. Die größere Zahl zuerst zu addieren liegt aber näher an der insgesamt durchzuführenden Handlung, sodass dies meistens die Methode der Wahl ist. Das Kopfrechnen verläuft weit gehend parallel zu der Weise, wie Kinder mit Anschauungsmaterial hantieren, um Additions- oder Subtraktionsaufgaben zu lösen. Dabei orientieren sie sich erst an den großen Anteilen (»Hunderter zuerst«), dann an den mittelgroßen (Zehnern) und zuletzt an den kleinen (den Einern).

Beim Kopfrechnen wird wegen des geringeren Gedächtnisaufwandes meistens nur eine Zahl zerlegt und deren »Einzelteile« werden dann zur anderen Zahl hinzugezählt (bei Minus natürlich abgezogen). Die Rechnung 418 + 337 läuft dann über folgende Schritte: 418 + 300 = 718, 718 + 30 = 748 und 748 + 7 = 755. Die schriftlichen Rechenverfahren widersprechen dem Kopfrechnen. Bei ihnen werden die Zahlen nicht in ihrem Sinngehalt verwendet. Es handelt sich bei ihnen lediglich um Symbolketten, die nach vorherbestimmten Regeln miteinander bearbeitet werden. Die Ziffern, die als erste zum Rechnen verwendet werden, sind die Einer aus beiden Zahlen. Die ursprünglichen Summanden bleiben vollständig erhalten, während sogar neue Ziffern auftreten, die auch gemerkt werden müssen. Eventuell begleitende Anzahlgefühle hätten keine Bedeutung für die eigentliche Aufgabe, da sie sich auf Teilergebnisse beziehen würden, die eine völlig andere Größenordnung besitzen als das Ergebnis oder die einzelnen Summanden.

**Erklärung der Symptome:**

Das Kind rechnet im Kopf sehr langsam. Deshalb sollte man es unbedingt erklären lassen, *wie* es rechnet.

- Wenn seine Methode dem »schriftlich untereinander« entspricht, benutzt es, wie oben bereits beschrieben, ein ungeeignetes Verfahren. Der Grund ist meistens, dass das schriftliche Verfahren dem Kind im sonstigen Gebrauch als einziges sicheres Verfahren bekannt ist. Andere – uns besser erscheinende – Kopfrechenmethoden nehmen Bezug auf das dezimale Stellenwertsystem und Eigenschaften der Grundrechenarten, die für Kinder nicht unbedingt selbstverständlich sind. Dazu kommt noch, dass eine notwendige Grundlage von all dem das Kardinalzahlverständnis ist. Wenn man einem rechenschwachen Kind eine solche »bessere« Kopfrechentechnik beibringen will, muss man für die Zerlegung der Zahl im Dezimalsystem und die ganzen Rechengesetze so viele Einzelregeln aufstellen, dass die schriftliche Addition und Subtraktion im Vergleich richtig einfach erscheinen! Im Kopf ein schriftliches Rechenverfahren anzuwenden kann also für ein rechenschwaches Kind tatsächlich die leichteste Methode des Kopfrechnens sein.

- Für den Fall, dass es eine der normalen Kopfrechenmethoden anwendet, deutet dies auf Schwierigkeiten in mindestens einem der folgenden Bereiche hin: (1) Bei der Anwendung des dezimalen Stellenwertsystems: Das Weiterrechnen und Zurückrechnen in Hunderter-, Zehner- oder Einer-Schritten gelingt nicht flüssig. Vielleicht wird es sogar als »Schriftlich-Untereinander-Nebenrechnung« im Kopf gemacht. (2) Sich das Verfahren merken: Das Kind kann dieses nicht auf eine Handlungserfahrung beziehen. Das ist dann der Fall, wenn es nicht genug Übung mit Anschauungsmaterial hatte. (3) Kardinalzahlverständnis: Das Gefühl für Anzahlen ermöglicht eine schnelle Überprüfung von Teil- und Endergebnissen auf ihre Glaubwürdigkeit hin. Fehlendes Kardinalzahlverständnis muss hingegen durch erhöhte Arbeitsgenauigkeit ausgeglichen werden.

## 4.6 Schwierigkeiten bei Textaufgaben

Für viele Eltern ist es ein Alarmsignal, wenn das Kind »die Aufgaben nicht richtig liest«. Es benutzt zur Lösung der Aufgaben entweder die falschen Zahlen, die falschen Rechenoperationen oder rechnet blanken Unsinn. Es scheint manchmal, als würde das Kind einfach irgendetwas rechnen, um Denken zu vermeiden. Unrealistische Ergebnisse werden nicht als solche erkannt.

**Allgemeines:**

Textaufgaben sollen die praktische Seite der Mathematik hervorheben und außerdem zeigen, ob ein Kind die Mathematik verstanden hat. Für die meisten rechenschwachen Kinder sind Textaufgaben nur in denjenigen Fällen lösbar, in denen die Aufgaben bekannte Hinweiswörter enthalten, die nicht in die Irre führen sollen. Beispiele für solche Hinweiswörter sind »zusammen«, »weggenommen«, »jeder« oder »gerecht«, die in dieser Reihenfolge vom Kind direkt als »Plus«, »Minus«, »Mal« und »Geteilt« verstanden werden. Es gibt zu jeder Grundrechenart eine große Anzahl von Hinweiswörtern. Je besser das diesbezügliche Gedächtnis des Kindes ist, desto mehr verschiedene Textaufgaben kann das Kind – scheinbar verstehend – lösen.

- Die Aufgabe »Heinz pflückt 7 Äpfel, Nora 14 und Dieter 6. Wie viele Äpfel haben sie zusammen gepflückt?« wird umgeformt in »die Zahlen sind 7, 14 und 6, zusammen, also +«.
- Die Aufgabe »Kathrin hat 7 Bonbons. Dirk hat 5 Bonbons mehr als Kathrin. Wie viele Bonbons haben sie zusammen?« wird oft ähnlich bearbeitet: »7 und 5 sind die Zahlen, ›mehr als‹ und ›zusammen‹ bedeuten +, also 12.« Wer hat hier den Fehler bemerkt?

In der Diskussion über Probleme mit Textaufgaben tauchen des Öfteren Hinweise auf die so genannten »Kapitänsaufgaben« auf. Damit sind Aufgaben gemeint, die vom Zusammenhang her sinnlos sind, von vielen Kindern aber trotzdem gerechnet werden: »Auf einem Schiff sind 20 Kühe, 8 Ziegen und 6 Schweine. Wie alt ist der Kapitän?« Untersuchungen haben gezeigt, dass Kinder oft ohne Protest solche Aufgaben rechnen. Ihre Antwort, dass der Kapitän 34 Jahre alt ist, zeigt aber keine fundamentalen Matheprobleme auf. Spätere, nicht so oft zitierte Studien haben bewiesen, dass die meisten Kinder, die auf diesen Aufgabentyp »hereinfallen«, sich der Sinnlosigkeit der Aufgabenstellung voll bewusst sind. Sie haben lediglich die übergeordnete Erwartungshaltung, dass die Aufgabe ihre rechnerischen Fähigkeiten testen soll. Sie rechnen die Aufgabe durch, um ein Ergebnis zu liefern, von dem sie (fälschlicherweise) annehmen, dass es erwartet wird.

Vielfach sind aber auch die meisten Aufgaben aus den Schulbüchern, die als Textaufgaben bezeichnet werden, vom Sinngehalt her eher dürftig. Wen interessiert es, wie viele Äpfel zwei Kinder zusammen haben, die allenfalls schlecht gezeichnet ein trostloses Dasein zwischen zwei Schulbuchdeckeln fristen? Muss ich wirklich subtrahieren können um zu wissen, dass eine Eule übrig bleibt, wenn von dreien zwei wegfliegen? Wer legt schon ein Blumenbeet an, das genau halb so groß ist wie die Terrasse? Wenn Claudia und Tom, die ich beide nicht kenne, unter sich 19 Gummibärchen aufteilen, bleibt eins übrig. *Na und?*

Textaufgaben sollen Kinder auf schriftliche Weise mit Situationen konfrontieren, die sie sich einerseits gut vorstellen, andererseits mit den ihnen zur Verfügung stehenden mathematischen Vorgehensweisen modellieren und berechnen können. Hieran sieht man, dass Probleme mit Textaufgaben auf vielerlei Arten entstehen können:

- Das Kind hat Probleme, die Aufgabe sinnentnehmend zu lesen. Möglicherweise verlässt sich ein Kind, das im Lesen schwach ist, auch darauf, dass es anhand der vorhandenen Hinweiswörter die Rechenaufgabe erraten kann. Das wird insbesondere bei Textaufgaben, in denen überflüssige Angaben vorkommen, schnell erkennbar.
- Das Kind kann sich die beschriebene Situation nicht vorstellen. Kinder, die schwach in den mentalen Operationen (gedankliches Vorstellen von Handlungen) sind, können die Aufgabe nicht ohne Anschauungsmaterial im Kopf nachvollziehen. Manch einem Kind will nicht einmal der Übergang von der Aufgabenstellung zur Veranschaulichung mit Material gelingen.

- Das Kind kann die in der Textaufgabe angesprochene Situation oder Handlung nicht in die zugehörige Rechnung umwandeln. Hier liegen die Probleme meistens im Verständnis der Grundrechenarten. Diese werden oft als willkürliche Art verstanden, Zahlen miteinander zu kombinieren, und nicht als Mittel zur Beschreibung von bestimmten Handlungsabläufen (siehe Abschnitt 4.2).
- Das Kind hat mit der Durchführung der benötigten Rechenverfahren Probleme. Das kann übrigens auch dazu führen, dass das Kind die Aufgabe wider besseren Wissens so umsetzt, dass nur solche Grundrechenarten vorkommen, die es gut beherrscht. Ein Kind, das nicht gut multiplizieren kann, wählt möglicherweise die Addition aus, um die in der Aufgabe vorkommenden Zahlen zu verarbeiten.

## 4.7 Sonstige Beobachtungen

**Allgemeines**:

Es gibt einige Beobachtungen im Zusammenhang mit Mathematik, die sich nicht eindeutig in eine der vorigen Kategorien einordnen lassen. Sie beziehen sich auf das Lernen bestimmter Inhalte und auf Auffälligkeiten bei der Bearbeitung von Aufgaben und Problemstellungen.

1. Das Kind hat Probleme, das $1 + 1$ zu behalten, lernt dann aber scheinbar mühelos das $1 \times 1$.

Das ist kein Zeichen zur Entwarnung. Vielmehr ist dies oft bei Kindern mit echten Problemen zu beobachten. Die Probleme, das $1 + 1$ auswendig zu lernen, wurden bereits in Abschnitt 4.2.1 angesprochen. Sie sind oft ein Zeichen für ernste Schwierigkeiten in Mathematik. Wenn die Multiplikation in der Schule eingeführt wird, empfinden schwache Kinder und deren Eltern das neue Thema »Mal« als neue Chance, im Mathematikunterricht mitzukommen. Eine Aussage wie »Plus kann ich nicht so gut, aber Mal kann ich!« zeigt doch, dass das Kind die Grundlage für echtes multiplikatives Verständnis nicht hat (Mal ist u.a. wiederholte Addition). Seine Beurteilung der eigenen Fähigkeiten fußt also darauf, dass »Verstehen« mit »Auswendig-Können « gleichgesetzt wird. Auswendig-Können ist also die Art von Verständnis, die in der Mathematik gefordert zu sein scheint.

2. Ziffern werden spiegelverkehrt geschrieben oder die Strichfolge beim Schreiben ist ungewöhnlich.

Dieses Problem sollte spätestens Ende des ersten Schuljahres ausgeräumt sein. Ansonsten hat das Kind wahrscheinlich Probleme damit, dass es natürlicher Linkshänder ist, seine Vorzugsrichtung »von rechts nach links« ist oder sein Vorzugsdrehsinn gegen den Uhrzeigersinn läuft. Diese Händigkeit und Vorzugsorientierungen können Widersprüche auslösen zwischen »Sollen und Wollen«, die vom Gehirn nicht leicht aufzulösen sind (mögliche Mitursache für Dyskalkulie). Die Konventionen unseres Kulturkreises stehen im Widerspruch zur Wahrnehmung von vielen Menschen; siehe Seite 99.

3. Bei Aufgabenpäckchen, in denen Plus und Minus gemischt vorkommen, »liest das Kind die Aufgaben nicht genau«.

Diese Auffälligkeit treibt viele Eltern zur Weißglut. Kann das Kind nicht einfach genau hinschauen und aufpassen, ob da + oder − steht? Der »normale Erwachsene«, der eine Zahl sieht oder liest, bekommt sofort das durch die Zählneuronen erzeugte Anzahlgefühl »mitgeliefert«. Durch zahlreiche Erlebnisse ist er daran gewöhnt, dass bei einer Addition das Anzahlgefühl des Ergebnisses noch über dem der Summanden liegt, bei der Subtraktion allerdings unter dem der ersten Zahl. Der Lernprozess, der hierzu führte, konnte allerdings nur stattfinden, weil zwischen Ursache (dem Plus und der beiden Anzahlgefühle) und Wirkung (einem noch größerem Anzahlgefühl des Ergebnisses) oft weniger als zwei bis drei Sekunden vergingen. Denn nur Ereignisse, die innerhalb eines so kurzen Zeitraums stattfinden, werden vom Unterbewusstsein automatisch miteinander verknüpft. Ein Kind, das diesen Lernprozess noch nicht durchlaufen hat, erwartet bei einem Minus noch kein kleineres Anzahlgefühl. Auch wird es durch die Erwartung eines solchen nicht dazu angeleitet, diejenige Verbindung zwischen zwei Zahlen zu wählen, die das Ergebnis kleiner macht. Wenn es dann die Addition wählt, bemerkt es den Fehler nicht. Wie sähe die Bearbeitung solcher »Plus-Minus-Päckchen« wohl aus, wenn man dem Kind sagt: »Rechne erst alle Plusaufgaben und dann alle mit Minus!«

## 4.8   Psychosomatische Störungen

Oft gehen mit Teilleistungsschwächen wie Dyskalkulie und Legasthenie psychosomatische Störungen einher. Damit sind körperliche Symptome gemeint, die durch Angst, Überforderung und Minderwertigkeitsgefühle bei einer Teilleistungsschwäche ausgelöst werden können. Dazu zählen:

- Kopfschmerzen, Schwindelgefühle
- Unwohlsein, Magenprobleme, Verdauungsprobleme
- Asthma, Allergien
- Kontaktarmut, Depression, bis hin zum Todeswunsch

Als besonders auffällig sind die Symptome dann zu werten, wenn sie an die Schulzeit gebunden zu sein scheinen, also an Wochenenden und in den Ferien schwächer oder gar nicht vorhanden sind. Vor Ferienende kommt es dann erneut zu den bekannten Symptomen. Diese Beschwerden sind keine Ausrede des Kindes, um nicht zur Schule zu müssen. Vielmehr sind sie eine vom Kind nicht beeinflusste Folge der Teilleistungsschwäche.

# 5.    Rechenschwäche erkennen

Wie bereits in Kapitel 3 erwähnt wurde, gibt es strikte Regeln zur klinischen Feststellung einer Dyskalkulie. Danach muss ein Kind bei einem Intelligenzquotienten von über 70 und einer mathematischen Leistungsfähigkeit in den unteren 10 % seiner Altersklasse eine Abweichung dieser beiden Tests von mindestens 1,5 Standardabweichungen aufweisen.

Sowohl die Intelligenz als auch die mathematische Leistungsfähigkeit werden jedoch überwiegend mit standardisierten Verfahren (oft Fragebögen) ermittelt. Dies kann allerdings dazu führen, dass die Testsituation das Verhalten des Kindes beeinflusst, ohne dass diese Tatsache im Test bemerkt wird. Insbesondere ein schlecht ausgefallener Intelligenztest kann zum Unterschreiten des geforderten Abstandes zum mathematischen Test führen, sodass eine vorhandene Dyskalkulie nicht als solche erkannt wird. Ebenso kann eine Rechenschwäche bei Kindern unbestätigt bleiben, weil der mathematische Testteil mittels automatisierter, aber nicht verstandener Vorgehensweisen gut bewältigt wurde. Umgekehrt kann Angst vor Mathematik dazu führen, dass die Leistung des Kindes im mathematischen Test weit unter dessen Möglichkeiten bleibt. Für die Übernahme der Therapiekosten seitens der Jugendämter ist ein solches psychologisches Gutachten unentbehrlich (allerdings nicht die alleinige Voraussetzung).

Für die praktische Arbeit mit Kindern ist die Unterscheidung in »rechenschwach« oder »nicht rechenschwach« unerheblich. Vielmehr sollte man sich einen Überblick über die wahre mathematische Leistungsfähigkeit eines Kindes und seine Voraussetzungen für das Lernen von Mathematik verschaffen. Dazu bedarf es flexiblerer Verfahren. Ein geeignetes Diagnoseverfahren sollte folgende Bedingungen erfüllen:

1. Es muss die Gedankengänge des Kindes aufdecken können.
2. Es muss flexibel auf die vermuteten Schwächen und Stärken des Kindes eingehen können.
3. Es sollte Hinweise liefern, wie der Therapieansatz bei dem untersuchten Kind zu wählen ist.
4. Es sollte nicht wie ein herkömmlicher Test wirken.
5. Es sollte standardisierbar sein.

Alle diese Bedingungen gleichzeitig zu erfüllen, ist nur schwer möglich. Für Sie als Bezugsperson des Kindes (wie für mich als Therapeuten) ist es wichtiger, die Punkte 1 – 4 erfüllt zu sehen als Punkt 5. Während der dritte Punkt eventuell noch teilweise von einem Fragebogen-Testverfahren zu leisten ist, ist für die Punkte 1, 2 und 4 das so genannte »hypothesengeleitete Beobachten« die Methode der Wahl.

## 5.1 Kinder selbst testen

Ein Testverfahren, das auf dem oben genannten Prinzip des hypothesengeleiteten Beobachtens beruht, besteht aus einer Auswahl von einzelnen Testteilen. Diese können verschiedene Fragestellungen bezüglich des Verständnisses und der Leistungsfähigkeit des Kindes beantworten. Welche Testelemente im Einzelnen ausgewählt werden, hängt vom Verlauf und der Zielsetzung des Tests ab.

Ich will das Prinzip des hypothesengeleiteten Beobachtens anhand eines einfach skizzierten Beispiels verdeutlichen. Stellen wir uns einen unsicheren Viertklässler vor, der etwas Angst vor Mathematik hat:

1. **Fragestellung**
   Ich will wissen, ob er die schriftliche Addition verstanden hat.

2. **Auswahl eines geeigneten Testelements**
   Das gewählte Testelement beginnt mit einem Würfelspiel (in welchem die Addition von zweistelligen Zahlen notwendig wird), von dem gegebenenfalls einige Wiederholungen gespielt werden müssen, bis eine Plusaufgabe mit Übertrag entsteht (also z.B. 36 + 57, weil hier mehr als 10 Einer vorkommen). An dieser Stelle bitte ich den Jungen, das Ergebnis auszurechnen. Damit er die schriftliche Addition benutzt, schreibe ich die Zahlen untereinander.

3. **Reaktion des Kindes** auf die gestellte Situation
   Er rechnet die Aufgabe richtig durch.

4. **Ich stelle eine Vermutung auf**, was das Kind denkt bzw. auf welchen Leistungsstand das Verhalten des Kindes hindeutet (»die Hypothese«).
   Meine Hypothese lautet, dass er die schriftliche Addition verstanden hat.

5. Ich nehme Einfluss auf die Fortführung des Testelementes oder wähle ein neues Testelement aus, um die **Hypothese** zu **testen** (also zu bestätigen oder zu widerlegen). Ich entscheide mich, das Testelement fortzuführen, indem ich das Spiel auf die Addition dreistelliger Zahlen ausweite. Mein Ziel ist es, nach einer abermalig korrekten Rechnung Anschauungsmaterial bereitzustellen und ihm die Möglichkeit zu geben, das Verfahren der schriftlichen Addition zu erläutern. Die Abfolge »**Reaktion des Kindes – Ich stelle eine Vermutung auf – Hypothese testen**« wird mit einer im Spielverlauf entstandenen Aufgabe, z.B. der Aufgabe »362 + 986«, wiederholt. **Reaktion des Kindes**, d.h. in diesem Fall Rechnung des Kindes:

$$\begin{array}{r} 362 \\ + 986 \\ \hline {}^{1} \\ \hline 1358 \end{array}$$

**Vermutungen aufstellen:**

Ich sehe zwei Dinge: Erstens ist der Übertrag erneut richtig verwendet worden und zweitens ist ihm ein Fehler bei der Teilrechnung »6 + 8« unterlaufen. Daraufhin ergeben sich als Hypothesen für mich folgende Möglichkeiten:

- bezüglich des Rechenfehlers: Zufallsfehler, z.B. wegen Aufregung, *oder* Hinweis auf echte Probleme in der Addition von einstelligen Zahlen (kleines 1 + 1)
- bezüglich der schriftlichen Addition: Verständnis für die schriftliche Addition *oder* rein schematisches Vorgehen ohne Kenntnis der Zusammenhänge.

Es stehen nun zwei prinzipiell unterschiedliche Möglichkeiten im Raum:

- Verständnis der schriftlichen Addition *und* Zufallsfehler bei der Rechnung 6 + 8
  *oder*
- echte Probleme bei Plus im kleinen Zahlenraum *und* rein schematisches Vorgehen bei der schriftlichen Addition

Weitere Vorgehensweise, um die **Hypothese** zu **testen:**

Erst jetzt reagiere ich offen (d.h. sichtbar) auf das, was das Kind gemacht hat. Dabei habe ich unter anderem folgende Möglichkeiten:

- Ich lasse das Kind in der Rechnung den Fehler suchen.
- Ich fertige eine Rechnung an, die genau denselben Fehler enthält und lasse das Kind den Fehler suchen.
- Ich spreche den Fehler nicht an und gehe über zum Abfragen von Wissen aus dem kleinen 1 + 1 (um zu entscheiden, ob das 6 + 8 ein Zufallsfehler war). Dazu ist eine angstfreie Atmosphäre wichtig.
- Ich spreche den Fehler nicht an und lasse das Kind dieselbe Aufgabe nun, wie bereits nach der ersten Addition vorgesehen, mit Anschauungsmaterial nachspielen (um

zu sehen, ob: erstens die Addition verstanden ist, zweitens die dezimale Zahlstruktur erkannt ist und drittens als Vorbereitung dafür, dass das Kind mir anhand desselben Materials dann die Funktionsweise der schriftlichen Addition erklärt).

(Es gibt natürlich noch viele weitere Möglichkeiten.)

Die letzte dieser Möglichkeiten hat zwar den Fehler, dass ich nicht ganz ehrlich bin, bietet aber viele Vorzüge:

- Es wird vermieden, dass ein unsicheres Kind vor gemachten Fehlern zurückschreckt und weiter verunsichert wird.
- Das Kind kann eventuell seinen Fehler selbst entdecken und korrigieren bzw. den Grund suchen, warum die Antworten voneinander abweichen. Ein solches Fehler-selbst-Entdecken kann meinerseits wieder positiv gegenüber dem Kind hervorgehoben werden.
- Der Verlauf des Testelementes wirkt natürlich, da kein thematischer Bruch stattfindet.
- Der Einsatz der anderen aufgeführten Möglichkeiten kann später immer noch erfolgen.

Ich wähle also die letzte Möglichkeit als Fortsetzung des Testelementes. Damit beginnt der Kreislauf »**Reaktion – Vermutung – Hypothese testen**« erneut. So geht es immer weiter, bis ich einen Grund zum Abbruch habe. Solche Gründe könnten z. B. sein:

- Ich habe Klarheit über die Antwort der ursprünglichen Fragestellung bekommen.
- Eine andere Fragestellung ist im Verlauf des Testelementes wichtiger geworden, sodass ein neuer Ansatz nötig erscheint.
- Das Testelement erweist sich als ungeeignet, um die Fragestellung zu klären.
- Das Kind reagiert nicht positiv auf die Art der Aufgabenstellung oder die Auswahl der Materialien.

**65**

## 5.2 Geeignete Tests

Bei Schwierigkeiten im Rechnen oder im Lernen von Mathematik haben wir es immer mit einem Geflecht von Ursachen und Wirkungen zu tun. Wo irgend möglich sollten geeignete Hilfsmaßnahmen an der Ursache des Problems ansetzen. Eine Liste von gemachten Fehlern und anderen Auffälligkeiten (also eine Beschreibung der Symptomatik) alleine reicht nicht aus, um einen guten Therapieplan zu erstellen. Wenn die Ursachen der Auffälligkeiten nicht bekannt sind, verkommt jede noch so gut gemeinte Hilfe (und auch weniger gut gemeinte gewerbliche Angebote ...) zur bloßen Nachhilfe. Geeignete Therapiemaßnahmen müssen über die bloße Vermittlung des Unterrichtsstoffes hinausgehen.

Eine Testmethodik zur Planung von Hilfsmaßnahmen sollte also vor allem auch dazu in der Lage sein herauszufinden, warum ein Kind Mathematik nicht seinem Alter und seiner eigentlichen Leistungsfähigkeit entsprechend lernen konnte. Dazu sollte sich der Test – neben den Voraussetzungen, die man für das Lernen von Mathematik benötigt (wie z.B. das Kardinalzahlverständnis) – auch an den instrumentellen Lernzielen orientieren. Diese sind:

- die Fähigkeit zu strukturieren: ungeordnete Situationen ordnen, eine Systematik in etwas hineinbringen und bekannte Ordnungen nutzen.
- die Fähigkeit zu analysieren: eine Ordnung erkennen, Beispiele erzeugen und von diesen auf die Eigenschaften der Gesamtsituation schließen.
- die Fähigkeit zu analogisieren: von Bekanntem auf Neues schließen, Gemeinsamkeiten vermuten und diese Gewinn bringend einsetzen (»das hier scheint so ähnlich zu sein wie dieses, also wird es wohl auch so ähnlich funktionieren«).
- die Fähigkeit zu algorithmisieren: standardisierte Vorgehensweisen zur Lösung von Aufgabenstellungen planen und beschreiben.

- mentale Operationen: die Fähigkeit, sich Handlungsabläufe im Kopf vorzustellen und deren Ergebnisse vorher-
zusagen.
- die Fähigkeit, Situationen genau zu beschreiben, Erkenntnisse verständlich auszudrücken und Sachverhalte
zu erklären (Verbalisieren).

Bei der Durchführung und Interpretation eines Testes sollte
man immer eine Reihe von Dingen beachten:
- Ein Kind sagt und macht nichts Falsches. Alles ist im
Rahmen seiner Erfahrungen richtig durchdacht. Abweichungen vom für uns gewohnten Ergebnis sind darauf
zurückzuführen, dass unsere Lebenserfahrungen anders
sind als die des Kindes. Wenn das Kind also »einen Fehler macht«, dann bietet dieser uns Einblick in die Erfahrungswelt und Denkweise des Kindes.
- Zu jeder Beobachtung gibt es unendlich viele mögliche
Interpretationen. Die Interpretation, für die wir uns entscheiden, ist lediglich »unsere Interpretation« und deswegen noch lange nicht richtig. Die in den nachfolgenden
Testelementen aufgeführten Interpretationen sind daher
nur als Interpretationsvorschläge zu sehen (die sich in
der Praxis allerdings in dem Sinne als hilfreich erwiesen haben, als dass sie mit den Interpretationen der Ergebnisse in anderen Testelementen und in der späteren
Arbeit mit den Kindern gut zusammenpassten).
- Es ist theoretisch möglich, dass bei einem Kind viele Anzeichen einer Rechenschwäche vorliegen, es aber trotzdem keine hat.
- Wenn sich die Interpretationen der Durchführungen einzelner Testelemente stark widersprechen, dann muss in
Betracht gezogen werden, dass das Kind den Test nicht
ernst nimmt. Die Schlussfolgerungen aus diesen Testteilen (und auch anderen) sind dann nicht mehr gedeckt.
Vielmehr müsste das Verhalten des Kindes hinterfragt

werden. Notfalls sollte auch ein Psychologe zu Rate gezogen werden.

Es ist stark anzuraten, dem Kind gegenüberzusitzen oder mindestens über Eck, denn es ist eine große Hilfe, wenn man die Augenbewegungen des Kindes verfolgen kann. Sie geben z.B. Aufschluss darüber, ob das Kind die Klötzchen zählt oder ob es mit Eins-zu-Eins-Zuordnungen arbeitet. Wenn man sich nicht sicher ist, kann man das Kind auch danach fragen, aber solche Fragen lenken manche Kinder zu stark vom eigentlichen Thema ab. Fragen können auch sehr leicht suggestiv werden, also die Gedanken des Kindes zu stark in die »richtige« Richtung lenken. Insbesondere durch Rechenprobleme belastete Kinder können solche verborgenen Hinweise oft erstaunlich gut umsetzen. Deswegen empfiehlt es sich, bei der Wortwahl äußerst wachsam zu sein. Der Wortlaut der Fragen in den Durchführungsbeschreibungen kann exakt übernommen werden.

Die nachfolgend beschriebenen Testelemente ermöglichen neben der Ermittlung des mathematischen Leistungsstandes insbesondere auch einen Überblick über das Vorhandensein der wesentlichen Voraussetzungen für das Lernen der Mathematik. Damit ist auch für das siebte Kapitel eine Orientierungshilfe gegeben, die eine gezielte Auswahl geeigneter Lernspiele ermöglicht.

### 5.2.1 Der Piaget-Test zum Kardinalzahlverständnis

Im Verlaufe ihrer Entwicklung durchlaufen Kinder verschiedene Stufen des Zahlverständnisses. Bereits bei drei Monate alten Säuglingen ist festgestellt worden, dass sie die Anzahlen eins, zwei und drei als unterschiedlich wahrnehmen. Zeigt man Säuglingen innerhalb einer Serie von Bildern mit je zwei Objekten eines mit drei Objekten, so ruht ihr Blick länger auf diesem letzten Bild als auf den anderen und auch die Saugfrequenz am Schnuller erhöht sich. Diese Fähigkeit, spontan ohne Zählvorgang entscheiden zu können, ob es sich um ein, zwei oder drei Gegenstände handelt, wird auch mit dem englischen Wort »subitizing« bezeichnet. Sie beruht auf speziellen Neuronen (Gehirnzellen), deren einzige Aufgabe es ist, einen mengenmäßigen Eindruck zu erzeugen. Dabei gibt es einige Zellen, die auf einen einzelnen Gegenstand am stärksten reagieren, während andere Zellen wiederum auf das Vorhandensein zweier Objekte am deutlichsten ansprechen. Nun gibt es aber nicht Gehirnzellen für jede einzelne Anzahl, sondern nur solche, die in bestimmten Bereichen am stärksten reagieren. Wenn man also z.B. 144 Punkte sieht, senden die Zellen, die für den Bereich von ca. 130 bis 170 zuständig sind, ein stärkeres Signal als diejenigen, die eher bei 100 bis 120 reagieren, oder jene, die um 200 herum ihre höchste Erregbarkeit haben. Die Zellen, die für einen, zwei oder drei Gegenstände zuständig sind, reagieren nur extrem schwach bis gar nicht. Aus dem Gesamtgefühl, das die Neuronen unserem Bewusstsein melden, können wir dann die Anzahl der Punkte mehr oder weniger genau abschätzen.

Im Laufe seiner Entwicklung lernt das Kind die Folge der Zahlwörter (eins, zwei, drei, vier, ...) kennen und wendet diese normalerweise auch zum Zählen irgendwelcher Dinge an. Dabei lernt es, dass zu einem bestimmten Zählergebnis immer ein bestimmter Mengeneindruck (das von den Zählneuronen vermittelte Anzahlgefühl) gehört. Dieser Lernprozess findet jedoch hauptsächlich im Unterbewusstsein statt. In den Ruhephasen verknüpft das Gehirn erlebte Sinneseindrücke ohne das bewusste Zutun des Kindes. Dieser Vorgang wird als sensorische Integration bezeichnet. Durch verschiedene Ursachen kann die sensorische Integration jedoch behindert werden. Dazu zählt u.a. emotionaler Stress jeder Art. Emotionaler Stress führt dazu,

Emotionaler Stress behindert das Lernen

dass das Kind sich nicht nur im bewussten Zustand mit den Ursachen des Stresses auseinander setzt, sondern auch ein Großteil der unbewussten Hirnaktivität auf die Bearbeitung dieser für das Kind bedrohlich erscheinenden Situation verwendet wird.

In der nächsten Entwicklungsstufe erkennt das Kind, dass das Ergebnis des Zählvorgangs weder von der Reihenfolge, in der gezählt wurde, noch von der Anordnung der gezählten Gegenstände abhängt. Auch dieser Lernprozess ist (wie jeder Lernprozess) abhängig von der unbewussten Verarbeitung des Erlebten. Ohne eine ausreichende Handlungsgrundlage, auf deren Basis das Kind diesen Sachverhalt oft genug beobachten konnte, können die Eigenschaften des Zählens nicht verinnerlicht werden.

Die höchste Entwicklungsstufe ist dann erreicht, wenn das Kind den Sinn des Zählens erkannt hat. Mit dem Zählen lassen sich weit reichende Aussagen über Mengen und mit ihnen durchführbare Handlungen machen. So kann man z. B. sagen, dass die Stühle nicht ausreichen werden, wenn an einem Tisch acht Stühle stehen, jedoch neun Personen anwesend sind.

Der Piaget-Test macht, wenn er richtig durchgeführt wird, recht gute Aussagen über den Entwicklungsstand des Kindes bezüglich dessen Zahlverständnisses. Bei diesem Test geht es darum, Pärchen zu bilden. Deswegen ist es sinnvoll, zwei Arten von Gegenständen zu haben, die irgendwie »zusammengehören«. Piaget verwendete in seinen Durchführungen u. a. Spielzeugflaschen und Spielzeuggläser. Es ist aber auch denkbar, mit Schrauben und Muttern oder roten und blauen Legosteinen zu arbeiten.

Der Verlauf dieses Tests ist abhängig von den Reaktionen des Kindes. Lesen Sie bitte deswegen erst die vollständige Beschreibung durch und richten Sie sich auf die verschiedenen Reaktionsmöglichkeiten ein! Spielen Sie den Test ruhig zuerst mit einer Versuchsperson durch!

**Material (Beispiel):** ca. 15 blaue und 15 rote Klötzchen, größere freie Fläche, wie z.B. Tisch

**Durchführung:**

### 1. Testteil:

Der erste Teil des Piaget-Tests dient einerseits dazu, dem Kind die Zuordnung der blauen und roten Klötzchen zu erklären, andererseits der Feststellung, wie das Kind den Sachverhalt ausdrückt, wenn die paarweise Zuordnung nicht möglich ist. Die Ausdrucksweise des Kindes soll für den weiteren Verlauf des Tests übernommen werden.

**Wichtig:** Benutzen Sie nicht die Wörter »wie viele«, »so viele wie«, »mehr als« und andere, die bei Kindern gerne einen »Zählreflex« auslösen!

1.1 Man nimmt ein rotes und ein blaues Klötzchen und sagt dem Kind, dass das Ziel dieses »Spiels« ist, immer Pärchen aus roten und blauen Klötzchen zu bilden. Zur Demonstration steckt man die beiden Klötzchen zusammen und legt sie in die Mitte des Tisches.

1.2 Nun gibt man dem Kind »spontan« drei blaue und vier rote Klötzchen und fordert es dazu auf, möglichst viele rotblaue Pärchen zu bilden. Das Kind sollte nun jeweils ein blaues und ein rotes Klötzchen nehmen und diese zu einem Pärchen zusammenstecken. (a) Wenn es nach einem Pärchen aufhört, fordert man es auf, so lange weiterzumachen, bis es nicht mehr geht. (b) Falls aber eine Stange aus Klötzchen gesteckt wird, in der sich die Farben abwechseln, dann muss man noch einmal eingreifen und sich entschuldigen, dass man es noch nicht gut genug erklärt habe (schließlich war die eigene Erklärung wirklich nicht gut genug, um eine fehlerfreie Durchführung des ersten Teils zu ermöglichen!) und die komplette Durchführung mit den drei blauen und vier roten Klötzchen selbst machen mit dem Hinweis *»so war's gemeint«*. Man gibt daraufhin ein weiteres Beispiel von z. B. vier blauen und drei roten Klötzchen und lässt das Kind die Zuordnung selber durchführen.

1.3 Es bleibt ein Klötzchen übrig. Entweder sagt das Kind von sich aus etwas dazu oder man zeigt auf das übrig gebliebene Klötzchen und fragt: *»Und was ist damit?«*

1.4 Hier gibt es natürlich viele verschiedene Antworten: *»Da fehlt noch ein blaues!«* oder *»Das da ist zu viel!«* und noch andere. **Die Wortwahl des Kindes wird dann im weiteren Verlauf auch die eigene sein müssen.** Wenn ein Kind nämlich eher das Empfinden hat, dass ein Klötzchen fehlt, wird es eine Frage nach einem Klötzchen, das übrig bleibt, immer erst gedanklich umformulieren müssen oder eventuell sogar missverstehen, da seine Konzentration auf dem liegt, was fehlt. *Für den weiteren Verlauf der Beschreibung nehme ich an, dass das Kind sagt, es bleibe ein Klötzchen übrig.*

## 2. Testteil:

In diesem Teil wird untersucht, ob das Kind die Eins-zu-Eins-Zuordnung von Gegenständen benutzen kann, um eine Menge herzustellen, die genauso viele Elemente hat wie eine andere Menge (d. h.: Steht für das Kind die Idee des »gleich viele wie« in einem Zusammenhang mit Eins-zu-Eins-Zuordnungen?).

2.1 Man legt eine Reihe von roten Klötzchen vor dem Kind auf den Tisch (Abb. 5.1). Dazu sagt man: *»Das Ziel ist jetzt, dass du hier Klötzchen so hinlegst, dass hinterher beim Zusammenstecken kein Klötzchen übrig bleibt.«* Dazu reicht man dem Kind den gesamten Vorrat an blauen

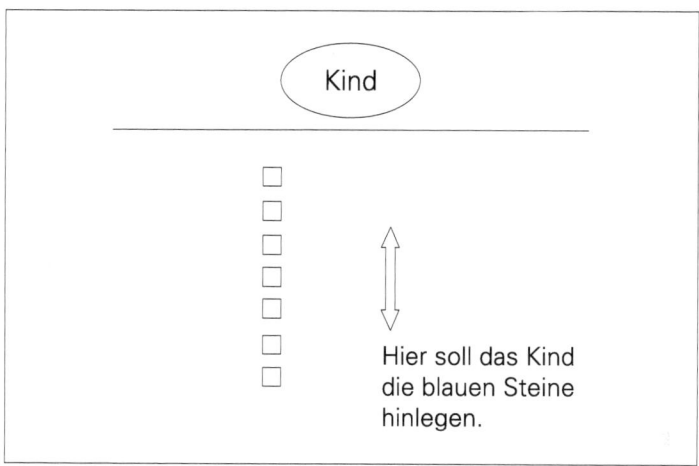

*Abbildung 5.1*

Klötzchen, der deutlich zu viele Klötzchen enthalten sollte. Damit soll die Wahrscheinlichkeit vermindert werden, dass die Aufgabenstellung missverstanden wird.

2.2 Das Kind legt die blauen Klötzchen an die beschriebene Stelle. Dabei gibt es jetzt mehrere Möglichkeiten: **2.a:** Es zählt die roten Klötzchen durch und legt die entsprechende Anzahl blauer Klötzchen an die vorgesehenen Stellen. Das Zählen-und-Legen kann man daran erkennen, dass die Augen erst an der einen Klötzchenreihe entlang wandern und dann gezielt die richtige Anzahl blauer Klötzchen genommen wird. Dabei kann es natürlich passieren, dass das Kind sich verzählt, aber diese Vorgehensweise ist prinzipiell zu begrüßen. **2.b:** Es legt neben jedes rote Klötzchen ein blaues Klötzchen. Dabei wandern die Augen immer von der roten Reihe zur blauen, im Entstehen befindlichen Reihe. Das Kind führt also lautlos eine Eins-zu-Eins-Zuordnung der Klötzchen durch. **2.c:** Das Kind legt neben die rote Reihe relativ zügig eine gleich lange blaue Reihe. Dabei wandern seine Augen nur selten zwischen den Reihen hin und her.

2.3 Wenn das Kind seine Handlung beendet hat, fragt man noch einmal: *»Und jetzt bleibt wirklich keiner übrig?«* Wenn das Kind nachkorrigieren möchte, sollte man es gewähren lassen. Ansonsten, falls das Kind dies nicht von alleine bereits macht, fängt man damit an, die Arbeit des Kindes dadurch zu überprüfen (*»Mal sehen, ob was übrig bleibt!«*), indem man das erste Paar Klötzchen zusammensteckt. Im Wechsel mit dem Kind werden nun die beiden Reihen abgearbeitet, bis keine Pärchen mehr gebildet werden können.

**Interpretation und weiteres Vorgehen:**

**Zu 2.a:** Hier scheint das Kind bereits eine gute Vorstellung davon zu haben, dass die gezählte Anzahl eine Aussage über die Zuordenbarkeit von Mengen zueinander macht. Wenn irgendein Grund zum Zweifel an dieser Interpretation dieses Testteils besteht, z.B. weil das Ergebnis falsch war, aber die Augenbewegungen und Handlungen die These des Abzählens unterstützen, oder weil eine Trennung von **2.c** nicht möglich war, kann man diesen Testteil mit einer etwas höheren Anzahl roter (oder als Variation: mit den blauen) Klötzchen wiederholen. Eine solche Wiederholung sollte natürlich wirken und nicht so, als wäre sie die Folge eines falschen Ergebnisses (*»Und jetzt machen wir das Ganze noch mal mit den Blauen!«*). Als Alternative steht auch offen, das Kind zu fragen: *»Wie hast du dein Ergebnis bekommen?«*, aber die Probleme mit dieser Art von Frage wurden im Einführungsteil bereits erwähnt.

**Zu 2.b:** Wenn man sich sicher ist, dass die Zuordnung mit einem Eins-zu-Eins-Vergleich stattgefunden hat und das Ergebnis »richtig« war, kann man unbesorgt zum nächsten Testteil übergehen. Falls das Ergebnis »falsch« war, kann man wie oben noch einmal eine Wiederholung des Testteils anstreben.

**Zu 2.c:** Falls das Ergebnis falsch war, sollte man auf jeden Fall den Testteil wiederholen. Sieht das Kind, dass diese schnelle und recht unreflektierte Vorgehensweise der Grund für den Fehler war, oder ist die nächste Durchführung wieder genauso an der Reihenlänge orientiert wie beim ersten Mal? Wenn die Durchführung beim zweiten Versuch (mit ein oder zwei Klötzchen mehr als beim ersten Durchgang!) wieder spontan ist und kein Abzählen oder eine Eins-zu-Eins-Zuordnung erkennen lässt, dann kann man mit recht großer Sicherheit feststellen, dass das Kind bezüglich des Zahlverständnisses noch nicht die Stufe erreicht hat, die es für ein Verständnis der Mathematik benötigt. Weicht die Vorgehensweise beim zweiten Versuch von der des ersten Versuchs ab (z.B. durch die Benutzung der Technik aus 2.b), so kann man davon ausgehen, dass die durch diesen Testteil geprüfte Stufe des Zahlverständnisses noch nicht gesichert erreicht ist, generell vom Verständnis her aber verfügbar sein sollte. Im Falle eines »richtigen« Ergebnisses der ersten Durchführung nach dem Muster von 2.c sollte man auch einen Kontrolltest durchführen, indem man eine etwas längere Reihe legt, in welcher der Abstand der Klötzchen untereinander anders ist als zuvor. Sofern hier wieder das richtige Ergebnis erreicht wird, kann man eventuell eine dritte Durchführung wagen (und dabei zum Kind herausfordernd sagen: *»Diesmal leg ich dich aber rein ...!«*) oder zur Klärung und Abgrenzung zu 2.a zum dritten Testteil übergehen. In diesem Fall ist keine sichere Interpretation des Ergebnisses möglich.

## 3. Testteil:

In diesem Testteil wird das untersucht, was allgemein mit Mengenbegriff oder Kardinalzahlverständnis bezeichnet wird: Eine Menge enthält immer gleich viele Gegenstände, egal in welcher Reihenfolge man sie zählt oder wie sie angeordnet sind. Für die meisten Erwachsenen ist dies selbstverständlich, aber nicht unbedingt für Kinder, was dieser Testteil beweist. Das Erlangen des Kardinalzahlverständnisses ist vielmehr ein Schritt in der Kindesentwicklung, der bei manchen Kindern auch verzögert sein kann.

3.1 Die vom vorigen Testteil übrig gebliebenen Klötzchen werden vom Tisch entfernt, sodass nur noch paarweise zusammengesteckte Klötzchen übrig bleiben. Dann werden diese Pärchen wieder getrennt. Die blauen Klötzchen werden auf einer Seite, die roten Klötzchen auf der anderen Seite jeweils in eine Reihe gelegt. Beide Reihen sollten genau gleich lang sein. Das Kind sieht hier, dass die vorher einander zugeordneten Klötzchen wieder in zwei gleich lange Reihen getrennt werden können.

3.2 Nun verlängert man die Reihe einer Seite (in diesem Beispiel sei es die rote), indem man die Klötzchen weiter auseinander schiebt (Abb. 5.2). Dazu fragt man das Kind: *»Das Ziel ist jetzt wieder, dass hinterher kein*

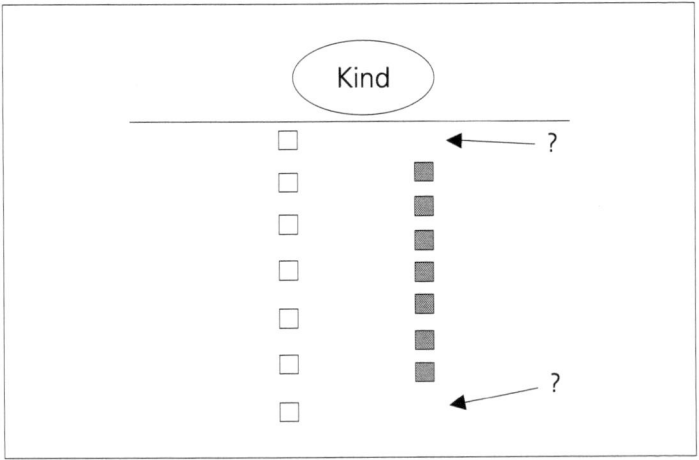

*Abbildung 5.2*

*Klötzchen übrig bleibt. Möchtest du noch Klötzchen hinzulegen oder wegnehmen, oder stimmt es so?«* Falls das Kind zu den Klötzchen auf dem Tisch greift, um diese wieder zurückzuschieben, damit die Ausgangslage wiederhergestellt wird, sagt man zusätzlich: *»So kannst du das auch machen, das ist richtig, aber ich möchte, dass du das machst, ohne die Klötzchen auf dem Tisch zu verschieben.«* Dazu sollte man dem Kind mit der Hand eine Auswahl an roten und blauen Klötzchen anbieten. Jetzt bestehen wieder mehrere Handlungsmöglichkeiten für das Kind. **3.a:** Das Kind sagt sofort, dass es immer noch klappen muss, dass auch so kein Klötzchen übrig bleibt. **3.b:** Das Kind zählt beide Reihen durch und bestätigt so, dass es klappt. Hier erkennt man das Durchzählen der beiden Reihen am besten an den Augenbewegungen des Kindes, die erst die eine Reihe entlang gleiten und dann die andere. **3.c:** wie 3.b, aber das Kind hat sich verzählt. **3.d:** Das Kind führt einen Eins-zu-Eins-Vergleich durch, um die Zuordenbarkeit zu bestätigen. Das erkennt man daran, dass die Augen zwischen den Reihen hin und her pendeln. Oft kommt das Kind dann auch zum falschen Ergebnis, denn ein solcher Vergleich ist nicht mehr so leicht durchzuführen. **3.e:** Das Kind nimmt noch weitere blaue Klötzchen und legt diese an die beiden Enden der (jetzt ja kürzeren) blauen Reihe. Alternativ könnte das Kind auch einige »überstehende« rote Klötzchen entfernen. **3.f:** Das Kind fügt weitere rote Klötzchen in die neu entstandenen Zwischenräume ein oder nimmt einige blaue aus der enger gedrängten unveränderten Reihe heraus.

3.3 (außer wenn das Kind wie in 3.a reagiert hat) Wenn das Kind seine Handlung beendet hat, fragt man in jedem Fall: *»Bist du dir sicher, dass jetzt keiner übrig bleibt? Wir probieren das gleich aus!«* Falls das Kind nichts mehr ändern will, geht man wie im vorigen Testteil

**77**

dazu über, das Ergebnis durch Eins-zu-Eins-Zuordnung zu überprüfen. Falls das Kind jedoch noch einmal nachkorrigieren will (**3.g**), so lässt man es das machen und stellt obige Frage erneut. Wird ein weiterer Durchgang dieses Testteils nötig, so sollte man dann die andere (jetzt also die blaue) Reihe zusammenrücken.

**Interpretation und weiteres Vorgehen:**
**Zu 3.a:** Wenn man das Kind fragt, warum das denn so ist, erhält man meistens Antworten, die nicht viel aussagen, wie »weil man keinen hinzugetan hat«, »weil man doch nur neu/ anders hingelegt hat«, »es sind immer noch gleich viele« oder »es ist doch nichts geändert worden bis auf die Länge«. In diesen Fällen kann man recht sicher davon ausgehen, dass das Kind die »Mengeninvarianz« benutzt. Wenn das Kind aber unsicher erscheint und anfängt, zur Erklärung die Pärchen zusammenzustecken, dann sollte man nach diesem Zusammenstecken noch einen weiteren Durchgang des dritten Testteils durchführen. Falls dieser genauso ausfällt, liegt die Vermutung nahe, dass das Kind ein weit gehendes, vielleicht aber noch nicht völlig gesichertes Kardinalzahlverständnis besitzt. Falls das Kind aber eine andere Vorgehensweise als bei der ersten Durchführung hat, betrachte ich die Ergebnisse des zweiten Durchgangs als wichtiger. Eine definitive Aussage zum Kardinalzahlverständnis würde ich auf dieser Basis nicht wagen. Einen besseren Einblick können in diesem Fall andere Testelemente als der Piaget-Test liefern.
**Zu 3.b:** An dieser Vorgehensweise fällt auf, dass das Zählen (aus der Sicht eines Erwachsenen) doch eigentlich unnötig ist. Es stellt sich die Frage, warum das Kind überhaupt gezählt hat. Dieser Fall ist recht schwierig zu beurteilen. Manche Kinder mit ernsthaften Problemen in Mathematik haben durch gut gemeinte Ratschläge bereits »gelernt«, dass gleiche Zählergebnisse auch bedeuten, dass Mengen einan-

der zugeordnet werden können. Oder weiß das Kind bereits, dass es immer noch gleich viele sein müssen, denkt aber, dass der Tester hier möglicherweise einen Taschenspieler-trick anwendet, und geht nur auf »Nummer Sicher«? Will es vielleicht seine Meinung dem Interviewer gegenüber bewei-sen? Oder ist der Widerspruch zwischen Optik (eine Reihe sieht so aus, als könnte sie mehr Klötzchen enthalten als die andere) und Logik (»Das kann eigentlich gar nicht sein!«) der Auslöser dafür, dass das Kind zur Sicherheit doch noch einmal zählt? Um die Interpretation zu erleichtern, sollte man eine weitere Durchführung dieses Testteils ankündigen. Vorher sollte man das Kind aber noch für die richtige Ant-wort auf die Fragestellung loben, verbunden mit dem Hin-weis*: »Wir machen jetzt das Gleiche noch einmal, nur mit mehr Klötzchen. Was meinst du: Kannst du die Aufgabe auch lösen, ohne zu zählen und ohne die Klötzchen anzufas-sen?«* Wenn das Kind die Frage bejaht und sagt, dass es ja im-mer aufgehen muss, dann kann man unbesorgt zum nächs-ten Testteil übergehen. Kann oder will das Kind diese Frage jedoch nicht beantworten, so geht man zur zweiten Durch-führung dieses Testteils über. Dabei sollte man genau darauf achten, dass das Kind tatsächlich nicht zählt (Augen ver-folgen!). Hat das Kind wiederum gezählt, so liegt die Inter-pretation nahe, dass es noch nicht sicher ist, dass die Verän-derung der Reihe die Anzahlen konstant lässt.

**Zu 3.c:** War das Kind darüber erstaunt? Dann sollte man z.B. die Frage *»Wunderst du dich?«* stellen und falls diese Frage bejaht wird: *»Warum?«* Hier wird man recht gut erkennen können, wie der Stand des Kindes ist. Trotzdem sollte man zur Sicherheit einen weiteren Durchgang des Testteils ma-chen. Dieser wird vom Kind vielleicht sogar mit einer ganz anderen Vorgehensweise bearbeitet. Falls das Kind nicht er-staunt ist, sollte man direkt einen zweiten Versuch starten. Vielleicht mit dem Kommentar: *»Und jetzt mal mit blau.«* Bei abermalig falschem Ergebnis ohne Staunen ist davon auszugehen, dass das Kind noch kein ausreichendes Kardinalzahlverständnis hat.

**Zu 3.d:** Auch dieses Kind scheint noch nicht verstanden zu haben, dass man keinen Vergleich mehr durchführen muss, um die Zuordenbarkeit der Reihen zu erkennen. Die Interpretation verläuft wie bei 3.b und 3.c.

**Zu 3.e:** Diese Vorgehensweise ist auf jeden Fall sachlich falsch. Oft neigt ein Kind aber dazu, die Erwartungshaltung des Testers befriedigen zu wollen. Daher kann es sein, dass das Kind sich so verhält, weil es denkt, dieses Verhalten sei gefordert. Um diesen Irrtum auszuräumen, muss daher auf jeden Fall nach der Kontrolle durch Bilden der Pärchen der Hinweis erfolgen, dass keine Klötzchen übrig bleiben sollten, dieses aber nun der Fall ist. Eine zweite Durchführung dieses Testteils ist nötig. Wenn das Kind allerdings nach einem anderen Muster als 3.a oder 3.b reagiert, liegt die Annahme auf der Hand, dass das Kind noch kein Kardinalzahlverständnis besitzt. Dann hat das Kind nur aufgrund der unterschiedlichen Reihenlängen reagiert, ist sich aber der Anzahlkonstanz der Mengen beim Umsortieren nicht bewusst.

**Zu 3.f:** Der Unterschied zu 3.e liegt darin, dass nicht die Reihenlänge fälschlicherweise zum Kriterium der Zuordenbarkeit gemacht wird, sondern die Dichte, mit der die Klötzchen liegen.

**Zu 3.g:** Man muss zwischen zwei Arten von Nachkorrektur unterscheiden: die durchdachte und die spontane. Die durchdachte Nachkorrektur zieht erneut eine der Möglichkeiten 3.a bis 3.f zur Lösung der Aufgabe heran. Die Interpretation dieses Ergebnisses sollte sich sowohl an der ursprünglichen Technik als auch an der (nicht unbedingt davon verschiedenen) Technik der Nachkorrektur orientieren. Hilfe kann hier natürlich auch eine zweite Durchführung des Testteils bieten. Die spontane Nachkorrektur hingegen findet sofort statt und zieht keine weiteren Informationen hinzu. Sie zeigt möglicherweise eine Unsicherheit an, die das ganze Mathematikverständnis des Kindes betrifft. Das alleine kann bereits für den weiteren Umgang mit dem Kind wichtig sein! Bei einer spontanen Korrektur muss das Kind darauf hingewiesen werden, dass es sich für seine eigene Meinung entscheiden solle. Z.B. kann man sagen: *»Wenn ich dich frage, ob du noch etwas ändern willst, dann heißt das nicht, dass du einen Fehler gemacht hast. Wir machen das Ganze jetzt nochmals mit den blauen Klötzchen und ich werde hinterher auf jeden Fall wieder fragen, egal, was du gemacht hast!«*

## 4. Testteil:

Hier wird noch etwas stärker die Verwendung von Zahlen zur Lösung von komplizierteren Zuordnungsaufgaben gefordert. Anders als beim dritten Teil kann man nicht sofort mit Hilfe seines Kardinalzahlverständnisses entscheiden, ob eine Zuordnung möglich ist oder nicht, sondern es muss auf jeden Fall gezählt oder mit den Augen zugeordnet werden.

4.1  Man bittet das Kind, sich während der Vorbereitung des vierten Testteils umzudrehen. Dann zählt man z.B. 9 rote und 10 blaue Klötzchen ab und legt sie, wie in Abb. 5.3 zu sehen, in einem Kreismuster auf den Tisch, und zwar die roten eng gedrängt in die Mitte und die blauen in lockerer Formation außen herum (um den Test möglichst effektiv durchzuführen, sollte innen ein Klötzchen weniger als außen liegen). Man ruft das Kind und stellt die Frage: *»Bleibt hier etwas übrig? Fasse die Klötzchen bitte nicht an!«*

4.2  Während das Kind eine Antwort auf die Frage sucht, sollte man wieder seine Augen verfolgen. **4.a:** Wird

81

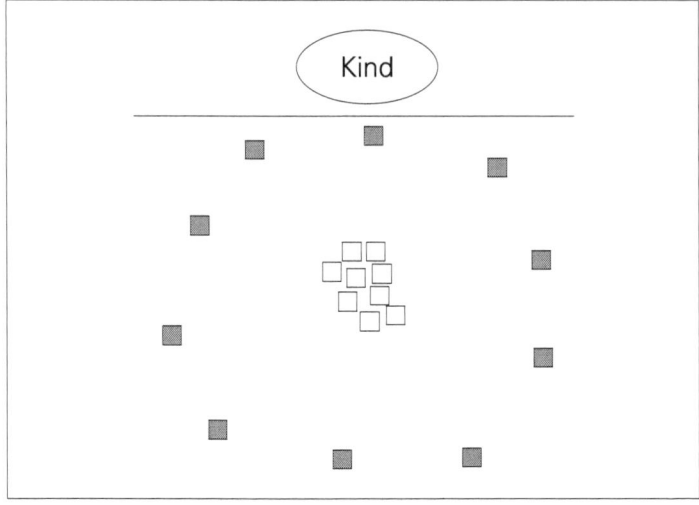

*Abbildung 5.3*

erst ein Bereich durchgezählt und dann der andere? **4.b:** Pendeln die Augen des Kindes zur Ergebnisfindung zwischen dem inneren und dem äußeren Bereich hin und her? **4.c:** Fällt sofort eine spontane Entscheidung? Wegen der gewählten Anordnung sieht es wahrscheinlich so aus, als ob kein Klötzchen übrig bleiben werde. Selbst wenn die Antwort richtig ist, sollte man hier nur nach der Art der Antwortfindung urteilen.

4.3 Falls die Antwort des Kindes richtig war (egal, wie sie ermittelt wurde), kann man noch das Ergebnis durch Zusammenstecken bestätigen. Die Ergebniskontrolle im negativen Fall muss nicht unbedingt stattfinden. Falls das Kind danach fragt, kann man immer noch sagen, dass diese Aufgabe zum »Reinlegen« gedacht war, und danach den Beweis antreten.

**Interpretation und weiteres Vorgehen:**

**Zu 4.a:** Ein Grund für das Zählen ist erkannt.

**Zu 4.b:** Das Kind wendet das Zählen noch nicht in allen Situationen zur Lösung von Zuordnungsproblemen an. Das Zählen wird noch nicht unaufgefordert zur Ermittlung von Handlungsergebnissen eingesetzt.

**Zu 4.c:** Man sollte hier die Motivation des Kindes erfragen: »*Warum kannst du das so schnell beantworten?*« Lautet die Antwort darauf etwa »*Man sieht das doch!*«, so sollte man die Zuordnungshandlung (Zusammenstecken der Paare) durchführen lassen. Daraufhin wiederholt man diesen Testteil mit gleichen Anzahlen von Klötzchen, beispielsweise 10 Stück je Farbe. Falls die Motivation allerdings wieder eine Erwartungshaltung gegenüber dem Ausgang des Tests war, dann muss das Kind eindringlich darauf hingewiesen werden, dass es hier nicht um das geht, was das Kind von mir erwartet, sondern dass es sich ausschließlich auf die Aufgabe konzentrieren soll. Wenn man sich sicher ist, dass das Kind diese »psychologische Methode der Lösungsfindung« versucht hat, kann man z.B. mit übertrieben gespielter Entrüstung sagen: »*Das war falsch, weil du geraten hast!*« Seine Meinung sollte man dann noch durch das Zusammenstecken begründen. Eine zweite Durchführung, wie oben, sollte gemacht werden, um dem Kind die Korrektur seiner Technik zu ermöglichen.

**Zusammenfassung:**

Es gibt mehrere häufiger auftretende Leistungsbilder im Piaget-Test:

1. **2.a, 3.a und 4.a:** Der optimale Fall. Man kann von einem vollständigen Kardinalzahlverständnis ausgehen.

2. **2.b, 3.a und 4.b:** Das Kind besitzt bereits das Kardinalzahlverständnis (wahrscheinlich), setzt Zahlen jedoch noch nicht immer bereitwillig zur Lösung von Problemen

ein. Der Sinn der Zahlen zur Bestimmung von Handlungsergebnissen ist noch nicht vollständig erschlossen.

3. **2.a, 3.b und 4.a:** Abhängig von der im Teil »**zu 3.b**« beschriebenen weiteren Vorgehensweise ist das Kardinalzahlverständnis entweder vorhanden oder im Entstehen begriffen. Eine genauere Abklärung mittels anderer Testelemente ist allerdings wünschenswert!

4. **2.b, 3.d und 4.b:** Das Kind beantwortet die Fragen gewissenhaft und ergebnisorientiert, benutzt aber keine Zahlen, ohne dazu aufgefordert zu werden. Das Kardinalzahlverständnis ist noch nicht vollständig entwickelt. Man kann davon ausgehen, dass die Probleme in Mathematik beim Kind zumindest teilweise im mangelnden Zahlverständnis begründet sind.

5. **2.c, 3.e oder f sowie 4.c:** Hier kann man erwarten, dass das Problem des Kindes in Mathematik recht umfangreich ist. Diese Aussage muss jedoch unbedingt durch weitere Testelemente abgesichert werden!

### 5.2.2 Aufgaben aus der Kombinatorik

Die Kombinatorik ist ein Teilbereich der Mathematik, der sich mit Fragen der Art »Wie viele Möglichkeiten gibt es, um …?« beschäftigt. Dabei werden in der Fragestellung meistens Eigenschaften definiert, die mehrere Objekte gleichzeitig haben können, oder es wird festgelegt, wann ein Objekt als zulässig gilt. Beispiele für solche Aufgaben sind:

- Auf wie viele Arten kann man drei Legosteine aufeinander stecken, wenn nur rote, grüne, blaue und gelbe erlaubt sind?
- Wie viele verschiedene Buchstabenfolgen kann man aus dem Wort »ANANASSAFT« herstellen?
- Karolin hat mit vier Würfeln gewürfelt. Zusammen zeigten die Würfel 14 Augen. Auf wie viele Arten ist dies möglich?

Aufgaben aus der Kombinatorik können so gestellt werden, dass jedes Kind die Fragestellung seiner Leistungsfähigkeit entsprechend zufrieden stellend bearbeiten kann. Man spricht dann von »selbstdifferenzierenden Aufgaben«. Im Verlaufe einer Aufgabe aus der Kombinatorik können nach und nach folgende Teilziele gefordert oder erreicht werden:

- Auf zwei, drei oder eine andere Anzahl verschiedener Lösungen für die Aufgabenstellung kommen (»*Baue doch mal zwei verschiedene Türme!*«).
- Auf möglichst viele Lösungen kommen (»*Baue doch mal so viele Türme, wie du kannst!*«).
- Auf alle Lösungen kommen (»*Baue alle Türme, die es gibt!*«).
- Die Anzahl der Lösungen bestimmen (»*Kannst du mir sagen, wie viele Türme es sein müssen?*«).
- Begründen, warum alle Lösungen gefunden wurden (»*Warum bist du dir sicher, dass du alle Lösungen hast?*«).
- Entwickeln einer allgemeinen Rechenweise/Formel (»*Wie könntest du denn herausfinden, wie viele Lösungen es gibt, wenn du statt drei Farben vier hast? Und wie ist es, wenn du Zehnertürme baust?*«).

Außerdem sind kombinatorische Aufgaben geeignet, um eine ganze Reihe der für das Mathematiklernen benötigten Voraussetzungen (siehe Seite 66) zu überprüfen:

- Strukturieren: Das Kind muss aus einer unübersichtlichen Sammlung von Einzelteilen ein Gesamtbild erstellen, welches das Auffinden aller Möglichkeiten ermöglicht. Zusätzlich setzt eine Berechnung der Anzahl der Möglichkeiten voraus, dass die Menge geeignet strukturiert wurde.
- Analysieren: Aus der Aufgabenstellung, welche erst einmal keine Beispiele anbietet, müssen konkrete Beispiele abgeleitet werden.

- Verbalisieren: Das Kind muss begründen, warum alle Möglichkeiten gefunden wurden. Es muss für sich selbst festlegen, was mit den Begriffen der Aufgabenstellung gemeint ist.

- Algorithmisieren: Das Kind sucht nach einer Vorgehensweise, wie es alle Möglichkeiten herstellen kann (das ist etwas anderes als berechnen zu können, wie viele Möglichkeiten es gibt!).

- Mentale Operationen: Es erleichtert die Arbeit, wenn das Kind nicht immer erst ein Beispiel herstellt, um dieses mit den bereits vorhandenen zu vergleichen. Stattdessen kann es sich den geplanten nächsten Gegenstand vorstellen.

- Kardinalzahlverständnis: Bei der Herstellung aller Möglichkeiten (und bei der Begründung, warum es auch wirklich alle sind) kommt es sehr oft darauf an, dass einige Gruppen aus irgendwelchen Gründen gleich groß sein müssen.

A) Das Bauen aller Möglichkeiten

Als **Beispiel** diene hier die Aufgabe, alle möglichen verschiedenen Viererttürme zu bauen, die mit nur zwei zulässigen Farben möglich sind. Ein Viererturm besteht aus vier übereinander gesteckten Legosteinen. Die Farben seien hier z.B. Gelb und Schwarz. Es gibt 16 verschiedene Türme. Um das einzusehen, kann man bei »Einertürmen« anfangen. Davon gibt es zwei Stück, nämlich den gelben Legostein und den schwarzen Legostein. Es muss vier Zweiertürme geben, weil es zwei mit gelbem unteren Stein und zwei mit schwarzem unteren Stein gibt. Will man nun alle Dreiertürme bauen, so nimmt man zwei Serien der Zweiertürme, setzt unter die Türme der einen Serie jeweils einen gelben Stein und unter die Türme der anderen Serie jeweils einen schwarzen Stein. Also gibt es acht Dreiertürme. Genauso argumentiert muss es acht Vierertürme mit gelbem und acht mit schwarzem unteren Stein geben, also insgesamt sechzehn.

**Material:** 40 gelbe und 40 schwarze Legosteine, Stift, Papier (für den Fall, dass das Kind etwas notieren möchte)

**Durchführung:**
1. Dieser erste Teil dient dazu, dem Kind einen Einstieg in die Aufgabenstellung zu ermöglichen. Hier werden die Grundbegriffe und Grundideen geklärt, die für die Bearbeitung der Aufgabe nötig sind. Man legt die Legosteine unsortiert vor dem Kind auf den Tisch. Dazu sagt man: *»Baue mal einen Viererturm. Du darfst dabei die Steine benutzen, die du willst.«* Daraufhin baut das Kind einen Viererturm (falls es das nicht tun sollte, beschreibt man dem Kind, dass ein Viererturm dadurch entsteht, dass man vier Legosteine aneinander steckt).
2. Nun fordert man das Kind auf, noch einen Viererturm zu bauen, der anders aussieht. Das Kind erledigt die Aufgabe. Falls es einen Turm baut, der genauso wie der erste aussieht, so sollte man das einfach sagen: *»Der sieht ja genauso aus wie der andere Turm! Bau doch einen, der nicht so ist!«*
3. Dann stellt man die eigentliche Frage, um die es hier geht: *»Versuche mal, alle Vierertürme zu finden, die es gibt!«* Das Kind fängt also an, Legotürme zu bauen. **3.a** Das Kind baut ohne erkennbares Schema drauf los. Dabei entstehen auch Türme, die das Kind schon hat, ohne dass es dies merkt. **3.b** Das Kind baut ziellos, entdeckt doppelt vorhandene Türme aber zuverlässig. **3.c** Irgendwann findet ein Übergang zum »gruppenweisen Bauen« statt. Das Kind baut immer mehrere zusammengehörige Türme nacheinander oder nutzt bereits gebaute Vierertürme, um weitere, noch nicht vorhandene Türme zu finden. **3.d** Das

87

Kind baut erst planlos oder Pärchen (wie in 3.b oder 3.c) und sortiert irgendwann die bereits vorhandenen Vierertürme, um eine schnellere Möglichkeit zum Vergleichen zu haben. **3.e** wie 3.d, aber die Sortierung dient nicht nur dem Vergleichen, sondern auch der gezielten Suche nach fehlenden Türmen.

**Interpretation und weiteres Vorgehen:**

**Zu 3.a:** Planloses Vorgehen ist immer ein Zeichen dafür, dass das Kind Probleme mit dem Strukturieren hat. Zudem besteht die Möglichkeit, dass das Kind noch nicht gut mit mehrteiligen Aufgabenstellungen umgehen kann. Wenn ca. die dritte Dopplung oder der erste dreifach vorhandene Turm entstanden ist, sollte man das Kind beiläufig darauf aufmerksam machen: *»Oh, den hast du schon!«* und einen Turm des doppelten Pärchens beiseite legen (man sollte ein bereits gebautes Beispiel wählen, das bereits doppelt vorliegt; damit wird nicht die aktuelle Handlung des Kindes kritisiert). **1.** Wenn das Kind nun zur Überprüfung der übrigen gebauten Vierertürme schreitet, dann sollte das lobende Anerkennung finden. Man kann ihm dabei evtl. helfen, wenn dies ein Problem ist. Der weitere Fortgang sollte wieder wie im dritten Punkt der Durchführung erfolgen. **2.** Überprüft das Kind die restlichen Türme nicht, so sollte man sich auf die aktuelle Bautätigkeit des Kindes konzentrieren und den nächsten doppelten sofort zeigen. Dabei sagt man etwa: *»Schon wieder einer! Versuche doch mal den nächsten doppelten Turm selbst zu erwischen!«* Wenn das nach einigen doppelten immer noch nicht gelingt, kann man dieses Testelement beenden, indem man z.B. lobt: *»Du hast ja schon 13 Stück gefunden.«* Dabei zählt man die noch nicht entlarvten doppelten mit.

**Zu 3.b:** Hier setzt das Kind alle Informationen der Aufgabenstellung um. Allerdings findet keine erkennbare Strukturierungsleistung statt. **1.** Entweder wird dieses Kind irgendwann zum Schluss kommen, dass keine weiteren Viererrtürme mehr möglich sind. Dann stellt man die Frage: *»Was meinst du: Ob ich es noch schaffen würde, einen zu finden?«* Diese Frage wird das Kind näher an der Faktenlage beantworten als Fragen zu seinem eigenen Erkenntnisstand. An der Antwort auf diese Frage, ergänzt durch die Frage *»Warum denkst du das?«*, kann man die Argumentationsfähigkeit des Kindes beurteilen. **2.** Oder das Kind überlegt sehr lange an jedem weiteren Turm herum. Eine Frage könnte hier sein: *»Glaubst du, es gibt noch welche?«*

**Zu 3.c:** Es gibt viele verschiedene Arten, wie man Türme in Gruppen zusammenfassen kann. Die drei Hauptarten sind (Abb. 5.4):

a) Farbwechselpaare: Wo der eine Turm gelb hat, hat der andere Turm schwarz und umgekehrt.

b) umgedrehte Türme: Wenn man einen Turm umdreht, hat man den andern Turm (also wird oben zu unten und umgekehrt).

c) zyklisch vertauschte Türme: Aus einem Turm erstellt man den nächsten, indem man den untersten Stein abmacht und nach ganz oben setzt. So erhält man bis zu vier verschiedene Viererrtürme.

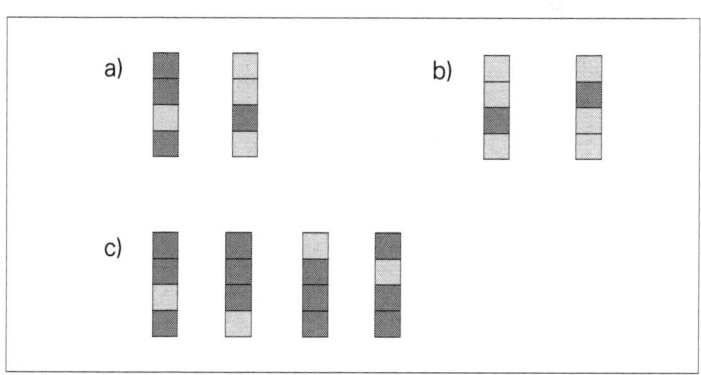

*Abbildung 5.4*

Wenn ein Kind erst planlos Vierertürme baut und dann plötzlich zügig neue Türme entstehen, dann kann es sein, dass es mit Hilfe bereits vorhandener Türme nach den Ideen in a), b) oder c) neue Türme herstellt. Dazu muss gar keine Sortierung der Türme stattfinden. Das Kind wählt die Türme, an denen es sich orientiert, oft »nur« mit den Augen aus (Augenbewegungen verfolgen!). Eine Vorgehensweise, wie sie in 3.c beschrieben ist, zeigt, dass das Kind zumindest ansatzweise zum Strukturieren von Situationen fähig ist. Wenn man sieht oder vermutet, dass das Kind beim Bauen planvoll vorgeht, sollte man in etwa die Frage stellen: »*Welche Idee hast du gerade beim Bauen?*« Aus der Antwort kann man erkennen, ob es dem Kind gelingt, Gedankengänge zu verbalisieren (also darüber zu reden), und ob es sich lohnen würde, nach der voraussichtlichen Anzahl der möglichen Vierertürme zu fragen.

**Zu 3.d:** Hier gibt es natürlich verschiedene Weisen, die Türme zu sortieren. Falls das Kind immer die entsprechenden Gruppen zusammenlegt, wie sie in »Zu 3.c« beschrieben sind, so geht die Strukturierungsleistung nur minimal über die der Idee hinaus, in Gruppen zu bauen. Das erleichtert auch nicht die Aufgabe, neu entstandene Türme mit alten zu vergleichen. Erst eine Sortierung, die den Vergleich der Türme erleichtert, ist als neue oder weiter gehende Strukturierungsleistung zu werten. Auf jeden Fall sollte man erst einmal abwarten, ob das Kind die neue Struktur (Sortierung) auch nutzt, Vierertürme zu finden, die noch nicht gebaut wurden (dann ist es Fall 3.e). Nutzt das Kind die Struktur nicht und braucht irgendwann zu lange, um einen neuen Viererturm zu finden, dann sagt man: »*Das ist eine gute Idee mit dem Sortieren. Weißt du was: Man kann das nicht nur zum Vergleichen nehmen, sondern sogar ausnutzen, um neue Türme zu finden!*« (1) Wenn das Kind dazu eine Idee entwickelt (im Gegensatz zum Herumraten!), ist dies auch ein Zeichen für recht gute Fähigkeiten im Strukturieren und

Analysieren. (2) Bleibt das Kind hierzu ideenlos oder rät nur ein wenig herum, so kann man trotzdem sagen, dass das Kind zu einer gewissen Strukturierung fähig ist. Um das aber genauer abschätzen zu können, sollte man weitere Testelemente zu Rate ziehen.

**Zu 3.e:** Wenn dies der Fall ist, kann man davon ausgehen, dass das Kind im Strukturieren und Analysieren gute Voraussetzungen für das Mathematiklernen hat. Wenn das Kind durch die Aufgabe motiviert ist, kann man noch »das volle Programm« machen und die hypothetischen Fragen stellen: *»Kannst du deine Sortierung ausnutzen um auszurechnen, wie viele Fünfertürme es wohl gibt?«* und *»Wie viele Vierertürme kannst du wohl bauen, wenn ich dir statt zwei Farben drei Farben gegeben hätte?«* Falls das Kind diese Fragen planvoll angehen kann, sind die Ursachen der schulischen Mathematikprobleme wahrscheinlich eher im Umfeld des Kindes zu suchen (psychische Ursachen der Minderleistung, persönliche Probleme mit Lehrkräften, für das Kind ungeeignete Didaktik in der Vergangenheit, familiärer Leistungsdruck ...).

**Weitere Beobachtungen:**

- Das Kind stellt die Türme immer wieder hin, obwohl sie ständig umfallen (die Bezeichnung »Turm« drückt für die meisten Kinder auch aus, dass sie stehen sollen!) → Es greift nicht sinnvoll strukturierend ein, um ein leicht lösbares Problem zu beheben. Ein belangloses Detail wird zu stark hervorgehoben. Möglicherweise ist dies ein Zeichen dafür, dass das Kind sich beim Arbeiten in der Schule oft »verzettelt«, sodass hier vielleicht eines seiner Probleme liegen könnte. Diesen Zusammenhang sollte man bei weiteren Testelementen im Auge behalten, um ihn gegebenenfalls zu bestätigen oder zu widerlegen.

- Das Kind legt die Legosteine erst in der geplanten Anordnung vor sich hin. Dann erfolgt ein Vergleich mit bereits fertigen Türmen, bevor das Kind die Legosteine zusammensteckt. → Hier findet eine Rationalisierung der Arbeit statt. Unabhängig von der restlichen Durchführung der Aufgabe ist das ein positives Zeichen.

- Das Kind braucht auffällig lange, bevor es den nächsten Turm baut. Dabei baut es so gut wie nie einen Turm doppelt. Hauptsächlich wandern die Augen zwischen bereits gebauten Türmen hin und her. Wahrscheinlich ist das Kind nicht unkonzentriert (auch wenn es sehr lange braucht), sondern denkt sich einen möglichen Viererturm und vergleicht ihn mit den vorhandenen. Umgekehrt kann es auch so sein, dass das Kind systematisch nach einem Turm sucht, den es noch nicht gebaut hat. Um zwischen diesen Möglichkeiten zu unterscheiden, kann man z. B. sagen: *»Du hast doch bestimmt einen Trick, wie du suchst!«*

Weitere Aufgaben, bei denen es das Ziel ist, alle Möglichkeiten herzustellen:

- Baue alle »Dominos«, die mit den vorgegebenen Farben möglich sind. Material: Klötzchen in sechs Farben, je mindestens 15 Stück (Ergebnis: je nach Interpretation, wann Dominos als gleich gelten und ob gleiche Farben im selben Turm erlaubt sind: 15 bis 36 Stück). Das Kind sollte seine Interpretation selbst wählen.
- Baue alle Dreiertürme, die mit drei vorgegebenen Farben möglich sind. Material: Klötzchen in drei Farben, je 30 Stück (Ergebnis: 27 Türme).
- Baue alle Viererttürme, in denen jede Farbe genau einmal vorkommt. Material: Klötzchen in vier Farben, je 25 Stück (Ergebnis: 24 Türme).
- Baue alle Sechsertürme, in denen drei blaue und drei rote Klötzchen vorkommen. Material: mindestens 60 blaue und 60 rote Klötzchen (Ergebnis: 20 Türme). Hier ist auch als leichte Strukturierungsleistung zu werten, wenn das Kind erst drei von jeder Farbe nimmt, bevor es baut.

B) Finde das fehlende Domino

Aus einem kompletten Satz Dominos (mit Zahlen von 0 bis 6 oder von 0 bis 9) wird im Kernteil der Aufgabe ein Dominostein entfernt. Das Kind soll diesen bestimmen. Eine solche Aufgabe ist nur dann gezielt lösbar, wenn die Menge der Dominosteine in eine sinnvolle Ordnung gebracht werden kann. Diese Ordnung muss leicht zu überblicken sein.

**Material:** Ein kompletter großer Satz Dominosteine, mit Punktezahlen von 0 bis 9 (bei Kindern aus der ersten oder zweiten Klasse kann man die Steine, auf denen mindestens eine 7, 8 oder 9 auftaucht, erst einmal aussortieren).

**Durchführung:**
1. Man legt die Dominosteine auf den Tisch und fragt das Kind, ob es das Spiel »Domino« kennt. Dann spielt man mit dem Kind ein kurzes Dominospiel (ggf. vereinfachte Regeln, alle Steine offen etc.). Diese Phase dient dem Kennenlernen der Spielsteine. Auf die zugrunde liegende Struktur (jeder Stein kommt nur einmal vor und jeder Stein, den man sich ausdenken kann, kommt auch wirklich vor) sollte natürlich nicht aufmerksam gemacht werden. Genauso muss darauf verzichtet werden, die Steine zu benennen. Wenn es nötig ist, über einen bestimmten Stein zu reden, dann immer nur durch Zeigen und mit den Worten »*dieser Stein da*«.
2. In diesem Testteil soll das Kind eine Bezeichnungsweise für die Dominosteine entwickeln. Dazu werden nach dem Spiel alle Dominosteine wieder offen auf den Tisch gelegt. Dann verdeckt man sich die Augen und fordert das Kind auf: »*Sag mir mal einen Stein, den ich suchen soll!*« **(1)** Das Kind sagt z.B.: »*Den mit der 3 und der 4.*« Dann hat man bereits eine funktionstüchtige Benennung erhalten und diesen Punkt erfolgreich absolviert. Mit dersel-

ben Benennungsweise kann man dann das Kind auch einen Dominostein suchen lassen (man kann natürlich mehrere Durchgänge machen). **(2)** Das Kind wählt eine Beschreibung, die nicht eindeutig ist. Dann sucht man alle Dominosteine aus dem Haufen heraus, die der Beschreibung genügen, und sagt: *»Ich wusste jetzt nicht genau, welchen du gemeint hast.«* Man verdeckt wieder seine Augen und sagt: *»Welcher von denen ist es?«* Es sollte jetzt eine bessere Beschreibung folgen. Die gesamte Übung wird noch einmal wiederholt, und zwar so lange, bis das Kind eine »einheitliche« und eindeutige Benennungsweise entwickelt hat. Dann stellt man dem Kind wie in Punkt (1) auch eine Rückaufgabe. **(3)** Wenn das Kind nicht auf diese Aufgabe zugeht, kann man zum nächsten Punkt übergehen und hoffen, dass das Kind noch eine Bezeichnungsweise erfindet, wenn dies nicht das direkte Thema der Aufgabenstellung ist. Bis dorthin wird jeder Dominostein durch Zeigen benannt.

3. In diesem Testteil soll das Kind die Eigenschaft lernen, dass jeder denkbare Dominostein auch wirklich vorhanden ist. Dazu werden die Dominosteine mit einem Stück Pappe abgedeckt. Dann sagt man: *»Wir können ja auch um die Wette suchen! Sag mal, welchen wir jetzt suchen wollen.«* Das Kind benennt einen Dominostein, der unter der Pappe liegt (falls nicht, entfernt man die Pappe und zeigt auf einen Stein; nach dem erneuten Verdecken mischt man die Dominosteine, ohne dass sie sichtbar sind). Mit den Worten *»Auf die Plätze, fertig, los«* entfernt man ruckartig das Stück Pappe und sucht mit dem Kind um die Wette. Dabei können auch gerne andere Anwesende mit einbezogen werden. Diese Übung wiederholt man einige Male (und wechselt sich bei der Auswahl des zu suchenden Steines mit dem Kind ab). Die Aufgabe des Testers sollte dabei sein, mindestens einmal einen Stein mit der Null und einmal einen Stein mit der höchsten

vorkommenden Zahl gewählt zu haben. Man kann auf die Frage nach einem doppelten Stein gerne verzichten.

4. Diese Teilaufgabe ist der Kernteil des Testes. Nachdem das Kind ein Gefühl dafür bekommen hat, dass kein Stein doppelt vorkommt (bei den Suchspielen fand man nur einen Dominostein) und auch jeder benennbare Stein vorhanden ist (im vorigen Testteil konnte man jeden spontan erwähnten Dominostein auch finden), entfernt man, ohne dass das Kind es mitbekommt, einen Dominostein und zeigt dem Kind die Rückseite. Wenn man mit dem Satz Dominosteine von 0 bis 6 arbeitet, sind die Steine »2 und 4« oder »3 und 5« geeignet. Aus dem Satz von 0 bis 9 sollte man z. B. den Stein »3 und 8« oder »4 und 7« entwenden. Dazu sagt man: »*Ich habe jetzt einen Stein geklaut, verrate dir aber nicht, welcher es ist. Das ist mein Geheimnis. Kannst du das Geheimnis herausbekommen?*« **4.a** Das Kind ist völlig ratlos. **4.b** Das Kind fängt an zu raten und schaut dabei nicht auf die Steine, die übrig geblieben sind. **4.c** Das Kind fängt an zu raten, sucht aber jeweils den geratenen Dominostein selbst, bevor es ihn als Antwort präsentiert. **4.d** Das Kind fängt an zu raten und legt jeden geratenen und daraufhin im Haufen gefundenen Stein zur Seite. **4.e** Wie 4.d, aber irgendwann geht das Kind zu regelhaftem Raten über. **4.f** Das Kind fängt nach einer kurzen Ratephase (oder sofort) an, die vorhandenen Steine zu sortieren.

**Interpretation und weiteres Vorgehen:**

Falls das Kind zufällig so früh den Stein errät, dass keine Interpretation möglich ist, sollte man das Spielchen mit den Worten »*Oh, das hast du aber schnell herausgefunden!*« wiederholen.

**Zu 4.a:** Falls das Kind jetzt völlig ratlos ist, kann man mit ihm das einfache Beispiel durchspielen, das entsteht, wenn man nur die Dominosteine mit Nullen, Einsen und Zweien

**95**

nimmt. Das sind dann die Steine [0-0], [0-1], [0-2], [1-1], [1-2] und [2-2]. Diese sollten dann durcheinander auf dem Tisch liegen. Das Kind kann sich die Steine kurz ansehen und einprägen. Dann wird verdeckt ein Stein entfernt und die restlichen Steine werden vermischt. Das Kind versucht dann, den fehlenden Stein zu erraten. Diese Aufgabe kann das Kind in der Regel lösen. Wenn man sieht, dass das Kind das Prinzip verstanden hat, geht man zurück zu Punkt 4 der Durchführung.

**Zu 4.b:** Wenn das Kind den falschen Tipp abgegeben hat, sagt man einfach nur *»nein«* und wartet auf den nächsten Tipp. Nach dreimaligem Raten sollte man dann aber sagen: *»Das Geheimnis kannst du auch ohne Raten herausfinden!«* Wenn nun weitergeraten wird, sagt man dazu nur: *»Du kannst selber sagen, ob es stimmt oder nicht!«* Falls das Kind nicht die Idee bekommt, in seinem Vorrat nachzuschauen, deutet man auf den geratenen Dominostein im Haufen. Wenn sich die Strategie des Kindes durch diese Vorgehensweise nicht ändern lässt und Lustlosigkeit des Kindes ausgeschlossen ist, kann man davon ausgehen, dass das Kind mit dem Strukturieren noch deutliche Schwierigkeiten hat. Diese Vermutung sollte aber durch weitere Testelemente bestätigt werden.

**Zu 4.c:** Hier lässt man das Kind ein wenig arbeiten und lobt es dabei für die pfiffige Idee, einfach im eigenen Vorrat zu suchen. Wenn das Kind dann irgendwann beginnt, Steine zum zweiten Mal zu raten, sollte man es darauf aufmerksam machen: *»Den hast du doch schon einmal gesucht!«* Nach zwei oder drei Doppelnennungen stellt man die Frage: *»Was könntest du dagegen machen, dass du immer wieder dieselben suchst?«* Falls das Kind aus dieser Vorgehensweise nicht ausbrechen kann, ist dies wie oben ein Zeichen für mangelnde Strukturierungsfähigkeit und lässt auch auf Defizite in der Handlungsplanung schließen. Falls das Kind anfängt, wie in 4.d, 4.e oder 4.f vorzugehen: siehe dort.

**Zu 4.d:** Hier besteht im Prinzip das gleiche Problem wie in 4.c. Das Kind hat keinen Anhaltspunkt dafür, welchen Stein man weggenommen hat. Manchmal geht das Kind dazu über, nur Dominosteine aus dem Haufen der Steine zu nennen, die noch nicht vorgekommen sind, um diese schließlich auch zu den gefundenen Steinen zu legen. Dies behebt natürlich das Problem der Doppelnennungen. Man sollte dazu dann sagen: *»Und welchen Stein habe ich jetzt?«*, um das Kind wieder auf die eigentliche Aufgabe aufmerksam zu machen. Falls das Kind aus der Vorgehensweise nicht ausbrechen kann: Interpretation wie 4.c, etwas abgeschwächt.

**Zu 4.e:** Das Kind beginnt, eine zielgerichtete Vorgehensweise zu entwickeln. Das Verfahren führt zum Erfolg, wenn es konsequent durchgeführt wird. Das einzige Problem ist noch, dass das Kind möglicherweise mehrere Gruppen von Dominosteinen finden muss. Abhängig vom Maß der Hilfestellungen, die nun zur Bewältigung des Problems nötig sind, hat das Kind eine mehr oder minder gut entwickelte Fähigkeit zur Strukturierung. Die Hilfestellungen bestehen darin, dass man das Kind fragt, was denn die Dominos seiner Gruppe gemeinsam haben, ob es in dieser Gruppe noch mehr Dominosteine gibt, ob es noch andere Gruppen gibt usw.

**Zu 4.f:** Das Vorgehen ist planvoll. Eigenschaften des Sortierens werden zielgerichtet eingesetzt, um komplexe Aufgabenstellungen zu lösen. Man kann davon ausgehen, dass das Kind zu mentalen Operationen fähig ist. Das Kind hat eine gute Leistung im Strukturieren gezeigt.

### 5.2.3 Aufgaben mit Cuisenaire-Stäben*

Cuisenaire-Stäbe (benannt nach einem belgischen Mathematiklehrer) sind farbige Holzstäbchen in verschiedenen

---

* Cuisenaire-Stäbe erhält man z.B. im Internet bei www.bb-versand.de unter der Bezeichnung »farbige Stäbe«.

Größen, jeweils 1cm × 1cm im Querschnitt. Die Farben: 1cm lang: weiß, 2cm: rot, 3cm: hellgrün, 4cm: violett, 5cm: gelb, 6cm: dunkelgrün, 7cm: schwarz, 8cm: braun, 9cm: blau und 10cm: orange. Sie werden oft auch als »Farbige Stäbe« bezeichnet. Ein Kasten Cuisenaire-Stäbe in der Standardausführung enthält u.a. 26 weiße, 18 rote und 8 violette Stäbe. Das ist wesentlich für den dritten Teil dieses Testelementes.

Das Zusammenspiel der Sinne, insbesondere von Sehsinn und Tastsinn, ist wesentlich für die mathematische Entwicklung des Kindes. Im gesamten Entwicklungsverlauf lernt das Kind, dass bestimmte Sinneseindrücke zusammengehören. Die Erfahrungen, die es tagsüber im Umgang mit seiner Umwelt sammelt, werden in den geistigen Ruhephasen – insbesondere beim Nachtschlaf – im Unterbewusstsein

*Abbildung 5.5: Cuisenaire-Stäbe*

miteinander verknüpft. Dabei verknüpft das Gehirn bevorzugt Sinneseindrücke, die ungefähr gleichzeitig (innerhalb der Dauer des so genannten »Arbeitsgedächtnisses«, also innerhalb ca. zwei bis drei Sekunden) aufgetreten sind. Insbesondere lernen Kinder so auch die Konsequenzen der eigenen Handlungen kennen und erlangen nach und nach die Fähigkeit, Handlungen zu planen und diese auch als Gegenstand der Betrachtung zu begreifen. Es gibt einen weiteren Faktor in der kindlichen Entwicklung, der eine Rolle in der Entstehung von Schwierigkeiten beim Erlernen von Mathematik spielen kann: das bewusste oder unbewusste Umschulen von Linkshändigkeit auf Rechtshändigkeit. Das bewusste Umschulen findet heutzutage meist durch Eltern (bis in die 1970er auch durch Lehrer) in der frühen Entwicklung des Kindes statt, wenn sie z.B. ihr Kind ermahnen, doch zum Essen oder Malen etc. die »gute« Hand zu nehmen. Auch dadurch, dass sie dem Kind Gegenstände immer in die rechte Hand geben oder den Löffel rechts vom Teller hinlegen, können Kinder umerzogen werden. Unbewusstes Umschulen kann z.B. dadurch stattfinden, dass Kinder die Rechtshändigkeit ihrer Umgebung abschauen. Egal, ob bewusst oder unbewusst, das Umschulen der Händigkeit sorgt beim Kind immer für einen Konflikt zwischen dem, was es tut, und dem, was es von Natur aus tun würde. Auch andere durch die Gesellschaft vorgegebene Konventionen können zu einem derartigen Konflikt führen, wenn sie entgegen der vom Kind bevorzugten Richtung laufen. Dies sind insbesondere die bevorzugte Bewegungsrichtung, welche in der Gesellschaft von links nach rechts ist (Lesen, Zahlenstrahl etc.), und die Bewegung im Uhrzeigersinn (Uhr, Schraube, Zudrehen und Schließen von Gegenständen). Dachte man früher, dass etwa fünf Prozent der Menschen natürliche Linkshänder seien, so gehen neueste Schätzungen von 30 bis 50 Prozent aus.

Die hier vorgestellten Aufgaben mit Cuisenaire-Stäben sollen dabei helfen abzuschätzen, welche Qualität der Handlungserfahrungen das Kind bisher gemacht hat. Einerseits kann sich eine gute Erfahrungsbasis von Handlungen dadurch zeigen, dass das Kind feinmotorisch geschickt ist, andererseits sind motorische Schwierigkeiten aber auch oft eine Ursache für einen Mangel an Handlungserfahrungen. Darüber hinaus können auch hier eventuell Aussagen über die Fähigkeit zum Strukturieren und das Zahlverständnis erarbeitet werden. Dieses Testelement kann außerdem Hinweise dafür liefern, ob das Kind möglicherweise in der Händigkeit umgeschult wurde. Vielleicht könnte darin dann eine Teilursache für die Entstehung von Matheproblemen liegen.

**Material:** Ein Satz Cuisenaire-Stäbe, verschiedenfarbige Zahlenkärtchen von 1 bis 10 (ca. fünf Farben!), einfarbige Zahlenkärtchen von 1 bis 10, vorbereitetes kariertes Blatt (siehe 4. Testteil), leeres kariertes Blatt, Stift

**Durchführung:**

### 1. Testteil:

Dieser Testteil dient dazu, dass man eine erste Aussage über die Arbeitsgenauigkeit des Kindes machen kann. Außerdem kann man eventuell bereits erste Anzeichen für die bevorzugte Händigkeit und Orientierungsrichtung erkennen, auf die im späteren Testverlauf geachtet werden kann.

1.1 Man stellt den geöffneten Kasten farbiger Stäbe vor das Kind und sagt: *»Nimm jetzt von jedem Stäbchen eins aus dem Kasten!«*

1.2 Das Kind nimmt daraufhin Stäbe aus dem Kasten. In manchen Fällen kann es vorkommen, dass das Kind mehr als einmal einen Stab aus demselben Fach nimmt oder dass es manche Stäbe gar nicht berücksichtigt. Hier liegt wahrscheinlich eine flüchtige Bearbeitung der Aufgabenstellung vor. Trotzdem sollte man im Auge behalten, dass möglicherweise auch ein Problem mit der räumlichen Wahrnehmung vorliegen könnte. Jedenfalls gibt man dann dem Kind noch die Gelegenheit nachzubessern.

1.3 Falls das nicht klappt, sorgt man ganz beiläufig selbst dafür, dass am Ende dieses Testteils von jeder Stäbchenart eines aus dem Kasten genommen wurde.

**Weitere Beobachtungen** (Interpretation am Ende):
- Arbeitete sich das Kind bevorzugt im Uhrzeigersinn oder gegen den Uhrzeigersinn durch den Kasten?
- Welche Hand benutzte das Kind? Immer die rechte, immer die linke? Beide? In kniffligen Situationen bevorzugt die rechte oder die linke? Was macht die unbenutzte Hand?
- Liegen die Stäbchen in einer Hälfte des Gesichtsfeldes oder mittig vor dem Kind?

## 2. Testteil:

In diesem Testteil wird insbesondere die sensorische Integration zwischen Tastsinn und Gesichtssinn überprüft. Auch kann man eine verbesserte Aussage über die bevorzugte Hand des Kindes machen.

2.1 Die Stäbchen liegen noch so auf dem Tisch, wie das Kind sie herausgenommen hat. Wenn das Kind sie nicht geordnet hat, sollte man das auch nicht fordern, andernfalls nicht kommentieren. Man nimmt den restlichen Kasten an sich und sagt: »*Jetzt werde ich dir unter dem*

*Tisch ein Stäbchen geben. Versuche mal zu raten, welche Farbe es hat!«*

2.2 Das Kind greift mit einer Hand unter den Tisch. Man reicht ihm ein mittellanges Stäbchen, also z.B. das gelbe, dunkelgrüne oder schwarze. Das Kind gibt daraufhin seinen Tipp ab. Das Stäbchen wird auf den Tisch geholt um zu überprüfen, ob richtig geraten wurde. Mit dem blauen und dem hellgrünen Stäbchen werden weitere Versuche durchgeführt.

2.3 Jetzt ist das Kind an der Reihe. Falls mehrere Leute anwesend sind, fragt man es: *»Wen wollen wir denn jetzt mal testen?«* Ansonsten sagt man: *»Jetzt testest du mich mal!«* Die ausgewählte Person setzt sich auf den Platz des Kindes (fasst die dort liegenden Stäbchen aber nicht an!) und macht auch drei Testdurchgänge. Falls das Kind bei den ersten zwei Durchgängen keinen violetten, gelben, dunkelgrünen, schwarzen oder braunen Stab dabei hatte, motiviert man es mit: *»Jetzt mach es mir/ihr/ihm mal so schwierig wie möglich!«*

**Interpretation:**

**Zu 2.2:** Eine Abweichung um einen Zentimeter bei den ersten beiden Versuchen ist unbedenklich; das passiert auch Erwachsenen. Beim dritten Versuch sollte schon das richtige Ergebnis geraten werden. Falls die Abweichungen größer sind als hier beschrieben, sollten Probleme mit der Motorik nicht ausgeschlossen und im weiteren Verlauf abgeklärt werden. Mentale Operationen können eventuell auch betroffen sein. Eine definitive Aussage hierzu ermöglicht dieser Testteil nicht.

**Zu 2.3:** Dieser Punkt zeigt, was das Kind für schwierig hält. Es muss eigene Erfahrungen auf andere Menschen beziehen. Hier sollte eine Übereinstimmung mit den Beobachtungen aus 2.2 zu sehen sein. Falls nicht, so kann man sich auch hier vormerken, dass man im weiteren Verlauf des Tests auf die mentalen Operationen des Kindes achten sollte.

**Weitere Beobachtungen** (Interpretation folgt am Ende):
- Mit welcher Hand nimmt das Kind die Stäbchen entgegen?
- Wie werden die Stäbchen gehalten und gefühlt? Ist eine Haltehand und eine Fühlhand zu erkennen? Gilt Gleichberechtigung der Hände bei der Arbeit? Wird eine Hand erkennbar unterdrückt?

**3. Testteil:**

Hier wird untersucht, ob das Kind eine Verbindung zwischen Größen und Zahlen herstellen und begründen kann. Überwiegt bei bunten Zahlenkärtchen die Farbinformation oder die Zahl?

3.1 Auf dem Tisch liegen immer noch die Cuisenaire-Stäbe. Wegen des vorangegangenen Testteils werden einige doppelt oder dreifach vorliegen. Diese werden in den Kasten zurückgelegt, sodass von jedem Stäbchen nur noch eines sichtbar ist. Diese sollten, falls das Kind sie nicht bereits geordnet hat, ungeordnet liegen bleiben!

3.2 Man legt den bunten Satz Zahlenkärtchen auf den Tisch und erklärt dem Kind sorgfältig (und notfalls mehrfach): *»Ich habe hier ein paar Zahlenkärtchen. Ich möchte nun, dass du immer ein Kärtchen und ein Stäbchen zusammenlegst, so wie du denkst, dass sie zusammengehören. Und das machst du dann, bis keine mehr übrig sind. Du kannst das so machen, wie du willst, es muss nur für dich Sinn machen. Allerdings möchte ich hinterher, dass du mir erklärst, was du dir dabei gedacht hast!«* Wenn das Kind mit dem Zuordnen fertig ist, stellt man die Frage: *»So, und jetzt sagst du mir noch, welche Idee du hier hattest!«*

3.3 Falls das Kind sich vorzugsweise an den Farben der Kärtchen orientiert, sollte man, nachdem man vom

Kind die Erklärung bekommen hat, sagen: »*So, und jetzt machen wir das noch mal mit langweiligen einfarbigen Kärtchen!*« Dann gibt man ihm den Satz einfarbiger Kärtchen.

**Interpretation:**

**Zu 3.2** (Falls das Kind sich an den Farben der Kärtchen orientiert hat, siehe bei »zu 3.3«) Das normale Verhalten ist, dass das Kind (möglicherweise nach einer »Anlaufphase«) das Kärtchen mit der 1 zum weißen Stäbchen legt, die 2 zum roten Stäbchen usw. In diesem Fall ist auch zu erwarten, dass das Kind mindestens ein teilweises Kardinalzahlverständnis besitzt, was aber mit dem Piaget-Test (Seite 26 ff.) noch bestätigt werden sollte. Oft findet allerdings nur eine grobe Zuordnung der größeren Zahlen zu den längeren und der kleineren Zahlen zu den kürzeren Stäbchen statt. Bei den mittleren Stäbchen treten dabei mitunter Fehler auf. Wenn das Kind dann erklärt, wie die Zuordnung gemeint war, kann man es noch aufmerksam machen: »*Du hast deine eigenen Regeln nicht immer beachtet! Suche mal, wo was nicht stimmt.*« Hier mag zwar die grobe Idee des Kindes richtig sein, aber die Durchführung war nicht gewissenhaft genug. Dieser Testteil sagt also auch etwas über die Arbeitsgenauigkeit des Kindes aus. Eine weitere Lösung, die sich auf die Zahlen der Kärtchen bezieht, wäre eine Zuordnung, die dem größten Stäbchen die »1« gibt, dem nächstgrößeren die »2« usw., bis das Einer-Würfelchen die Zahl »10« erhält.

**Zu 3.3** Bei manchen Kindern überwiegt die Farbinformation der bunten Zahlenkärtchen. So wird z. B. die »orange 4« dem langen orangen Stab zugeordnet, während die »rote 5« dem kurzen roten Stäbchen gegeben wird. Eine solche Zuordnung scheitert aber spätestens dann, wenn nicht mehr Farbenpaare aus Kärtchen und Stäbchen gebildet werden können. Die weitere Lösung der Aufgabe hat dann stark zufälligen Charakter (in manchen erfreulichen Fällen löst dieses Problem aber ein Umdenken aus, welches in einer Beachtung der Zahlen auf den Zahlenplättchen mündet; dies ist grundsätzlich positiv zu werten!). Eine Erklärung des Kindes wird das Kriterium der Kartenfarbe bestätigen, eventuell aber sehr unklar ausgedrückt sein. Gegebenenfalls muss man dem Kind suggestiv helfen. Kinder, bei denen die Farbinformationen der Kärtchen überwiegen, haben in der Regel ein schlechter ausgeprägtes Zahlverständnis, sind oft auch schwach im Strukturieren. Diese beiden Aussagen sollten aber in jedem Fall durch weitere Testelemente hinterfragt werden.

## 4. Testteil:

Beim Auslegen von Figuren ist eine gute Auge-Hand-Koordination gefragt. In diesem Testteil wird vor allem die Feinmotorik des Kindes angesprochen sowie die Fähigkeit, Handlungen vorauszuplanen. Ferner eignet sich dieser Testteil für die Beurteilung der Händigkeit und Vorzugsrichtungen des Kindes. Vorausschauendes Legen ist insbesondere in der zweiten Hälfte des Testteils gefragt.

4.1 Alle Stäbchen werden wieder in den Kasten geräumt. Dann wird das vorbereitete Blatt vor das Kind gelegt (Abb. 5.6). Man fragt dann: *»Rate mal, was du jetzt gleich machen sollst!«* Nach der Antwort des Kindes erläutert man, möglicherweise unter Zuhilfenahme der Antwort des Kindes, die Aufgabe: *»Du darfst gleich diese Figur auslegen. Dazu gebe ich dir nur die violetten und die weißen Stäbchen. Achte beim Auslegen genau darauf, dass kein Stäbchen über den Rand hinauskommt; und auch in der Mitte darf keines das Loch berühren. Sonst muss alles ohne Lücke ausgefüllt sein.«*

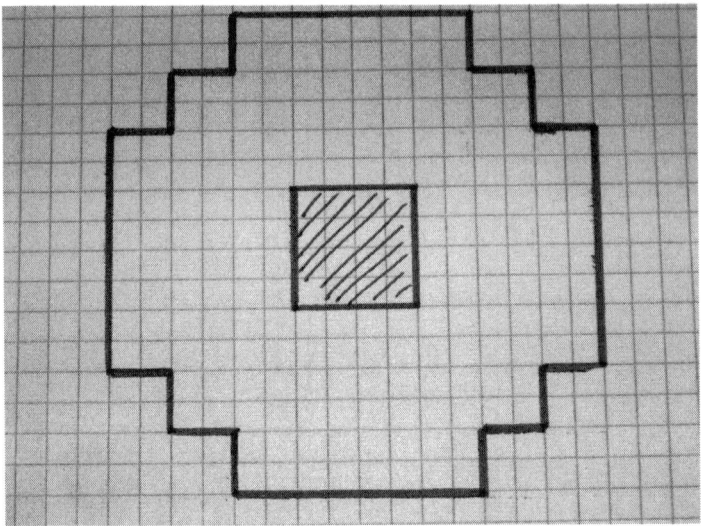

*Abbildung 5.6*

Dabei zeigt man mit einem Stäbchen, wie die jeweiligen Verbote gemeint sind.

4.2 Man nimmt die violetten und die weißen Stäbchen aus dem Kasten heraus und legt sie auf das Blatt (siehe Abb. 5.7). Während das Kind arbeitet, empfiehlt es sich, auf einer verkleinerten Skizze die Arbeitsschritte des Kindes festzuhalten, indem man die gelegten Stäbchen einzeichnet und der Reihe nach mit 1, 2, 3 usw. versieht. Dies erleichtert später die Interpretation der Vorgehensweise. Bei diesem Aufgabenteil ist seitens des Testers viel Geduld gefragt. Das Kind braucht z.T. erheblich Zeit, um die Lage der Stäbchen zu korrigieren und zu entscheiden, wo das nächste Stäbchen gelegt wird. Wenn ein für das Kind zufrieden stellendes Ergebnis erlangt wurde, gleicht man noch einmal die in Teil 4.1 erwähnten Auslegekriterien mit der Lösung des Kindes ab. Das Kind sollte darauf aufmerksam gemacht werden,

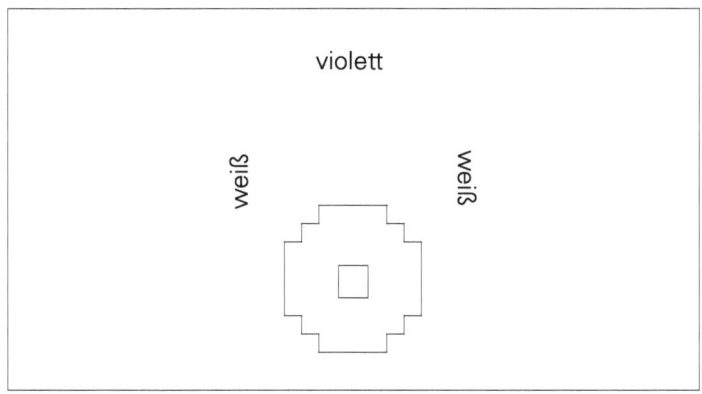

*Abbildung 5.7*

wenn ein Stäbchen eine Linie überschreitet oder irgendwo Lücken entstanden sind: *»Das wollte ich eigentlich nicht so, aber wenn das deine Lösung ist, dann will
ich das jetzt gelten lassen.«* Im nächsten Testteil muss
dann aber darauf hingewiesen werden, dass diesmal
keine Lücken etc. entstehen sollen.

4.3 Nachdem man dem Kind gezeigt hat, dass man die Lösung aufgezeichnet hat, legt man alle weißen und violetten Stäbchen außer Reichweite und stellt die nächste
Aufgabe: *»Jetzt machen wir das Gleiche noch mal. Nur
wird es jetzt ein bisschen schwerer! Du darfst nämlich
nicht mehr die lila Stäbe, die da so gut hinpassten* (dabei zeigt man auf eine Stelle, wo vorher ein lila Stab lag)
*und die kleinen weißen Stäbchen benutzen, sondern
nur alle anderen.«* Dazu stellt man den Kasten oberhalb
des auszulegenden Musters auf das Papier. Wie bereits
bei 4.2 empfiehlt es sich, den Auslegeprozess zu doku-
mentieren. Möglicherweise konzentriert sich das Kind
darauf, die Auslegefigur ausschließlich mit roten (den
kleinsten noch zugelassenen) Stäbchen auszulegen.
Wenn ja, dann wird es interessant, wenn die roten Stäb-

chen zu Ende gehen. Hier sollte das Kind dann motiviert werden, selbst eine Lösung zu finden, eventuell mit dem Tipp, wieder einige Stäbchen herauszunehmen.

Kriterien für die Beobachtung der Vorgehensweise 4.2:

- Legt das Kind alle violetten Stäbe zuerst?
- Beginnt das Kind mit vier violetten Stäben oder vier violetten und vier weißen im Umfang der Auslegefigur (in Abb. 5.8 grau)?
- Ist die Auslegung symmetrisch?
- Werden die weißen Stäbchen genau gelegt oder könnten sie noch zusammengeschoben werden, sodass mehr davon Platz hätten?
- Bemerkt das Kind entstehende Lücken? Wird oft korrigiert? Ist die Durchführung der Feinkorrekturen feinmotorisch geschickt? Hat das Kind Geduld?

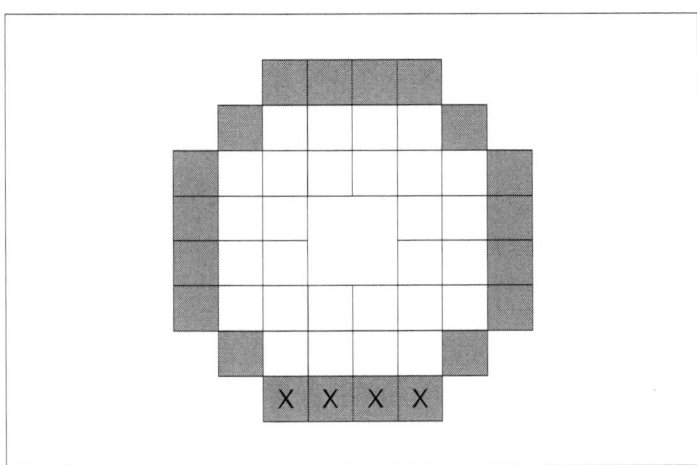

*Abbildung 5.8*

Kriterien für die Beobachtung der Vorgehensweise 4.3:

- Testet das Kind erst einen gelben oder dunkelgrünen Stab an den mit X bezeichneten Feldern?
- Konzentriert sich das Kind auf das Auslegen mit roten Stäbchen?
- Entsteht ein symmetrisches Muster?
- Entstehen Denkpausen, in denen anscheinend gedanklich Möglichkeiten durchgegangen werden?
- Ist ein planvolles Vorgehen erkennbar (z.B. zeilenweises Auslegen)?
- Werden nötige Korrekturen selten ausgeführt?

**Interpretation:**

- Wegen der vielen kleinen Stäbchen, die in 4.2 verwendet werden, eignet sich dieser Aufgabenteil zum Beurteilen der Arbeitsgenauigkeit und der feinmotorischen Fähigkeiten des Kindes.
- Eine symmetrische Auslegung der Figur bei 4.2 ist sehr wahrscheinlich. Abweichungen von der Symmetrie sind entweder darauf zurückzuführen, dass das Kind die Aufgabe als so einfach ansieht, dass eine spontane Vorgehensweise von vornherein als tauglich empfunden wird, oder darauf, dass die Figur nur ausschnittsweise betrachtet oder wahrgenommen wird. Einen Hinweis darauf erhält man manchmal durch die Art der Korrekturen (dies ist dann ein Zeichen für Schwierigkeiten im räumlichen Strukturieren!).
- Die Unterschiede zwischen den Teilen 4.2 und 4.3 liegen darin, dass weder die vorher so passgenauen violetten Stäbchen noch die zum Ausfüllen praktischen weißen Stäbchen verwendet werden dürfen. Ein Kind, das an der Stelle XXXX (siehe Abb. 5.8) einen gelben oder anderen Stab ausprobiert, hat wahrscheinlich im Strukturieren oder bei mentalen Operationen Probleme. Es passiert auch, dass ein Kind z.B. den gelben Stab lediglich in die

**109**

Hand nimmt, sich dann aber eines Besseren besinnt. Das hingegen ist dann ein Zeichen dafür, dass mindestens Ansätze des Strukturierens oder der mentalen Operationen vorhanden sind.

- Andere Schwierigkeiten, die ein Kind mit dieser Aufgabe hat, sind oft darauf zurückzuführen, dass es sich nicht gerne von einem eingeschlagenen Lösungsweg trennt. Das ist z. B. dann der Fall, wenn es sich den Weg verbaut hat, sodass eigentlich ein weißes Stäbchen nötig wäre. Zur Lösung dieses Problems muss das Kind wieder einige Stäbchen herausnehmen (im Matheunterricht fällt dieses Kind möglicherweise dadurch auf, dass es sich oft »verrennt«, also fruchtlose Bemühungen um die Lösung einer Aufgabe nicht abbricht). Ein solcher Ehrgeiz kann das Lernen von Mathematik behindern!

- Die Aufgabe 4.3 eignet sich besonders um abzuschätzen, inwieweit das Kind dazu in der Lage ist, über Handlungen und Ketten von Handlungen nachzudenken. Dazu kann man einige Beurteilungskriterien heranziehen: Nutzt das Kind die Symmetrieeigenschaften der Figur (eine Lösung des Problems an einer Stelle wird für die anderen Stellen auch benutzt)? Findet das Kind eine Struktur, an der es sich hauptsächlich orientiert (die Idee, ein zeilenweises Vorgehen zu wählen)? Konnte man die Auslegung des Kindes vorausahnen (ein schwammiges Kriterium, welches aber eine gewisse Aussage über die Logik des Vorgehens macht)?

Kriterien für die Beobachtung »linke Hand/ rechte Hand«: Falls in den Aufgabenteilen 4.2 und 4.3 unterschiedliche Beobachtungen gemacht wurden, ist das Verhalten aus 4.3 stärker zu gewichten, da bei anspruchsvolleren Aufgaben ursprünglichere Verhaltensweisen eingesetzt werden.

- Welche Hand benutzt das Kind, um die Stäbe zu nehmen?
- Sind Nehmhand und Legehand die gleichen?

• Von welcher Seite werden die kleinen Stäbchen zuerst genommen?
• Besteht ein Zusammenhang zwischen der Seite auf dem Blatt, von der die weißen Stäbchen genommen werden, und der Seite in der Auslegefigur, wo diese hingelegt werden?
• Mit welcher Hand werden die leicht durchzuführenden Korrekturen gemacht?
• Mit welcher die Feinkorrekturen?
• Ist die bevorzugte Hand für die jeweiligen Aktionen abhängig von der Seite in der Auslegefigur, die gerade bearbeitet wird?
• Gibt es beim Auslegen eine Vorzugsrichtung (von rechts nach links oder umgekehrt)?
• Gibt es eine deutliche Vorliebe für eine Umlaufrichtung um das Loch herum?

**Interpretation:**

Man sollte die Beobachtungen bezüglich der benutzten Hände immer in Relation zu den Beobachtungen in anderen Testteilen und Testelementen setzen. Aufmerksam sollte man auf jeden Fall bereits dann werden, wenn man sieht, dass eine Hand richtiggehend unterdrückt wird, z.B. beim ersten Testteil, wenn die Stäbchen aus dem Kasten genommen werden sollen. Oft sieht man dabei, wie die linke Hand weit unter dem Tisch verschwindet, als würde das Kind dieser Hand bewusst verbieten mitzumachen.

• Ein deutliches Anzeichen dafür, dass das Kind möglicherweise in der Händigkeit umgeschult wurde, ist eine Veränderung in der Benutzung der Hände im Verlauf des Testelementes. Wurde am Anfang bevorzugt nur die rechte Hand benutzt, so schleicht sich in diesem Fall die Benutzung der linken Hand durch spontanes Greifen ein und zeigt sich insbesondere bei kniffligen Legemanövern und Feinkorrekturen.

- Die Reihenfolge des Auslegens zeigt manchmal eine Bevorzugung der »falschen« Arbeitsrichtung auf, wenn rechts begonnen und nach links gearbeitet wird.
- Besonders am Anfang, wenn der Rand ausgelegt wird, und am Ende, wenn die Stäbchen um das Loch herum gelegt werden, sieht man die vom Kind favorisierte Umlaufrichtung.
- Falls weder eine Arbeitsrichtung noch eine Umlaufrichtung festgestellt werden können, liegt möglicherweise ein sehr unstrukturiertes Vorgehen vor.

## 5. Testteil:

In diesem Testteil wird untersucht, ob das Kind die wichtigsten Kriterien für die Auslegbarkeit einer gezeichneten Figur verstanden hat bzw. herleiten kann. Dazu gehört auch die Fähigkeit zur Handlungsplanung, da hier ja die Handlung einer anderen Person vorbereitet werden soll.

5.1 Man legt ein leeres kariertes Blatt vor das Kind und gibt ihm einen Stift. Dann sagt man: »*Und jetzt stellst du mir mal eine Aufgabe zum Auslegen. Und ich will, dass genau wie bei dir keine Lücken bleiben und alles schön ausgelegt werden kann. Lasse dir ruhig viel Zeit dabei, weil es schwierig ist, sich eine Figur auszudenken, die auch klappt!*«

5.2 Wenn das Kind fertig ist, gibt man sich Mühe, die Figur auszulegen. Bei Stellen, wo das lückenlose Auslegen unmöglich ist oder wo der Rand überschritten werden muss, fragt man das Kind: »*Schau mal: Jetzt muss ich das Stäbchen so hinlegen, weil es sonst nicht geht. Das passt mir gar nicht. Darf ich das?*« und zeigt dabei die vorgesehene Lage des Stäbchens. Verneint das Kind die Frage, muss man zugeben, dass man das nicht auslegen kann. Wenn das Kind den Fehler aber erlaubt, macht man weiter. Am Ende fragt man das Kind: *»Habe ich deine Aufgabe jetzt gut gelöst?«*

5.3 War die Figur nur fehlerhaft auslegbar, gibt man dem Kind ein weiteres Blatt und sagt: *»Mach mir noch eins, aber so, dass ich es schön auslegen kann. Das macht mir nämlich auch Spaß.«* Wenn die Figur aber auszulegen war, kann man hier aufhören.

**Interpretation:**

- Es gibt prinzipiell zwei verschiedene Methoden, eine auslegbare Figur zu erstellen: 1. Das Kind zeichnet entlang der Linien, und zwar immer zwei Kästchen auf einmal (kariertes Papier hat Kästchen, die genau einen halben Zentimeter messen) und 2. das Kind verwendet ein oder mehrere Stäbchen als Schablone. Der erste Fall ist natürlich der optimale. Hier kann man auf jeden Fall davon ausgehen, dass das Kind wesentliche Informationen von unwichtigen trennen kann (Strukturerkennung!). Im zweiten Fall liegt die Stärke eher auf der Seite der mentalen Operationen, da hier über die nachfolgende Handlung nachgedacht wurde und die Lösung eng angelehnt an diese Handlungsvorstellung entstand.

- Falls die Figur nicht auslegbar war, kann es hierfür viele Gründe geben: (1) Die Kästchen wurden berücksichtigt, aber nicht überall gab es gerade Kästchenanzahlen – dies ist weit gehend unbedenklich, falls das die Ausnahme darstellt. Wenn es häufiger vorkommt, dann liefern der zweite Versuch oder die Besprechung der ersten Figur Aufschluss darüber, ob das Kind das Prinzip erkannt hat. Wenn nicht, dann ist die Strukturierungsfähigkeit nicht ganz so gut ausgeprägt. (2) Die Figur enthält Winkel, die stark von 90° abweichen, aber keine krummen Linien. Das Kind hat sich nur auf eine der Eigenschaften der Cuisenaire-Stäbe konzentriert. Das Kind hat nicht beachtet, dass es hier mehrere Bedingungen gibt, die gleichzeitig beachtet werden müssen, oder nicht alle Notwendigkeiten identifiziert (Schwächen im Strukturieren). (3) Es sind krumme Linien vorhanden. Wenn man sich sicher ist, dass das Kind die Aufgabe richtig verstanden hat, muss man wohl davon ausgehen, dass dieses Kind im Bereich mentaler Operationen erheblichen Nachholbedarf hat und auch das Strukturieren noch unterentwickelt ist. Dies müsste sich auch in anderen Testelementen zeigen.

- Es kann passieren, dass das Kind die ersten Linien seiner Figur auf den Linien des Papiers malt (und sogar in Zweierschritten vorgeht) und dann nachlässig wird. Wenn es dann sieht, dass die Figur nicht auslegbar ist, und es die nächste Chance bekommt, eine Figur zu zeichnen, geht es wieder nur einige Zeit lang gut, bevor erneut von Linien abgewichen wird, ungerade Schrittzahlen gewählt werden, krumme Linien entstehen etc. Dann kann man zur Klärung fragen: »*Wo, glaubst du, kann man das am besten auslegen und wo nicht so gut?*« Eventuell lässt man das Kind eine der Figuren nachbessern.

- Wie eng hält sich das Kind an sonstige, für das Gelingen der Aufgabe nicht relevante Details? Damit sind gemeint: Symmetrien (hohe Symmetrie wie die ursprüngliche Auslegefigur, nur Spiegelsymmetrie), Löcher, Ausschluss oder Bevorzugung bestimmter Stäbchenfarben etc.? Es kann sein, dass ihm in Teil 4.4 diese einfach gut gefielen. Es ist aber auch denkbar, dass es für das Gelingen der Aufgabe möglichst viele Eigenschaften der Originalfigur übernehmen möchte, da es unsicher ist, welche Details für das Gelingen der Aufgabe nötig sind (eher positiv zu beurteilen).

- Stellt die Figur irgendeinen Gegenstand dar? Gut, wenn das Kind die Testelemente entspannt als Spielerei sieht!

### 5.2.4 Strukturiertes Zählen

An Aufgaben, die mehrere Fähigkeiten verlangen, kann man den Leistungsstand eines Kindes besonders gut abschätzen. So scheint bei diesen Aufgaben der Zählvorgang im Vordergrund zu stehen. Allerdings sind die Teile eines Quaders oder eines anderen (regelmäßig aufgebauten) Körpers nicht mehr so einfach durchzuzählen. Vielmehr muss man erst seinen Aufbau verstanden haben, bevor man die Anzahl der Teile bestimmen kann. Dabei sind die Fähigkeit des Strukturierens und/oder gedankliche Handlungen gefragt.

A) Wie viele Würfel hat dieser Quader?

Der Quader ist ein einfacher, aus lauter rechteckigen Würfelschichten aufgebauter Körper. Die meisten Erwachsenen kennen die Formel, mit der sein Volumen bestimmt wird: Höhe × Länge × Breite. Kinder kennen diese Formel i.A. noch nicht, sodass hier, besonders für die Schwächeren, ein interessantes Aufgabenformat entsteht.

**Material:** 100 gleichfarbige Steckwürfel*, davon 48 zu einem Quader zusammengesteckt, der aus drei Schichten zu je 4 × 4 Würfeln besteht (Abb. 5.9), weißes Papier, Stift (falls das Kind etwas notieren möchte), Taschenrechner (griffbereit, nicht im Sichtfeld des Kindes)

**Durchführung:**
1. Man gibt dem Kind den Quader in die Hand und fragt: »*Aus wie vielen Würfelchen habe ich den Block hier gebaut? Finde es heraus, ohne ihn auseinander zu nehmen!*«

---

\*  Steckwürfel werden von der Firma Dick-System hergestellt und sind bei vielen Schulverlagen erhältlich. Man kann sie im Internet z.B. unter www.bb-versand.de beziehen.

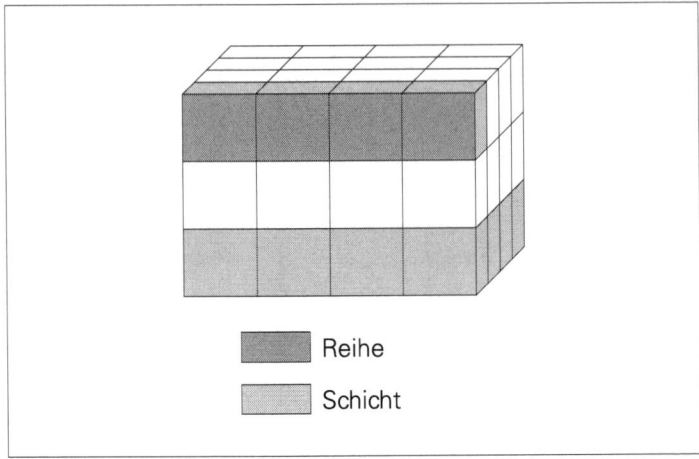

*Abbildung 5.9*

2. Hier sind mehrere Reaktionen des Kindes denkbar:
**2.a** Das Kind fängt an zu zählen. Falls es zu leise zählt,
bittet man es, lauter zu zählen. Dabei kann man Beobachtungen zum Zählen in der Zahlwortfolge machen (siehe
Seite 23 ff.). Es erreicht sein Ergebnis alleine durch Zählen. Das Hauptaugenmerk dieses Abschnittes liegt auf der
Art und Weise, in welcher Reihenfolge das Kind die Würfel zählt. **2.b** Das Kind führt nicht nur eine reine Zählung
durch, sondern nutzt auch irgendwann Plus, Mal oder die
1 × 1-Reihen. **2.c** Das Kind erkennt sofort einen Rechen-
ansatz, zählt nur das Nötigste und rechnet den Rest.

**Interpretation und weiteres Vorgehen:**
**Zu 2.a:** (1) Das Kind zählt die sichtbaren Würfelflächen. Dabei verliert es beim Hantieren den Überblick, da es sich nicht
gemerkt hat, welche Seiten schon gezählt sind. Außerdem
werden manche Steckwürfel mehrfach gezählt, da sie an
zwei oder drei Quaderseiten beteiligt sind. (2) Das Kind will
Doppelzählungen vermeiden, verliert aber auf der Quader-

fläche die Orientierung. (3) Das Kind ist sich bewusst, dass es auch im Inneren des Quaders Würfelchen gibt. Insgesamt hat es aber Probleme, den Überblick zu behalten. (4) Das Kind verliert beim Zählen nicht den Überblick, zählt aber Kanten und Ecken doppelt bzw. dreifach und lässt die inneren Würfel weg. (5) Das Kind zählt alle Würfel richtig durch, das Vorgehen ist aber nicht reihenweise oder schichtenweise. (6) Das Kind zählt den Quader reihenweise oder in Schichten. In der Reihenfolge (1) bis (6) nimmt die gezeigte Fähigkeit zur Strukturierung zu. Bei (1) sind erhebliche Defizite vorhanden, während das Kind bei (6) bereits einen deutlichen Einblick in den Aufbau eines Quaders erreicht hat. Gedankliche Handlungen spielen hier insofern mit herein, als dass sie die Erkenntnis erleichtern, wie der Quader im Inneren aufgebaut ist (die Berücksichtigung der Innenwürfel ist also auch ein Zeichen für mentale Operationen).

**Zu 2.b:** Man sollte, wenn man den Eindruck hat, dass das Kind nicht gerne rechnen will, den Taschenrechner hervorholen und fragen: *»Hier, willst du den benutzen?«* Wenn das Kind den Taschenrechner deswegen nicht will, weil es ihn nicht bedienen kann, bietet man an, die Aufgabe für das Kind einzutippen. Schließlich geht es in dieser Aufgabe nicht ums Rechnen, sondern ums Strukturieren und gedankliche Handlungen! Viele Kinder wollen aber gerade zeigen, dass sie doch auch rechnen können. (1) Das Kind zählt eine Schicht durch und berechnet die Gesamtzahl der Würfel mittels Addition. (2) Es zählt erst eine Schicht durch und dann, wie viele Schichten es sind, und schlägt das Malrechnen vor. (3) Es zählt erst eine Reihe durch, dann die nächste und wieder die nächste und entdeckt, dass es sich in diesem Beispiel um die Viererreihe handelt. Dann zählt es in der Viererreihe weiter und deutet bei jeder Zahl auf einen Endwürfel. (4) Wie bei (3), aber das Kind rechnet die zugehörige Malaufgabe. Bezogen auf eine Aussage zur Strukturierungsfähigkeit sind diese Vorgehensweisen gleichwertig. Sie unterscheiden sich nur durch den angewandten Schulstoff. Hier kann man also sehen, auf welchem Stand der Schulmathematik sich das Kind derzeit sicher bewegt. Jedenfalls hat das Kind den inneren Aufbau des Quaders erkannt. Das rechnerische Vorgehen ist außerdem ein guter Hinweis auf das Kardinalzahlverständnis, der aber auf jeden Fall durch den Piaget-Test (Seite 68) abgeklärt werden sollte.

**Zu 2.c:** In diesem Fall ist es möglich, dass das Kind eine ähnliche Aufgabe bereits aus der Schule kennt oder dass die Aufgabe schlicht zu einfach war. Deswegen sollte man vielleicht das folgende Testelement zur genaueren Aussage heranziehen.

B) Würfel mit Schichten

Diese Aufgabe ist komplexer als die vorherige (Abb. 5.10). Es geht darum zu vermuten, wie ein Muster im Inneren eines Würfels fortgesetzt wird, und dann die Anzahl der Würfel zu bestimmen, die für eine Schicht des Musters benötigt werden. Für diese Anzahl gibt es keine Formel wie die Volumenformel des Quaders. Das Kind kann diese Aufgabe also nicht mit reinem Schulwissen lösen, sondern muss erst die vorhandene geometrische Figur identifizieren und dann geeignet zur Berechnung zerlegen.

**Material:** Jeweils 100 Steckwürfel in mindestens drei Farben, z.B. rote, blaue und gelbe, Papier und Stift, Taschenrechner

**Vorbereitung:** Man baut nach folgender Anleitung (Abb. 5.10 und 5.11) aus 216 Steckwürfeln einen großen Würfel: (1) Ein roter Steckwürfel wird mit sieben blauen Würfeln zu einem $2 \times 2 \times 2$er Würfel erweitert. (2) Mit weiteren 19 roten Würfeln wird dieser zu einem $3 \times 3 \times 3$er Würfel ausgebaut.

*Abbildung 5.10*

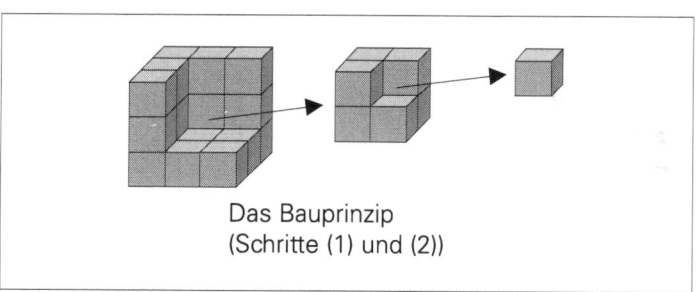

Das Bauprinzip
(Schritte (1) und (2))

*Abbildung 5.11*

(3) 37 gelbe Würfel ergänzen diesen zu einem 4 × 4 × 4er
Würfel. (4) Genauso wird der 4 × 4 × 4er Würfel um eine weitere rote und eine blaue Schicht erweitert.

119

**Durchführung:**

1. Der Würfel wird vor dem Kind auf den Tisch gestellt. Man sagt: »*Schau dir mal den Würfel genau an. Lass ihn aber zusammen!*« Wenn das Kind fertig ist, stellt man die Aufgabe: »*Versuche mal, mir zu sagen, wie viele gelbe Steckwürfel in diesem Ding verbaut wurden. Innen drin sind keine Löcher, sondern es ist alles zugebaut!*«

2. Es gibt hier mehrere Vorgehensweisen des Kindes: **2.a** Auch nach längerem Nachdenken kommt das Kind zu dem Schluss: »*Kann ich nicht.*« **2.b** Das Kind geht zählend auf der Oberfläche des großen Würfels vor. **2.c** Das Kind geht zählend vor, berücksigt aber auch die inneren Würfel. **2.d:** Das Kind berechnet die Anzahl der Würfel im gelben Teil, indem es ihn gedanklich in zahlreiche Einzelstücke zerlegt und dann mittels Addition und Multiplikation vorgeht. **2.e** Das Kind erkennt, dass der gelbe Teil dadurch entsteht, dass man zu einem 3 × 3 × 3er-Würfel so viel hinzufügt, dass ein 4 × 4 × 4er-Würfel entsteht, oder umgekehrt dadurch, dass man von einem 4 × 4 × 4er einen 3 × 3 × 3er abmacht. Es rechnet die 27 Würfel des 3 × 3 × 3ers und die 64 des größeren aus und bestimmt danach die Differenz 64 − 27.

**Interpretationen und weiteres Vorgehen:**

**Zu 2.a:** Hier ist eine Hilfestellung nötig. Man reicht dem Kind die restlichen gelben Würfel, die vom Bauen noch übrig sind, und sagt: »*Baue mal nach, wie du denkst, dass der gelbe Teil alleine aussehen muss!*« Wenn das Kind auch hiermit noch Schwierigkeiten hat, kann man die äußeren beiden Schichten des großen Würfels entfernen (»*Warte mal, ich mache das so, dass du es noch besser sehen kannst!*«). Das dient dazu, dass das Kind noch ein Ergebnis erreichen kann, damit es an einer Aufgabe nicht komplett versagt. Zum Abschluss kann man es noch die benötigten Würfel zählen lassen. Die Aufgabe hat in diesem Fall das Kind überfordert. Falls das Kind vorher die Aufgabe von Seite 115 rechnerisch lösen konnte, lag dies wahrscheinlich daran, dass es zufällig den richtigen Aufgabentyp vermutet hatte (Analogisieren!). Seine Fähigkeit zur Strukturierung und mentalen Operationen müsste durch ein anderes Testelement noch einmal abgeklärt werden.

**Zu 2.b:** Man entfernt einen kleinen Teil der beiden äußeren Schichten. Wenn das Kind trotzdem größere Schwierigkeiten hat, alle gelben Würfel zu berücksichtigen, stellt man ihm die restlichen gelben Steckwürfel zur Verfügung. Schafft es das Kind nun, den gelben Teil zu bauen, kann man fragen: *»Wie viele Steckwürfel hast du jetzt für das Bauen gebraucht?«* Dabei sollte der gelbe Teil verdeckt werden. Sieht man, dass dies für das Kind zu schwierig wird, deckt man diesen Teil eben wieder auf.

**Zu 2.c:** Wenn das Ergebnis ohne Fehler erreicht wird (Zählvorgang genau beobachten: manchmal heben sich hier Fehler gegenseitig wieder auf!), ist dies eine gute Leistung im Strukturieren oder im Bereich der gedanklichen Handlungen. War die Zählreihenfolge eher so, als würde an einen $3 \times 3 \times 3$er Würfel etwas angebaut (mentale Operationen), oder orientierte sie sich eher an dem als fest vorhanden gesehenen gelben Objekt (Strukturierung)? Falls man nicht sicher ist, sollte man das Kind einfach noch einmal die Zählreihenfolge erklären lassen (*»Was hast du zuerst gezählt, was danach und so weiter?«*). Wurde das falsche Ergebnis erreicht, dann ist für die Beurteilung von Strukturierungsfähigkeit und mentalen Operation wie oben die Zählreihenfolge maßgeblich, aber abhängig von der Fehlerrate natürlich einzuschränken. Grundsätzlich ist das vom Kind gewählte Vorgehen aber positiv zu beurteilen.

**Zu 2.d:** Wie in der Aufgabe von Seite 115 machen die gewählten Rechenarten auch eine Aussage über den mindestens vorhandenen Leistungsstand im Fach. Der zu erwartende Leistungsstand wird in der Tat noch wesentlich höher liegen, da die eigentlichen Probleme der Aufgabe eher im Identifizieren der gelben Figur liegen. Die gezeigten Fähigkeiten im Strukturieren oder gedanklichen Handlungen (abhängig von der Rechenweise) sind als gut einzuschätzen.

**Zu 2.e:** Das ist die höchste in dieser Aufgabe erreichbare Verständnisstufe. Wird in 2.d noch die Handlung selbst beim Rechnen nachvollzogen bzw. die Figur in Teile zerlegt, so zeigt diese Rechenweise bereits das gedankliche Bearbeiten von Handlungen bzw., dass das Kind gedanklich geometrische Objekte in Relation zueinander setzt.

### 5.2.5 Dezimal strukturiertes Zählen

Wenn Kinder zählen lernen, lernen sie zuerst die Wortfolge der Zahlen (eins, zwei, drei, ...). Mit der Zeit beherrschen sie auch den Zählvorgang bis in den Bereich um hundert oder darüber hinaus. Daher verwundert es viele Erwachsenen, wenn ein Kind, das scheinbar einen Überblick über einen größeren Zahlbereich hat, die innewohnende Struktur der Zehner und Einer (und eventuell Hunderter) beim Rechnen gar nicht oder nicht besonders vorteilhaft nutzt. Das hat mitunter den Grund, dass das Kind zwar die Wortfolge bis zu einem gewissen Punkt beherrscht, aber die sich wiederholende Wortstruktur nicht einsetzen kann bzw. nicht erkannt hat. Das Dezimalsystem erleichtert das Zählen insbesondere dann, wenn bereits einige der zu zählenden Objekte in Zehnerpäckchen vorliegen. Man kann aber auch einen Einblick in das kindliche Verständnis des dezimalen Stellenwertsystems erhalten, indem man konkret handelnd Zählaufgaben stellt, die eigentlich einer Addition oder Subtraktion von eins oder zehn entsprechen.

Um das dezimale Stellenwertsystem *vollständig* zu verstehen, muss ein Kind die zugrunde liegende mathematische Struktur verstanden haben. Diese ist komplex: Z.B. trägt die

Zahl 27 zweierlei Rechnung in sich: 2 × 10 + 7. Demzufolge kann das dezimale Stellenwertsystem erst dann vollständig begriffen sein, wenn das Kind die Addition und die Multiplikation verstanden hat. Dem gehen das Kardinalzahlverständnis und die Fähigkeit zur Abstraktion von Handlungen voraus. Das sind sehr viele Bedingungen, die erfüllt sein müssen, sodass man auch bei vielen Kindern, die in Mathematik keine Probleme haben, davon ausgehen kann, dass sie noch nicht alle Aspekte unseres Zahlsystems verstanden haben. Der Grad des Verständnisses, der erwartet werden sollte, ist also auch abhängig vom besuchten Schuljahr.

A) Zählen mit Zehnern und Einern

Hier geht es darum, ob das Kind entdeckt, dass das Material in Zehnern gebündelt ist, und ob es dies auch ausnutzt. Da Kinder manchmal die Frage nach dem »wie viele« als Aufforderung zum gedankenlosen Durchzählen begreifen, wird im ersten Unterpunkt die Frage »*Was käme heraus, wenn man die alle zählt?*« gestellt. Damit werden Kinder, welche die leichteren Strategien kennen, dazu motiviert, diese auch anzuwenden. Kinder, die ohnehin das Dezimalsystem nicht einsetzen können, werden nicht beeinflusst. Im letzten Testteil kann das Kind eventuell sein Wissen über das dezimale Stellenwertsystem einsetzen, um die Aufgaben zu lösen.

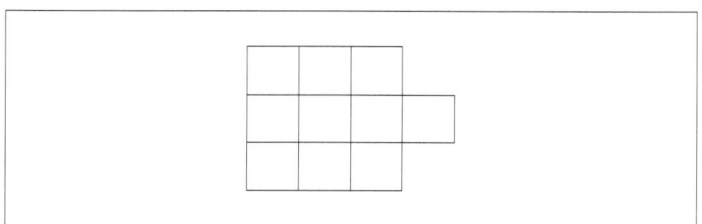

*Abbildung 5.12*

**Material:** 100 Steckwürfel, davon bereits 90 vorher zu Zehnerpäckchen (und zwar solche, wie in Abb. 5.12) zusammengesteckt, undurchsichtiger Beutel (z.B. Tragetasche).

**Durchführung:**

1. Man legt drei Zehnerpäckchen und sechs einzelne Würfel völlig durcheinander auf den Tisch und fragt: »*Was käme heraus, wenn man die alle zählt?*« **1.a:** Das Kind zählt erst Würfel für Würfel die Zehnerpäckchen durch und dann die Einer. Während des Zählens stutzt es nach keinem Zehnerblock. **1.b:** Es zählt erst die Einer und dann Würfel für Würfel die Zehnerpäckchen durch. **1.c:** Erst zählt es in den Zehnern einzeln und entdeckt (nutzt?) die Zehnerbündelung irgendwann ab dem zweiten Zehner. Manchmal bemerkt man während eines Vorgehens wie 1.a, dass das Kind nach dem ersten oder zweiten Zehner kurz innehält, aber seine Strategie nicht ändert. **1.d:** Es zählt einen Zehner durch und dann weiter mit »... 20, 30, 31, 32, 33, 34, 35, 36«. **1.e:** wie eben, aber dann »..., 20, 30, 1, 2, 3, 4, 5, 6, ... 36« **1.f:** Es zählt gar keinen Zehner durch, sondern interpretiert das Vorhandensein von gebündeltem Material dahingehend, dass wohl eine Zehner-Einer-Struktur gemeint sein wird. **1.g:** Es zählt einen Zehner durch und dann: »1, 2, 3, 30, 1, 2, 3, 4, 5, 6, 36«.

2. Man führt, falls das Kind wie in 1.a oder 1.c reagiert hat, einen weiteren Durchgang mit z.B. 53 Würfeln durch, bei 1.b einen Durchgang mit 50 und einen mit 43.

3. Man legt die 36 (53, 43) Würfel in den Beutel. (Falls das Kind die Anzahl der Würfel in 1. falsch bestimmt hatte, kann man mit der falschen Zahl arbeiten, als wäre sie das richtige Ergebnis. Oder man kann mit dem Kind zusammen sorgfältig das richtige Zählergebnis bestimmen, wobei man die Zähltechnik des Kindes anwenden sollte.)

4. Nun legt man ein weiteres Zehnerpäckchen in den Beutel. Dazu stellt man die Frage: »*Wie viele Würfel sind jetzt*

*hier drin?*« Wichtig ist hier, dass man das Kind auf falsche Ergebnisse nicht aufmerksam macht. Man kann dem Kind auf Rückfrage sooft wie erforderlich die vorherige im Beutel vorhandene Anzahl von Würfeln verraten. Sobald das Kind geantwortet hat, fährt man fort, indem man noch ein Zehnerpäckchen und dann einzelne Würfel in den Beutel gibt. Dabei legt man einen Würfel erst dann in den Beutel, wenn das Kind die Antwort auf die vorherige Aktion erwähnt hat. So fährt man fort, bis das Kind bei einer »neun-und-etwas'zig« Zahl angelangt ist (also 49, 59 etc.). Dann nimmt man aus dem Beutel nacheinander Zehnerpäckchen heraus, wobei man natürlich die Antworten des Kindes abwartet. Sobald man unter 9 angelangt ist oder merkt, dass das Kind lustlos wird oder überfordert ist, hört man auf. **4.a:** Das Kind benötigt für die Zehnerschritte mäßig, für die Zehnerschritte rückwärts sehr lange. Dabei entstehen möglicherweise auch Fehler um ± 1. Bei den Rückwärtsschritten können sogar riesige Abweichungen von ± 9, ± 10, ± 11, ± 19, ± 20 etc. entstehen. **4.b:** Anfangs braucht das Kind recht lange, wird dann aber schneller. **4.c:** Das Kind antwortet von Anfang an recht zügig, fragt aber oft nach, bei welcher Zahl man gerade war. **4.d:** Das Kind antwortet schnell und sicher. **4.e:** Unerklärliche Ergebnisse können das Resultat von Zahlendrehern sein, also der Vertauschung von Ziffern.

**Interpretation:**
**Zu 1.a:** Hier besteht die Möglichkeit, dass das Kind den Auftrag zu wörtlich interpretiert hat und deswegen jedes Würfelchen einzeln zählt, oder es hat noch nicht die Strategie der Zehnerbündelungen entdeckt. Falls sich das Kind allerdings verzählt hat, als es noch bei den Würfelchen in den Zehnern war, und sich nicht über Zwischenergebnisse wie 21 oder 29 gewundert hat, kann man sich recht sicher sein, dass es das dezimale Stellenwertsystem noch nicht ansatzweise ver-

standen hat. Trotzdem sollte man dies an einem weiteren Beispiel bestätigen. Im vierten Unterpunkt der Durchführung sind Vorgehen 4.a oder 4.e zu erwarten.

**Zu 1.b:** Hier bestehen dieselben Optionen wie bei Unterpunkt 1.a. Man benötigt auch hier weitere Beispiele zur Interpretation, und zwar am besten eine Zehnerzahl wie 50. So ist das Einerzählen am Anfang nicht möglich. Als zweites Beispiel folgt eine gemischte Zahl wie 43. Dann kann man beurteilen, ob beim Durchgang mit der 40 die Vorzüge der vorkommenden Zahlen zumindest so weit genutzt werden, dass zuerst die Zehner gezählt werden. Die Interpretation verläuft wie in 1.a.

**Zu 1.c:** Das Dezimalsystem spielt für das Kind noch keine große Rolle; vielleicht, weil Anwendungen noch nicht geläufig sind. Das Auftauchen von zwei »Zehnerzahlen« hintereinander (10, 20) an markanten Stellen des Zählprozesses (Abschluss eines »Blocks«) löst den Gedanken aus, dass möglicherweise andere Wege schneller zum Erfolg führen. Mit dem zweiten Beispiel bestätigt man, dass das Kind hier ein rationelleres Vorgehen entdeckt hat. Diese Verständnisstufe sollte ein Kind in der zweiten Klasse entwickeln und gegen Ende der zweiten Klasse haben. 4.a und besonders 4.b passen zu dieser Vorgehensweise, aber auch 4.e ist denkbar.

**Zu 1.d:** Das Vorgehen in Zehnerschritten ist bereits bekannt. Das Kind orientiert sich aber noch in der Zählreihe, indem es dann mit 31, 32, ... weiterzählt. Hier kann man das spontane Erfassen von Anzahlen (subitizing) nutzen, indem man die Aufgabe mit 63 stellt. Findet ein Sprung von 60 zu 63 statt, so kann man davon ausgehen, dass die wesentlichen, in der zweiten Klasse benötigten Merkmale des Dezimalsystems bekannt sind. Sie sind nur nicht immer sofort einsetzbar. Falls ein solcher Sprung nicht stattfindet, besteht weiterhin die Möglichkeit, dass das Kind sich oft noch zählend (in Einzelschritten) im Zahlenraum vorwärts bewegt. Es kann aber auch sein, dass die Zeitersparnis der anderen Vorgehensweise (siehe 1.e) so gering ist, dass sie das Kind einfach nie zu einem Wechsel der Vorgehensweise motivieren konnte. Zur Abklärung kann man dem Kind später eine Plusaufgabe von zweistelligen Zahlen geben. An der Vorgehensweise sieht man dann eventuell, wie das Kind Zahlen zerlegt. Ein Kennzeichen für die Zerlegung der Zahl ist auch Vorgehen 4.c. 4.b ist hier aber am wahrscheinlichsten und deutet auf ein entstehendes Dezimalzahlverständnis hin.

**Zu 1.e:** Dieses ist die im vorigen Abschnitt angesprochene zeitsparende Variante. Falls sie keine in der Schule automatisierte Vorgehensweise ist, ist sie ein Zeichen für (ein in der Grundschule ausreichendes) Verständnis des dezimalen Stellenwertsystems. Der vierte Punkt der Durchführung hilft zu differenzieren. Allgemein gilt hier dasselbe wie bei 1.d, aber das Vorgehen 4.c ist wahrscheinlicher und auch ein Zeichen für teilweise vorhandenes Dezimalzahlverständnis, während 4.b auf noch bestehende Schwierigkeiten hinweist.

**Zu 1.f:** Auch hier sollte man den vierten Punkt der Durchführung zu Rate ziehen, inwieweit es sich hier um schematisierte Vorgehensweisen handelt. Beurteilung wie 1.d und 1.e.

**Zu 1.g:** Wenn diese Technik mit Verständnis durchgeführt wird, kann man von ausreichendem Dezimalzahlverständnis ausgehen. 4.c und 4.d stützen die These des Verständnisses, während bei 4.a und 4.b zur Abklärung weitere Testelemente nötig sind.

### 5.2.6 Feststellung des mathematischen Leistungsstandes

Eine Diagnose sollte auch den mathematischen Wissensstand des Kindes feststellen, denn dieser ist der Ausgangspunkt für den fachlichen (mathematischen) Teil der Förderung. Es ist ein wohl bekanntes Phänomen, dass selbst Kinder mit großen Problemen durch geschickte Taktiken das

Ausmaß ihrer Lücken verschleiern können. Deswegen wird eine Rechenschwäche oft erst dann erkannt, wenn der wahre Rückstand auf den Schulstoff bereits erheblich ist. Der gesicherte Kenntnisstand des Kindes muss von den schematisierten und gedankenlos ausgeführten Rechenweisen getrennt werden.

Da die Mathematik eine aufbauende Wissenschaft ist, kann man bei einer Förderung nur von gesichertem Wissen aus weiterarbeiten. Daher ist eine möglichst genaue Beurteilung des mathematischen Leistungsstandes wünschenswert. Im Zweifel sollte man allerdings immer davon ausgehen, dass das Kind weniger verstanden hat. Eine Überschätzung des Leistungsstandes hat eventuell sinnlose Fördermaßnahmen zur Folge. Eine Unterschätzung des Kindes hingegen führt zur weiteren Sicherung des bekannten Stoffes, allerdings auf Kosten der Förderdauer.

In den vergangenen Testelementen konnte man bereits an einigen Stellen Aussagen über den Leistungsstand des Kindes machen:

- Der Piaget-Test (Seite 68) ist zentral für die Beurteilung des Leistungsstandes im Bereich der Voraussetzungen für weiteres mathematisches Lernen.
- Testelement Seite 86: Falls das Kind die Struktur erkennt und Addition oder Multiplikation nutzt, kann man von anwendbarem Verständnis dieser Operationen ausgehen.
- Testelement Seite 115: Auch hier kann das Kind die Addition und die Multiplikation nutzen. Falls das Kind die wiederholte Addition nutzt, kann man davon ausgehen, dass die Multiplikation zumindest noch nicht gesichert ist.
- Seite 118 wie 86: Nichtbenutzen der Multiplikation ist hier kein Zeichen für Probleme mit ihr.
- Seite 122: Diente der Feststellung des Kenntnisstandes bezüglich des dezimalen Stellenwertsystems.

Auch die Beobachtungen aus Kapitel 4 ermöglichen bereits eine gezielte Abschätzung des mathematischen Leistungsstandes. Die Interpretationen der Beobachtungen sind dort nachzulesen. Ein Teil einer Diagnose kann immer auch die gezielte Herbeiführung der angesprochenen Situationen sein, in denen diese Fehlertypen auftreten. Es besteht hier bei manchen Kindern allerdings die Gefahr, dass dies zu sehr als Test empfunden würde und sie sich verschließen. Weitere Testelemente mit mehr spielerischem Charakter sind also wünschenswert.

A) Dosen im Kasten

Hier wird das Verständnis für Addition und Subtraktion gleichzeitig im Rahmen einer Handlungsaufgabe untersucht. Die Lösung kann auf prinzipiell unterschiedliche Weisen erhalten werden. Da die Aufgabe handlungsorientiert ist, wird sie nicht so sehr als Test empfunden. Sie kann auch rein zählend und handelnd gelöst werden, sodass ein Kind ohne Rechenfähigkeiten nicht Angst haben muss zu versagen. Die Beschreibung des Testelements ist für die Arbeit mit Kindern der zweiten/Anfang dritten Klasse gedacht. Bei Erstklässlern kann man getrost statt der Gesamtzahl 100 die Gesamtzahl 20 anwenden. Ab dem zweiten Schuljahr kann man dem Kind einen Taschenrechner anbieten, denn es kommt hier auf das Verständnis der Addition und Subtraktion an, nicht auf deren Durchführung. Das Rechnen selber ist stärker abhängig vom Verständnis des Zehnersystems als vom Verständnis der Rechenarten »Plus« oder »Minus«.

**Material:** Drei verschließbare Dosen, Klebeetiketten, Stift, Schuhkarton oder anderer Kasten, 150 einheitliche kleine Gegenstände (Bohnen, Plastikchips etc.), Münzen (20 × 1ct, 10 × 2ct, 10 × 5ct, 10 × 10ct, 5 × 20ct, 2 × 50ct), Papier, Taschenrechner (im Sichtfeld des Kindes)

**Durchführung:**

1. Man öffnet zwei der Dosen und legt in eine Dose 23, in die andere Dose 19 Bohnen. Dabei zählt man laut mit. Dann schließt man die Dosen und klebt jeweils ein Etikett darauf. Man fragt das Kind, wie viele Bohnen in den beiden Dosen waren und schreibt die (richtigen) Antworten auf die Etiketten.

2. Man legt die dritte Dose geöffnet in den Karton. Dann klebt man auf den Deckel des Kartons ein weiteres Etikett und schreibt darauf eine dicke »100«. Nun stellt man die Frage: »*Was muss ich jetzt noch machen, damit alles richtig ist?*« Die richtige Antwort an dieser Stelle wäre, in das letzte Döschen noch so viele Bohnen hineinzutun, dass es insgesamt 100 sind. Falls das Kind nichts antwortet, weil es keine Ideen hat, klärt man die Aufgabe erst ein Stück weit. Man sagt: »*Am Ende muss überall das drin sein, was draufsteht.*« Weitere Schritte hin zur Aufgabenstellung sind: »*Wenn ich jetzt den Deckel auf den Karton mache, stimmt es ja nicht, dass im Karton 100 Stück drin sind.*« Die endgültige Klärung der Aufgabenstellung wäre dann: »*In das dritte Döschen müssen auch noch Bohnen rein. Und dann schreiben wir darauf, wie viele es sind. Zum Schluss setzen wir den Deckel auf den Karton und im Karton müssen dann 100 Bohnen sein. Deine Aufgabe ist herauszufinden, wie viele Bohnen in die letzte Dose müssen.*«

3. Man bietet dem Kind den Taschenrechner an, wenn es in irgendeiner Weise Probleme mit der Aufgabe hat. Falls es diesen nicht benutzen kann, tippt man für das Kind ein. Während das Kind arbeitet, sind nur begrenzte Hilfestellungen zulässig. Diese beziehen sich nur auf die Bedingungen der Aufgabenstellung. Wenn das Kind fragt, ob es nun so richtig ist, darf man antworten: »*Es müssen ja am Ende 100 Bohnen im Kasten sein.*« Das Kind darf zur Kontrolle selbstverständlich sogar die anderen Dosen

wieder öffnen um nachzuzählen. Auch Fragen wie *»Wie viele waren das jetzt noch zusammen?«* kann man mit Hinweis auf das Blatt Papier beantworten. **3.a** Das Kind versteht die Aufgabe trotz mehrfacher Anläufe nicht. **3.b** Das Kind zählt die Bohnen aus den beiden Dosen durch, um so das Ergebnis zu erhalten. Dann weiß es nicht weiter und rät verschiedene Anzahlen für die dritte Dose. **3.c** Das Kind löst die gesamte Aufgabe zählend. **3.d** Das Kind rechnet die beiden Zahlen auf den Döschen zusammen und probiert dann verschiedene Anzahlen für das dritte Döschen. Die Gesamtzahl wird jeweils mit Plus ermittelt. Das Vorgehen erscheint planlos. **3.e** wie 3.d, nur nutzt das Kind die Ergebnisse der vorherigen Rechnung für die nächste Wahl des Doseninhalts. **3.f** Nachdem die ersten beiden Dosen zusammengerechnet wurden, wird das Ergebnis von 100 abgezogen (oder es wird zur 100 hochgerechnet).

**Interpretation und weitere Vorgehensweise:**
**Zu 3.a:** Man illustriert die Aufgabe anhand von ein oder zwei Beispielen im kleinen Zahlenraum, indem man alle drei Dosen befüllt (z.B. mit 1, 2 und 2 Bohnen) und dann die Gesamtzahl 5 auf den Karton schreibt. Danach stellt man eine weitere Aufgabe im selben Zahlbereich, z.B. 2 und 3 Bohnen in den ersten beiden Dosen und eine geforderte Gesamtzahl von 6 Bohnen. Wenn das Ergebnis falsch sein sollte, dann wird man sehr wahrscheinlich auch bei Piaget (Seite 68) und beim Testelement von Seite 97 schwerere Probleme feststellen können. Wenn das Ergebnis richtig ist, geht man zu einem Beispiel über, das noch mit zählendem Rechnen leicht lösbar ist, wie 4 und 6, mit einer Gesamtzahl von 17. Im Anschluss geht man wieder zur Originalaufgabe zurück und erlaubt auch ausdrücklich nochmals die Benutzung des Taschenrechners. Die Interpretation der Aufgabe bezüglich des Verständnisses der Addition und Subtraktion verläuft

dann wie in 3.b bis 3.f. Allerdings kann man hier sicherlich andere Schwierigkeiten vermuten, die innerhalb anderer Testelemente untersucht werden sollten.

**Zu 3.b:** Man ermuntert noch einmal zur Benutzung des Taschenrechners und bietet auch an, jede Rechenaufgabe, die das Kind benötigt, selber zu rechnen. Verändert das Kind seine Verhaltensweise nicht, dann muss man davon ausgehen, dass es nicht einmal die einfachsten Modelle der Addition wie das Zusammenschieben oder Gemeinsambetrachten immer abrufen kann. Andererseits kann auch eine tiefe Angst vor allen mathematischen Inhalten vorliegen. Vor allem dann, wenn die Fähigkeiten wie strukturieren, analysieren und sich Handlungen vorstellen sowie das Kardinalzahlverständnis vorhanden sind, muss man von Angst vor Mathematik ausgehen.

**Zu 3.c:** Dieses Kind zeigt den Willen, die Aufgabe zu lösen. Es ist in der Lage, eine Vorgehensweise zu entwickeln, hat also auf jeden Fall gewisse Fähigkeiten im Bereich des Strukturierens und Algorithmisierens. Andererseits werden Addition und Subtraktion noch nicht als Lösungsmethode für Teile dieser Aufgabe erkannt. Dem Kind fehlt also zumindest Übung in diesem Bereich. Um jetzt aber eine detailliertere Aussage zu erhalten, sollte man auch hier dem Kind anbieten, den Taschenrechner zu verwenden. Damit wird das Augenmerk des Kindes auf die Rechenoperationen gelenkt, sodass es gezielt nach ihm bekannten Additions- oder Subtraktionssituationen suchen kann. An den Reaktionen des Kindes zeigen sich dann die willentlich abrufbaren (aber eventuell noch nicht verinnerlichten) Kenntnisse in den Grundrechenarten Plus und Minus.

**Zu 3.d:** Dieses Kind verfügt über mindestens ein funktionierendes Modell der Addition und kann es zur Problemlösung einsetzen. Eigenschaften der Addition werden noch nicht eingesetzt, sodass das Verständnis der Addition noch nicht ausgereift ist. Um zu entscheiden, ob das Kind auch

Kenntnisse in der Subtraktion hat, gibt man ihm den Taschenrechner.

**Zu 3.e:** Das Verständnis der Addition ist etwas besser. Das Kind nutzt Eigenschaften der Addition »addiere ich mehr, dann kommt auch mehr heraus« oder »ich habe jetzt 97, also muss ich statt 55 Bohnen im dritten Döschen 58 nehmen«. Auch hier muss man dem Kind den Taschenrechner geben um zu sehen, ob es die Subtraktion aus dem Grunde umgangen hat, dass es sich nur noch nicht ganz wohl fühlt mit ihr.

**Zu 3.f:** Das Kind setzt sowohl die Addition als auch die Subtraktion sinngemäß ein. Mit einem Taschenrechner kann man noch sehen, ob ein Kind, das die Aufgabe mit ergänzender Addition (bis 100 hochrechnen) löst, auch die Subtraktion in der Aufgabe sieht.

B) Was ist Mal?

Das Verständnis für die Multiplikation ist etwas schwieriger zu testen. Man kann sich jedoch sicher sein, dass ein Kind, welches die Addition nicht verstanden hat, auch die Multiplikation nicht begreifen wird. Wenn es trotzdem den Anschein erweckt, dass es Mal versteht, greift es möglicherweise auf schematisiertes Wissen zurück. Der Widerspruch, Mal zu verstehen, während Plus nicht verstanden ist, sollte durch weitere Tests untersucht werden.

Eine Möglichkeit herauszufinden, ob ein Kind die Multiplikation verstanden hat, bietet ein Gespräch. In diesem wird untersucht, ob das Kind die Multiplikation erklären und mit Material darstellen kann. Die Multiplikation ist kein Thema der ersten Klasse, sodass dieser Test frühestens ab (Mitte bis Ende) der zweiten Klasse Sinn macht. Wirklich relevant für die Diagnose von Matheproblemen können die Ergebnisse erst ab der dritten Klasse sein.

Darstellungen zur Multiplikation können u.a. sein: vier Haufen zu je fünf Stück, vier Würfel, die je fünf Augen zeigen, ein Rechteck aus Gegenständen, mit vier an einer Seite, fünf an der anderen Seite oder vier Strecken zu je fünf Zentimeter aneinander.

**Material:** 50 Holzklötzchen, Stift, Papier, Beutel

**Durchführung:**

1. Man stellt die Frage: *»Ich habe hier eine ganze Menge Klötzchen. Kannst du mir damit erklären, was vier mal fünf heißt?«*

2. Es gibt nun wieder mehrere Reaktionsmöglichkeiten für das Kind: (1) *»Weiß nicht.«* (2) Das Kind rechnet das Ergebnis erst einmal aus. Dann weiß es aber nicht, wie es das mit Klötzchen erklären soll. (3) Es legt erst vier Klötzchen auf den Tisch und dann fünf Klötzchen daneben. Ein letztes Klötzchen legt es mit oder ohne Kommentar *»Das ist der Malpunkt!«* dazwischen. (4) Es rechnet das Ergebnis aus und legt dann Klötzchen wie in (3). (5) Es legt 20 Klötzchen auf den Tisch, nachdem es gerechnet hat. Dabei werden die Klötzchen nicht angeordnet. (6) Die Klötzchen werden in irgendeiner Anordnung von fünf Viererserien oder vier Fünferserien hingelegt, bevor oder nachdem das Ergebnis ermittelt wird.

**Interpretation und weitere Vorgehensweise:**

**Zu (1):** Man bittet das Kind, erst einmal 4 × 5 auszurechnen. Falls es das nicht kann, fragt man: *»Wofür braucht man eigentlich Mal?«* Wenn die Antwort entlang der Linie »zum Rechnen« oder »weiß nicht« ist, fragt man, ob in der Schule schon einmal Textaufgaben zum Thema Mal gerechnet wurden und falls ja, welche. Kann die Antwort des Kindes so umgesetzt werden, dass man mit ihr 4 × 5 ausrechnen könnte, so fordert man das Kind auf, dies zu versuchen: *»Damit hast du doch schon gesagt, wie man es rechnen kann. Versuche das jetzt mit 4 × 5! Wenn du willst, kannst du auch* *ein Bild zu 4 × 5 malen.*« Je nach Leistung des Kindes kann man feststellen, dass entweder kein oder ein nur in besonders eindeutigen Situationen abrufbares multiplikatives Verständnis vorliegt. Auch besteht die Möglichkeit, dass, falls in anderen Testelementen gute allgemeine Voraussetzungen für das Lernen von Mathematik gezeigt wurden, Angst vor Mathematik vorliegt. Deswegen ist es immer nötig, die mathematische Leistungsfähigkeit des Kindes in Relation zu allgemeinen Voraussetzungen zu betrachten.

**Zu (2):** Das Kind geht also auf die Aufgabe zu. Dies wird unter anderem dadurch ermöglicht, dass die Aufgabe in der Fünferreihe liegt, die jedem Kind wegen des besonderen Rhythmus leicht fällt. Für das richtige Ergebnis, welches auch notiert werden sollte, lobt man das Kind. Es findet aber keine Darstellung für die Rechnung. Meistens zeigt dieses Verhalten die Anwendung schematisierten Wissens. Dieses Kind bittet man erst einmal, eine Plusaufgabe hinzulegen: *»Zeige mir doch erst mal mit Klötzchen, wie man 6 + 7 ausrechnen kann!«* Wenn es diese Aufgabe durch einen Sechser- und einen Siebenerhaufen löst, geht man sofort zur nächsten Frage über. Falls nicht, zeigt man selbst anhand zweier solcher Haufen, dass 6 + 7 = 13 ist, indem man erst beide einzeln und danach beide »in einem Rutsch« zählt. Der Zweck dieser Vorgehensweise ist, dass man dem Kind zeigt, was mit der Veranschaulichung einer Rechenart gemeint ist. Wenn das Kind diese Demonstration verstanden hat, sagt man: *»Zeige mir jetzt mit den Klötzchen, dass 4 × 5 = 20 ist!«* Falls das Kind hier keine geeignete Darstellung finden kann, gibt man ihm den Beutel und fragt: *»Kann man denn 4 × 5 = 20 mit Klötzchen in einem Beutel rechnen?«* Schafft das Kind dies auch nicht, so kann man möglicherweise noch selbst vier Fünferhaufen legen, um das Testelement abzuschließen. Dann kann man mit recht großer Sicherheit sagen, dass das Kind nur die Durchführung der Multiplikation beherrscht, aber den Sinn nicht versteht.

**135**

Falls das Kind aber eine geeignete Darstellung finden konnte, liegt das Wissen über die Multiplikation vor, wenn auch nicht immer sofort abrufbar. Hier fehlt offensichtlich der Umgang mit Anschauungen.

**Zu (3):** Das ist ein häufig anzutreffendes Vorgehen. Oft legt das Kind einfach die Aufgabe deswegen so hin, weil es denkt, das sei mit »Erklären« gemeint. Diesen Fall gilt es zu trennen von dem Fall, in dem das Kind keine Ahnung davon hat, was Mal ist. Man kann hier direkt zur Arbeit mit dem Beutel übergehen: »*So kann man die Aufgabe natürlich auch hinlegen. Das ist aber nicht das, was ich mir dabei gedacht hatte. Nimm jetzt mal den Beutel und tue so Klötzchen hinein, dass, wenn ich den Beutel auskippe, das Ergebnis dann da liegt.*« Man muss bei der Formulierung sehr aufpassen, weil man ja eine wiederholte Handlung sehen will: Das Kind legt vier**mal** fünf Klötzchen in den Beutel. Wird die Rechenaufgabe an dieser Stelle als »vier mal fünf« erwähnt, so provoziert das oft die richtige Handlung, ohne dass Verständnis für die Multiplikation vorhanden sein muss. Im Anschluss an die Darstellung der Multiplikation mittels Beutel stellt man die Aufgabe noch einmal ohne Beutel. Diese Durchführung sollte dann aber auch möglich sein. Gelingt es dem Kind nicht, die Darstellung der Multiplikation zu finden, so kann man davon ausgehen, dass die Aufgabenstellung trotzdem nicht missverstanden wurde. In diesem Fall sollte man noch das Vorgehen wie bei »zu (2)« durchführen.

**Zu (4):** Man zeigt auf die gelegte »Malaufgabe« und fragt: »*Wie kann ich denn hier sehen, dass 4 × 5 = 20 ist?*« Wenn das Kind dann ohne weitere Hilfe eine der in (6) angesprochenen sinnvollen Erklärungen aufführt, kann man davon ausgehen, dass das Kind mindestens ein Modell der Multiplikation beherrscht. Anderenfalls verlaufen Vorgehensweisen und Interpretationen wie in (2).

**Zu (5):** Diese Variante ist recht häufig zu sehen. In diesem Fall fordert man das Kind noch auf, das 4 × 5 deutlich zu machen: »*Das Ergebnis ist richtig. Aber wie sehe ich hier, dass deine 20 vier mal fünf ist?*« Falls das, was folgt, keine Erklärung des Zusammenhangs ist, geht man wie bei (2) weiter vor.

**Zu (6):** Diese Vorgehensweise ist eine echte Erklärung. Die wenigsten schwachen Kinder sind in der Lage, auf Anhieb eine richtige Erklärung zu liefern. Man kann davon ausgehen, dass das Kind auf jeden Fall über ein funktionstüchtiges Modell der Multiplikation verfügt. Falls die Reaktion des Kindes wirkte, als ob es einfach ein standardisiertes Vorgehen abgerufen habe, sollte man diesen Test noch durch weitere Testelemente ergänzen, in denen die Multiplikation vorkommen kann (Liste s.o.). Dabei kann ausdrücklich gefragt werden, ob das Kind irgendwo Möglichkeiten sieht, »Mal zu verwenden«.

Häufig liegen die Schwierigkeiten in dieser Aufgabe darin, dass Kinder nicht wissen, was mit »Erklären« gemeint ist. Deswegen muss man in allen Situationen, in denen das Kind nicht mit einer echten Erklärung reagiert, durch ein Beispiel zeigen, was »erklären« ist. Dieses Beispiel ist hier die in (2) erwähnte Addition 6 + 7. Erst wenn man sicher ist, dass das Kind versteht, was von ihm gefordert ist, kann man die gezeigten Reaktionen mit Blick auf die mathematische Leistungsfähigkeit interpretieren. Selbstverständlich liefern Probleme, die das Kind beim Begreifen des Konzepts »Erklären« hat, auch wieder Hinweise zu Schwächen in verschiedenen instrumentellen Lernzielen (Strukturen erkennen, Analogien bilden, sprachliche Fähigkeiten etc.).

## 5.3 Folgerungen für die Förderung

Nach der Durchführung der Testelemente sollten Sie (als Lehrer oder Bezugsperson) ein möglichst widerspruchsfreies Bild haben von:

- den mathematischen (fachlichen) Kenntnissen des Kindes,
- den Stärken und Schwächen in den »instrumentellen Lernzielen« (Strukturen erkennen, Strukturen nutzen, sprachliches Ausdrucksvermögen, Analogien bilden und Handlungen im Kopf vorstellen) und
- den psychologischen und sozialen Voraussetzungen des Kindes (Einstellung zur Mathematik, Konzentrationsfähigkeit, familiäres Umfeld, besondere Lebensumstände, Mitschüler und Lehrkräfte etc.)

An diesem Bild sollte sich eine sinnvolle Förderung orientieren. Je nach Zielsetzung der Förderung ergeben sich unterschiedliche Schwerpunktsetzungen in der Arbeit mit dem Kind.

Erstes Ziel: den Anschluss an das Klassenniveau herstellen
- gezielte Stärkung der schlecht ausgeprägten instrumentellen Lernziele mit Übungen ohne Bezug zur Mathematik
- Erhöhung der Sicherheit in den besser ausgeprägten instrumentellen Lernzielen, auch unter Mitbenutzung bereits vorhandenen mathematischen Wissens
- Sicherung des vorhandenen Wissens
- mit zunehmender Sicherheit in den instrumentellen Lernzielen Erarbeitung neuer mathematischer Inhalte

Zweites Ziel: die Angst vor der Mathematik abbauen
- Bearbeitung von nichtmathematischen Aufgabenstellungen, welche die gut ausgeprägten instrumentellen Lernziele nutzen
- Aufzeigen der Parallelen zwischen obigen Aufgabenstellungen und geeigneten mathematischen Aufgaben
- durch Lehrperson geführte Erarbeitung eines mathematischen Inhalts, der weit über den aktuellen Schulstoff hinausgeht

- Sichtbarmachen der besonderen Fähigkeiten des Kindes für Bezugspersonen

Drittes Ziel: innerfamiliäre Spannungen abbauen
- Aufzeigen der besonderen Fähigkeiten des Kindes durch geeignete Übungen zu den gut ausgeprägten instrumentellen Lernzielen
- den Eltern die beobachteten Schwierigkeiten des Kindes erklären, sobald sie in der Förderung auftreten; diesbezüglich elterliche Verhaltensmaßnahmen vorschlagen (siehe auch Kap. 6)

Welche Aufgabenstellungen in der Förderung im Einzelnen angewandt werden, bleibt der Lehrperson überlassen. Es hängt nicht unwesentlich von der persönlichen Einstellung des Kindes zum jeweiligen Arbeitsmaterial ab. Zudem ist nicht jeder Erwachsene gleich geschickt im Umgang mit demselben Material, sodass auch persönliche Neigungen der Lehrperson zum Tragen kommen. Eine große Auswahl an Aufgabenstellungen und Spielideen findet sich im siebten Kapitel.

# 6.  Mathematik aus der Sicht des Kindes

In diesem Kapitel soll der Versuch unternommen werden, die
»innere Sicht« des Kindes auf die Mathematik, den Mathematikunterricht und den Alltag im Zusammenhang mit Mathematik darzulegen, nachdem in den beiden vorangegangenen Kapiteln die Sicht »von außen« thematisiert wurde. Am
Ende dieses Kapitels werden einige Vorschläge gemacht, wie
man dem Kind, unabhängig von fachlichen Inhalten des Mathematikunterrichts, das Leben etwas erleichtern kann.

## 6.1  Wie betreibt ein rechenschwaches Kind Mathematik?

Da jedes Kind seine eigenen Stärken und Schwächen, seine
eigenen Voraussetzungen und seine eigene Erlebniswelt
hat, lässt sich hier keine eindeutige Antwort auf die Frage geben. Es ist lediglich möglich, verschiedene Gesichtspunkte
hervorzuheben. Im Allgemeinen sind aber alle hier aufgeführten Punkte mehr oder weniger stark vertreten. Ziel
einer Therapie oder sonstig gearteten Förderung sollte nicht
die Bekämpfung und Verhinderung der unten aufgeführten Punkte sein. Im Gegenteil: Veränderungen in einer oder
mehrerer Verhaltensweisen seitens des Kindes sind gute
(Früh-)Indikatoren dafür, ob eine Fördermaßnahme wirksam
ist.

**Schematische Durchführung:**
Kindern, die mit Mathematik erhebliche Probleme haben,
fehlen oft wichtige Grundlagen bei der Bearbeitung von Aufgaben. Dabei können Kinder mit Matheangst vorhandene
Grundlagen nicht abrufen. Rechenschwache Kinder hinge-

Um zu erahnen, was ein Kind mit Rechenschwäche/ Dyskalkulie fühlt, kann man einen kleinen Selbstversuch durchführen. Lassen Sie sich also auf die folgenden Aufgaben ein!
Um den Selbstversuch durchzuführen, brauchen wir einen uns bekannten Text, z. B. das Kinderlied »Hänschen klein«:

> *Hänschen klein geht allein*
> *in die weite Welt hinein.*
> *Stock und Hut steht ihm gut,*
> *er ist wohlgemut.*

Können Sie es auswendig? Dann blättern Sie bitte um und lesen Sie auf Seite 143 weiter!

gen haben die nötigen Grundlagen nie besessen. In beiden Fällen greifen Kinder auf primitivere Lösungsschemata zurück. Diese zeichnen sich häufig dadurch aus, dass sie kein Verständnis der bearbeiteten Aufgabe erfordern. So ist die Bestimmung einer Anzahl durch Zählen immer möglich. Auf die Frage »wie viele« wird reflexartig durch Zählen reagiert, auch wenn eine Anordnung vorliegt, in der man rechnerisch erheblich schneller zum Ziel käme. Die Motivation zu zählen ist bei Matheangst natürlich eine andere als bei Rechenschwäche. Ein Kind mit Matheangst greift »zur Sicherheit« auf ein früheres Verfahren zurück, während das rechenschwache Kind keine andere Lösungsmethode anwenden kann. Weitere Beispiele für typische schematische Durchführungen sind:

- das Fingerrechnen,
- Hochzählen in den Reihen zur Multiplikation,
- Lösen von Textaufgaben mit bestimmten Hinweiswörtern oder
- ausschließliche Anwendung von schriftlichen Rechenverfahren.

Schematische Durchführungen geben dem Kind ein kleines bisschen Sicherheit, das richtige Ergebnis erreichen zu können. Oft ist die dahinter steckende Motivation auch das Bewusstsein, etwas zum Lösen der Aufgabe zu tun. In jedem Fall sollte man bei einem schwachen Kind nicht versuchen, es mit aller Kraft von der Benutzung »primitiver« Vorgehensweisen abzubringen. Man vergrößert damit die Unsicherheit des Kindes oder gibt ihm das Gefühl, wertlose Handlungen durchzuführen. Vielmehr muss man als Lehr- oder Bezugsperson des Kindes das Potenzial erkennen, das die Verwendung von Schemata mit sich bringt: Wenn es unaufgefordert auf eine schematische Vorgehensweise verzichtet, weiß man, dass das ängstliche Kind sicherer geworden ist bzw. das rechenschwache Kind einen Inhalt verstanden

**Aufgabe 1**: Sagen Sie den Text auswendig auf!

**Aufgabe 2**: Sprechen Sie den Text weiter ab dem Wort »die«!

**Aufgabe 3**: Sprechen Sie das Gedicht weiter ab dem Wort »Stock«!

**Aufgabe 4**: Sagen Sie das Gedicht rückwärts auf!

**Zu 1**: Wegen des ausgezeichneten akustischen Gedächtnisses des Menschen fällt es uns recht leicht, eine Wortfolge (sogar eine sinnlose!) nach mehrmaligem Lesen fehlerfrei zu wiederholen. Dasselbe Prinzip liegt der Zahlwortreihe »eins, zwei, drei, ...« zugrunde. Die meisten Kinder mit Problemen im mathematischen Bereich beherrschen den Anfang der Zahlwortreihe recht gut.

**Zu 2**: Diese Aufgabe entspricht dem Weiterzählen ab einer bestimmten Zahl. Sie werden an sich selbst festgestellt haben, dass Sie zum Startwort »hochzählen« mussten, bevor es dann fließend weiterging. Dieses Phänomen kann man bei manchen Kindern auch beim Weiterzählen beobachten.

**Zu 3**: Überraschenderweise hatten Sie hier weniger Probleme mit dem Weiterzählen. Das lag aber nicht daran, dass Sie nun mehr Übung hatten, sondern dass der Startpunkt an einer markanten Stelle war: dem Anfang einer Strophe. Die Aufgabe entspricht dem Weiterzählen ab einer Zehnerzahl wie zwanzig oder fünfzig, welches auch schwächere Schüler zumeist beherrschen.

**Zu 4**: Sie haben sich sicher dabei ertappt, wie Sie immer wieder in Gedanken von einem »guten« Startpunkt aus das Lied bis zum aktuell letztgenannten Wort aufgesagt haben und dann aus dem Kurzzeitgedächtnis die ein oder zwei Worte unmittelbar davor abgerufen haben. Hier sehen Sie, wie brutal so manche Aufgabe sein kann, die salopp als »leichte Aufgabe« im Unterricht oder zu Hause gestellt wird. Rückwärts zu zählen ist

→ weiter auf Seite 145

hat. Diese Kontrollmöglichkeit zur Beurteilung des kindlichen Fortschritts sollte nicht leichtfertig verspielt werden!

**Flucht vor Erkennen von Zusammenhängen:**
Diese Verhaltensweise wird auch oft als »nicht zuhören« empfunden. Man muss hier begreifen, dass ein rechenschwaches Kind meistens wesentlich fundamentalere Zusammenhänge nicht verstanden hat, als man es sich vorstellen kann. Es hat durch den Unterricht bereits oft genug erfahren, dass es den präsentierten Inhalt nicht verstehen kann. Deswegen gibt es sich auch keine Mühe mehr. Wenn man dem Kind im Einzelgespräch – auf seinem Verständnis aufbauend – etwas erklären will, dann muss man sich trotzdem mit dieser Verhaltensweise auseinander setzen. Ein Kind mit Angst vor Mathematik hingegen ist sich in seinem Verständnis sehr unsicher. Es traut sich nicht zu, die weiteren Zusammenhänge zu verstehen. Die Furcht vor dem eigenen Versagen sitzt tief. Es kann auch sein, dass ein solches Kind weitere Erklärungen deswegen abblockt, weil es dann sicher sein kann, dass es nicht wegen Dummheit den Stoff nicht versteht, sondern wegen seines eigenen Verhaltens.

Die »Vermeidung der Auseinandersetzung mit dem Lernstoff« kann sich auf verschiedene Weisen äußern. Das geht von betont frechen Unterrichtsstörungen bis zum unauffälligen, nur scheinbar konzentrierten Mitarbeiten. Auch in der Einzelarbeit mit dem Kind können Kinder verschiedene Strategien anwenden:

- aggressive Verhaltensweisen wie frech werden, Ablehnung etc.
- offenes Abblocken: »*Das verstehe ich sowieso nicht!*«
- Abdriften der Gedanken, Unaufmerksamkeit, spontane Äußerungen, die nicht themenbezogen sind
- Körpersignale wie zustimmendes Nicken etc.
- Bemerkungen, die normalerweise auf Verständnis schließen lassen

eine Aufgabe, die alleine mit dem akustischen Gedächtnis nur schwer zu bewältigen ist. Mathematisch schwache Kinder, die die Zahlen nur als Elemente des »Eins, zwei, drei, …« kennen, nicht aber z. B. auf Mengenvorstellungen zurückgreifen können, sind in der gleichen Situation, in der Sie sich eben befanden! Wie würden Sie sich fühlen, wenn alle, aber auch wirklich alle ihrer Verwandten oder Kollegen fließend längere Texte umdrehen könnten und auch mit den Aufgaben 2 und 3 gut zurecht kämen, und mehr noch: Ihr beruflicher Erfolg und der Familienfrieden damit zusammenhingen, dass Sie es ebenso gut beherrschen?

Jetzt, wo Sie mit Ach und Krach den Text beherrschen und mit Erfolg die ersten vier Aufgaben gelöst haben, will ich das Spiel mit der Einführung einer neuen Idee noch ein wenig erweitern. Zwei Worte des Liedes lassen sich nämlich nach einem vorgegebenen Schema miteinander verbinden, um ein weiteres Wort zu erhalten.

Nehmen wir als Beispiel die Worte »in« und »klein«! Machen Sie Folgendes: Sie sagen das Lied bis »in« und strecken dabei an ihrer linken Hand für jedes Wort einen Finger aus.

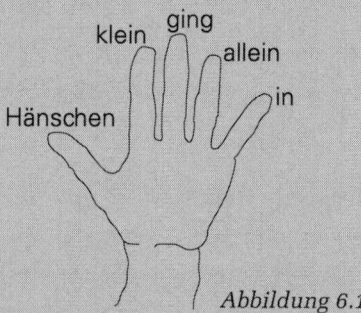

*Abbildung 6.1*

Dann sagen Sie das Lied bis zum Wort »klein« und strecken für jedes Wort einen Finger ihrer rechten Hand aus.

→ weiter auf Seite 147

- fehlende Nachfragen zur Klärung von Verständnisproblemen

**Antworten raten:**

Rechenschwache Kinder können auf verschiedene Weisen zu Antworten und Ergebnissen kommen. Neben dem Rückfall in primitivere (aber umständliche) Vorgehensweisen werden Ergebnisse oft auch einfach nur geraten. Dabei können folgende Möglichkeiten unterschieden werden:

- einfach irgendetwas sagen. Mitunter ist sogar gar kein Bezug zur Frage erkennbar. Größenordnungen von Ergebnissen werden nicht beachtet.
- etwas Glaubwürdiges antworten. Das Kind sagt etwas, was für diese oder eine ähnliche Frage von der Art und der Größenordnung her stimmen kann.

Auch hier vermeidet das Kind oft das Nachdenken deswegen, damit es sich nicht mit seinen Probleme konfrontiert sieht. Bei den besseren Schätzern steht mitunter die Hoffnung im Vordergrund, das richtige Ergebnis zu treffen oder eine gute Ausgangsbasis für die nachfolgend beschriebene »psychologische Methode« der Ergebnisfindung zu haben. Manche Kinder haben sich das Raten auch als Bestandteil einer Ablenktaktik angewöhnt, während andere wiederum Zeit schinden wollen.

**Psychologische Ergebnisfindung:**

Manche Kinder sind wahre Meister darin, aus den Regungen ihrer Mitmenschen Informationen zu ziehen. Das geschieht meist über zwei verschiedene »Kanäle«:

- die gesprochene Sprache: Besonders Mitmenschen, die dem Kind wohl gesonnen gegenüberstehen, benutzen Formulierungen und Ausdrucksweisen, die ihm subtile Hinweise auf die Lösung geben. Das kann die Verwendung von charakteristischen Wörtern sein, aber auch die spe-

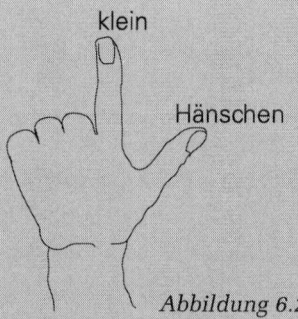

*Abbildung 6.2*

Nun halten Sie beide Hände mit den noch ausgestreckten Fingern nebeneinander und sagen das Lied ein drittes Mal auf. Dabei bekommt jeder ausgestreckte Finger ein Wort zugeteilt. Wenn jeder Finger ein Wort hat, stellt das letztgenannte Wort das Ergebnis dar:

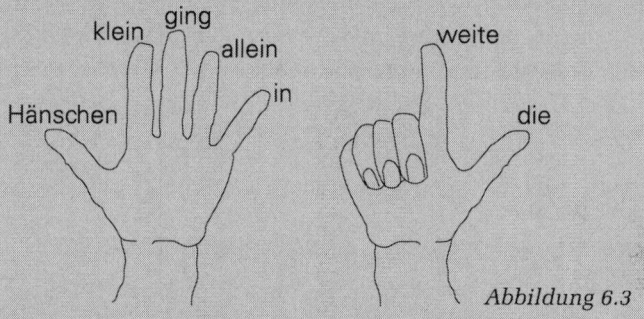

*Abbildung 6.3*

Das Ergebnis dieser aufwändigen und sinnfreien (?!) Prozedur ist also das Wort »weite«.

**Aufgabe 5**: Führen Sie die Prozedur für die beiden Worte »geht« und »allein« durch!

**Aufgabe 6**: Und nun machen Sie es mit den Worten »weite« und »hinein«. Dabei ist es nicht mein Problem, wenn Ihre Finger nicht ausreichen.

→ weiter auf Seite 149

zielle Betonung einzelner Wörter, unbemerktes Stocken davor oder danach und die Wiederholung von Dingen, die das Kind gesagt hat, die in die richtige Richtung gingen.

- die Körpersprache: Eltern lassen Kinder zuweilen deutlich wissen, ob ein Ergebnis richtig oder falsch ist. Besonders gut ist die Wirkung der Körpersprache manchmal zu sehen, wenn Eltern ihre Kinder bei der schriftlichen Addition oder Subtraktion beobachten. Kinder erkennen die Stellen, an denen sie den Fehler gemacht haben, an subtilen Veränderungen im Verhalten der Eltern.

Kinder können kleinste Veränderungen im Gesichtsausdruck eines Erwachsenen erkennen. Sie nutzen diese, um ein falsches Ergebnis abzuändern, noch während es gesagt wird. Auch mit ihrem eigenen Verhalten können Kinder Erwachsene manipulieren. Es gibt Kinder, die es immer wieder schaffen, ein falsches Ergebnis darauf zurückzuführen, dass sie die Fragestellung nicht richtig verstanden haben. Sie fragen, wenn das Ergebnis falsch war, noch einmal nach der Aufgabenstellung und »erkennen« ihr Missverständnis.

**Analogien ziehen:**
Einige Kinder haben, um ihre Defizite im mathematischen Verständnis auszugleichen, ein sehr gutes Gedächtnis entwickelt.

- Sie können so sogar Textaufgaben richtig bearbeiten, ohne sie wirklich zu verstehen. Vielmehr werden Ähnlichkeiten mit früher bearbeiteten Aufgaben genutzt, um Hinweise zur Lösung der neuen Aufgabe zu erhalten. Dabei werden allerdings die Ähnlichkeiten manchmal falsch beurteilt, sodass das Kind plötzlich einen absurden Lösungsweg einschlägt, der mit der Rechenaufgabe nicht in Zusammenhang zu stehen scheint.
- Auch in der Arbeit mit Lehrpersonen oder Eltern greifen Kinder oft auf einen großen Grundstock an bereits da ge-

Aber, aber! Als Ihr Lehrer sehe ich mit großer Besorgnis, dass Sie immer noch mit den Fingern rechnen! Deswegen wollen wir uns das schnell abgewöhnen! Bitte lösen Sie die folgende Aufgabe ohne Finger!

**Aufgabe 7**: Welches Wort erhält man, wenn man die Worte »in« und »die« verbindet? Verzichten Sie bei der Lösung der Aufgabe auf die Verwendung von Zahlen!

**Zu 5**: Wenn man die Vorgehensweise verstanden hat, fällt einem diese Aufgabe mittels »Abzählen« recht leicht. Mit ein wenig Konzentration gelingt das Ermitteln des Ergebnisses recht schnell. Wie Sie gemerkt haben, handelt es sich bei dieser geheimnisvollen Prozedur um nichts anderes als Rechnen mit den Fingern, wobei die Worte des Liedes nacheinander den Zahlen eins, zwei, drei usw. entsprechen. (Hänschen = eins, klein = zwei, geht = drei usw.) Die Lösung dieser Aufgabe ist übrigens »weite«; die Aufgabe entsprach 3 + 4 = 7.

**Zu 6**: Hier zeigen sich erste Probleme: Man sieht, dass beim Fingerausstrecken an der linken Hand eigentlich mehr Finger nötig wären, als man hat. Die Lösung des Problems ist, sich z. B. zu merken, dass man eigentlich eine volle Hand mehr bräuchte. Die Darstellung von »weite« besteht aus zwei ausgestreckten Fingern zusammen mit dem Wissen, dass eine weitere volle Hand benötigt wird. Genauso ist es auf der rechten Hand mit der Darstellung von »hinein«. Beim Aufsagen des Textes über beide Hände müssen also jetzt zwei weitere volle Hände berücksichtigt werden, die nur im Kopf existieren! Die Lösung der Aufgabe ist übrigens »er«. Für rechenschwache Kinder sind Aufgaben wie 7 + 9 wegen der zu merkenden vollen Hände eine echte Herausforderung.

**Zu 7**: Ich gebe es gerne zu: Diese Aufgabe erfordert von mir so viel Konzentration, dass ich sie bisher nur in einer völlig unge-

→ weiter auf Seite 151

wesenen Fragesituationen zurück und scheinen so die richtigen Ideen zu haben, obwohl es ihnen an Verständnis fehlt. Dabei werden natürlich auch die psychologischen Methoden angewandt, jedoch ist dies oft nicht erkennbar, da sich die Kinder an Stimmungsnuancen in vorherigen Situationen erinnern.

## 6.2 Das Kind verstehen

Ein rechenschwaches Kind besitzt eine ganz andere Vorstellung von Mathematik als der typische – rechenfähige – Erwachsene. Die Abweichung dieser beiden Sichtweisen voneinander ist oft so gravierend, dass ein sinnvolles Gespräch zwischen Kind und hilfsbereitem Erwachsenem gar nicht zustande kommen kann. Da ein rechenschwaches Kind aber gerade darin sein großes Problem hat, die Sichtweise der Erwachsenen zu verstehen (sonst würde es ja ohne Schwierigkeiten Mathematik lernen können), müssen sich die erwachsenen Gesprächspartner auf die kindliche Vorstellung von Mathematik einlassen. Im Nachfolgenden werden ein paar mathematische Begriffe aus der Sicht eines rechenschwachen Kindes beschrieben.

### Zählen
- Zählen ist eine Tätigkeit, die dann gefordert ist, wenn jemand »Wie viele?« fragt.
- Der Zweck des Zählens ist, eine Zahl als Ergebnis zu bekommen, die von dem, der »Wie viele?« gefragt hat, als richtig bezeichnet wird.
- Wenn man dieselbe Menge zweimal hintereinander zählt, muss nicht unbedingt das gleiche Ergebnis herauskommen.

störten Umgebung geschafft habe. Man verfällt leicht auf den Trick, den Text bis zum Wort »in« in kleine Wortgruppen zu zerlegen, sich den Rhythmus einzuprägen und dann im eingeprägten Rhythmus ab dem Wort »die« den Text weiter aufzusagen. Gleichermaßen erfordert das Kopfrechnen von Kindern, die sich in der Mathematik ausschließlich zählend fortbewegen (können), ein hohes Maß an Konzentration.

Wie würden Sie sich fühlen, wenn Sie jeden Tag eine Stunde lang solchen Aufgaben ausgesetzt wären?

Wie würden Sie sich fühlen, wenn Sie täglich noch solche Aufgaben mit nach Hause bekämen?

Wie würden Sie sich fühlen, wenn Ihnen die ganze Familie Ratschläge gibt, die Sie nicht verstehen können? Und Sie obendrein vielleicht für dumm hält, obwohl es sich niemand anmerken lässt?

Ein Kind mit einer Dyskalkulie hat es z.T. sehr schwer. Es erlebt ein gesamtes Unterrichtsfach völlig ohne Sinnzusammenhang. Es geht täglich in die Schule und weiß, dass es wieder diesem Getue um die Zahlen ausgesetzt sein wird. Es erlebt nicht, dass es einen Zusammenhang zwischen der Mathematik und der realen Welt gibt, sieht aber, dass alle anderen Kinder auf geheimnisvolle Weise fließend mit diesem Stoff umgehen können. Es macht zu Hause seine Hausaufgaben, greift dabei aber immer auf die ihm sicher erscheinenden Methoden zurück. Die Eltern sehen diesen überdimensionalen Zeitaufwand und begleiten die Hausaufgaben mit Ratschlägen, die das Kind gar nicht verstehen kann. Da es daher diese Ratschläge nicht annimmt, entstehen bei Rechenschwäche auch im häuslichen Umfeld des Kindes Spannungen. Das Kind hat also bald keinen Ort mehr, der frei von Bezügen zu seinem Alptraum ist.

**Zahl**

- So etwas Ähnliches wie ein Buchstabe oder ein »Wort aus Ziffern«.
- Ein Wort aus dem Abzählreim »Eins, zwei, drei, ...«.
- Man kann mit Zahlen auf verschiedene Arten weitere Zahlen herstellen, z.B. mit Plus oder Minus. Sogar ganz schwierige Dinge kann man mit ihnen machen, wie schriftlich untereinander rechnen. Wofür man diese seltsamen Sachen mit Zahlen macht, ist nicht klar.

**Plus**

- Etwas, das man mit Zahlen machen kann. Dann kommen neue Zahlen heraus.
- Es gibt viele verschiedene Arten von Plus: Plus mit Weiterzählen, Plus mit Rechentricks, Plus mit Taschenrechner, Plus mit Anschauungsmaterial, Plus mit Fingern etc. Dabei ist keineswegs selbstverständlich, dass alle diese Plusarten dasselbe Ergebnis liefern müssen.
- Wenn in einer Textaufgabe »zusammen«, »und«, »mehr als« oder »dazu« steht, muss man Plus rechnen.

**Schriftlich Plus untereinander**

- Damit kann man Plus üben (gemeint sind die Aufgaben des kleinen 1 + 1).
- So kann man für alle Plusaufgaben Ergebnisse bekommen.

**Mal**

- Noch etwas, was man mit Zahlen machen kann.
- Mal braucht man zum Rechnen (»Und wofür braucht man Rechnen?« – »Zum Denken!«).
- Mal ist, wenn man in den Zahlenreihen hochzählt.
- Das kleine 1 × 1 muss man auswendig können.

**Reihen**

- Muss man auswendig wissen, damit man schneller Mal kann.
- Braucht man als Gedächtnistraining.
- Kann man auch durch Weiterzählen selbst wieder herausfinden, wenn man sie vergessen hat.

So oder ähnlich werden alle Teilbereiche der Mathematik wahrgenommen. Ein rechenschwaches Kind betrachtet die Mathematik als Selbstzweck. In ihr sind Regeln gegeben, die stur angewandt werden müssen, um richtige Ergebnisse zu erhalten. Richtig ist ein Ergebnis dann, wenn Lehrer, Lehrerinnen, Vater oder Mutter es als richtig bezeichnen. Kinder mit Matheproblemen reagieren auf Hinweiswörter in schriftlichen Aufgabenstellungen und zusätzlich auf Verhalten und Tonfall in mündlichen Fragen. Erklärungen werden nicht so umgesetzt, wie sie gemeint sind: das Neue mit dem Alten vernetzend, Tatsachen aufeinander beziehend, ähnliche Situationen aufzeigend usw. Erklärungen werden – mit dem Etikett »*die Lehrerin hat gesagt, dass ..., also muss ich es mir merken, damit ich das mache, was als richtig bezeichnet wird*« versehen – zum großen Haufen ebenfalls nicht verstandener Erklärungen und Regeln hinzugefügt. Ein großer Teil des mathematischen Wissens besteht aus solchen Regeln, deren Zusammenhang untereinander allenfalls vermutet wird, aber überhaupt nicht offensichtlich ist. Es ist für das rechenschwache Kind kein Bezug zwischen Mathematik und Realität erkennbar. Die viel gerühmten Textaufgaben, die den Anschluss zur Lebenswirklichkeit des Kindes herstellen sollen, begreift das Kind nur als Lieferant für weitere Rechenaufgaben, die mittels schematischer Umsetzung von enthaltenen Wörtern in mathematische Symbole entstehen.

Den ersten Schritt, das Kind zu verstehen, müssen *Sie* machen. Seien Sie sich stets bewusst, dass das Kind nicht auf *Ihre*

153

Aussagen und Fragen reagiert. Es reagiert vielmehr auf *seine eigenen* Interpretationen dieser Aussagen und Fragen. Die Interpretationen geschehen aber immer auf der Basis der Vorerfahrungen des Kindes, seien sie fachlicher Natur oder bereits Produkte seiner Einstellung zur Mathematik. Die Reaktionen des Kindes spiegeln dessen Sicht auf die Mathematik wider.

Ändern Sie Ihre Einstellung zu »Fehlern«. Wenn das Kind einen Fehler macht, dann bedeutet das, *dass Sie zu einem anderen Schluss gekommen wären.* Das liegt daran, dass die Grundannahmen, die Sie machen, anders sind als die Grundannahmen des Kindes. Bei korrekter Denkweise können aus sinnvollen Annahmen nämlich nicht einander widersprechende Schlussfolgerungen gezogen werden. Es bleiben also zwei Möglichkeiten, wenn ein Kind einen Fehler macht: 1. Das Kind macht andere Annahmen als Sie, oder 2. das Kind hat keine korrekte Denkweise. Da aber die Art und Weise zu denken, also Schlussfolgerungen zu ziehen, an Voraussetzungen geknüpft ist, läuft es darauf hinaus, dass das Kind entweder andere Annahmen macht oder andere Voraussetzungen hat als Sie. Daher ist dem Kind nicht geholfen, wenn ihm gesagt wird, dass etwas falsch ist und wie es richtig geht. Es entsteht nur Verunsicherung, denn die eigene Denkweise wird ohne Begründung abgelehnt und durch eine andere (mit den Annahmen oder Voraussetzungen des Kindes vielleicht nicht einmal zusammenpassende) Denkweise ersetzt. Nehmen Sie die Fehler als Mittel an, das eigentliche Problem des Kindes aufzudecken!

> Fehler sind der Schlüssel zum Verstehen des Kindes

## 6.3    Dem Kind das Leben erleichtern

Kinder mit Rechenschwäche oder Matheangst sind erheblichen Belastungen ausgesetzt. Sie erleben jeden Tag in der Schule eine Stunde lang Hilflosigkeit, Ablehnung des Unterrichtsstoffes, Nicht-verstanden-Werden, Angst vor dem »Entdeckt-Werden«, Angst vor dem »Entblößt-Werden«, Minderwertigkeit gegenüber Mitschülern usw. Diese negativen Gefühle verfolgen das Kind dann mit nach Hause, wo die Hausaufgaben erledigt werden müssen. Dort gibt es dann oft die zweite Welle der Ängste: Das Kind will nicht, dass selbst die Eltern es für dumm halten. In einer solchen Grundstimmung bezieht das Kind auch mehr und mehr Gespräche zu Hause auf sich und denkt, dass sein Problem in der Familie alles bestimmt (leider ist dies manchmal tatsächlich der Fall). Es steht fest, dass den Kindern geholfen werden sollte, Mathematik zu lernen und zu verstehen. Dies ist aber, je nach den Voraussetzungen des Kindes, ein über mehrere Monate bis ein Jahr und darüber hinaus laufender Prozess. In diesem Abschnitt sollen einige Möglichkeiten außerhalb der Mathematikdidaktik aufgezeigt werden, mit denen man dem Kind sofort das Leben erleichtern kann.

**Sofortmaßnahmen zu Hause**

- Setzen Sie Ihr Kind nicht unter Druck. Akzeptieren Sie, dass eine Rechenschwäche Auswirkungen auf das Lernen von Mathematik hat, die Sie nicht so einfach in den Griff bekommen können. Leistungsdruck verhindert, dass das Kind seine Fähigkeiten voll entfalten kann. Leistungsdruck verzögert bei rechenschwachen Kindern und solchen, die »lediglich« Angst vor Mathematik haben, die mathematische Entwicklung zusätzlich.
- Entsteht immer wieder Streit, wenn Sie Ihrem Kind bei den Hausaufgaben helfen wollen? Wenn ja, dann sollten Sie die Ziele ihrer Hausaufgabenhilfe neu definieren. Sie werden aller Wahrscheinlichkeit nach nicht dazu in der Lage sein, den im Unterricht über Monate und Jahre hinweg versäumten Stoff während der Hausaufgaben nachzuholen. Geben Sie Ihrem Kind lieber zu verstehen, dass Sie ihm die Hausaufgaben ab sofort erleichtern wollen.

**155**

Bei einem Kind mit echter Rechenschwäche verbessern die Hausaufgaben – wenn sie auf den aktuellen Schulstoff bezogen sind – das mathematische Verständnis nämlich überhaupt nicht. Sie können durch gezielte Hilfen (Lösungen vorsagen, jede zweite Aufgabe selber rechnen, jede zweite Aufgabe mit dem Taschenrechner rechnen lassen etc.) dafür sorgen, dass das Kind mehr Freizeit hat, die z.B. mit Spielen gefüllt werden kann. Die gewonnene Zeit kann man auch für Arbeit mit den im nächsten Kapitel vorgestellten Lernübungen und Lernspielen einsetzen.

- Nachhilfeunterricht, der einem Kind mit echter Rechenschwäche zu besseren Noten verhelfen soll, ist sinnlos. Er belastet das Kind emotional oft ähnlich wie der Schulunterricht und die Hausaufgaben. Zusätzlich ist (vom Kind unerwünschte) Nachhilfe oft ein Anzeichen elterlichen Leistungsdrucks. Sie sollten da Ihre eigenen Motive hinterfragen. Ein Verzicht auf Nachhilfeunterricht, der zur Verbesserung der Note führen soll, nimmt dem Kind Druck und gibt ihm mehr Freizeit, die, wie oben gesagt, anderweitig sinnvoll genutzt werden kann.

- Suchen Sie das Gespräch (eventuell regelmäßige Gespräche) mit der Lehrerin oder dem Lehrer Ihres Kindes. Treten Sie dabei nicht fordernd auf, denn in Klassen mit bis zu dreißig Schülerinnen und Schülern kann sich eine Lehrkraft nicht mit der Menge an Aufmerksamkeit um Ihr Kind kümmern, die zu einer effektiven Beseitigung der Rechenschwäche nötig ist. Nutzen Sie die Gespräche, um Erleichterungen für Ihr Kind auszuhandeln und um mehr Wissen zum Thema Rechenschwäche zu erhalten bzw. zu vermitteln. Sollte es so sein, dass die Lehrerin bereits eine negative Einstellung zu Ihrem Kind hat (wegen auffälligen Verhaltens oder Unaufmerksamkeit im Unterricht), dann sollten Sie auch die Sichtweise der Lehrkraft berücksichtigen. Das Ziel eines Gesprächs ist dann zusätzlich, dass sich das Verhältnis zwischen Kind und Lehrkraft entspannt.

- Schaffen Sie für das Kind zu Hause schulfreie Zonen und schulfreie Zeiten, d. h. Orte bzw. regelmäßige Zeiten, an denen nicht über Schule geredet wird! Halten Sie diese ein!

**Sofortmaßnahmen in der Schule**

- Kinder mit Rechenschwäche verstecken manchmal ihre Probleme dadurch, dass sie in der Klasse auffällig werden. Haben Sie als Lehrer oder Lehrerin die Kraft, sich nicht durch Bloßstellung an dem Kind für sein Verhalten zu rächen. Selbstverständlich muss das Kind auf sein Fehlverhalten hingewiesen werden. Eine Zurschaustellung seiner Matheprobleme vor der Klasse dient aber nicht dem Kind, sondern hilft nur Ihnen, Frust zu verarbeiten.

- Das Gleiche gilt auch für Kinder, die sich aus dem aktiven Unterrichtsgeschehen zurückziehen. Sie träumen vor sich hin oder beschäftigen sich, ohne zu stören, mit anderen Dingen. Wenn man sie dann »drannimmt«, ohne dass sie sich gemeldet haben, weckt man sie nicht aus den Träumereien auf, sondern konfrontiert sie vor der gesamten Klasse mit ihrem schrecklichsten Problem.

- Sprechen Sie das Kind in einer offenen Vier-Augen-Situation an. Sagen Sie ihm, dass Sie davon gehört haben, dass es Kinder gibt, die ohne eigenes Verschulden kein Mathe lernen können. Und dass das nicht daran liegt, dass das Kind dumm ist. Versuchen Sie das Einverständnis des Kindes zu bekommen, dass Sie mit den Eltern sprechen, und zwar darüber, dass das Kind weniger Mathe-Hausaufgaben bekommen soll und was man sonst noch machen könnte.

- Überprüfen Sie, inwieweit das Klassenklima und die Beschlüsse des Kollegiums es zulassen, dass die Schülerinnen und Schüler während des Unterrichts und in den Klassenarbeiten ungehinderten Zugang zu Anschauungsmaterial bekommen können. Insbesondere sollte das Klassenklima so sein, dass die Benutzung von Arbeitsmitteln nicht zur Ausgrenzung führt. Darüber hinaus können Sie als Lehrkraft – anhand der Art, wie das Kind die Anschauungsmittel benutzt – erkennen, inwieweit Fortschritte im Verständnis zu verzeichnen sind.

- Klären Sie, welche Alternativen Sie zur herkömmlichen Benotung von Klassenarbeiten und sonstiger Mitarbeit haben. Falls von einer Notengebung abgesehen werden kann, sollten Sie von dieser Möglichkeit Gebrauch machen. Auch eine so genannte »individuelle Bezugsnormorientierung« kann dem Kind helfen. Damit ist gemeint, dass das Kind nicht nach absolut messbarer Leistung benotet, sondern immer nur an sich selbst gemessen wird. Zu bewerten wäre dann die Mühe, die sich das Kind gibt, und die Verbesserungen seiner eigenen Fähigkeiten.

- Erklären Sie den Eltern, dass Dyskalkulie bzw. Rechenschwäche eine Teilleistungsschwäche ist und nachgewiesenermaßen nichts damit zu tun hat, dass sich das Kind nicht anstrengen würde.

## 7.   Fördermöglichkeiten

Das Ziel jeder Förderung sollte sein, einem Kind ein glücklicheres Leben zu ermöglichen. Aber überprüfen Sie erst einmal Ihre eigenen Motive! Wollen Sie das Kind fördern,

- damit es in seinem Selbstwertgefühl gestärkt wird?
- damit es mehr Freizeit hat, weil die Hausaufgaben nicht mehr so lange dauern?
- damit die Spannungen in seinem Umfeld nachlassen, die durch die Rechenschwäche verursacht werden?
- damit es *den* Teil der Mathematik versteht, der im täglichen Leben auftritt?
- damit es eine erweiterte Sicht auf die Welt hat und mehr Interessen ausbilden kann?
- damit seine soziale Akzeptanz gesichert wird (besonders in der Schule)?
- damit es in seiner späteren Berufswahl möglichst wenig eingeschränkt ist?
- damit es sich in der zunehmend technisierten Welt zurechtfindet?

Dieses sind alles gute Ziele, denn hier steht das Wohl des Kindes (und späteren Erwachsenen) im Vordergrund.

Leider zeigt es sich jedoch immer wieder, dass es auch andere Gründe gibt, warum Eltern oder Lehrkräfte die Kinder gerne fördern möchten:

- weil es eine Schande für die Familie wäre, wenn das Kind auf die Hauptschule kommt,
- weil es doch nicht sein kann, dass ausgerechnet mein Kind eine Rechenschwäche hat,
- weil das Kind später einmal einen bestimmten Beruf ausüben soll,

- weil das Kind keine Fünf im Zeugnis haben soll,
- damit es ruhiger wird und die Klassenatmosphäre nicht mehr stört,
- weil das Kollegium deswegen bereits über mich redet.

Seien Sie bitte ehrlich: Falls Sie auch in dieser Liste Gründe für eine Förderung des Kindes entdecken, müssen Sie unbedingt an Ihrer Einstellung arbeiten. Diese Ziele sind nicht zum Wohl des Kindes und das Kind wird dies bewusst oder unbewusst merken. Die ersten vier Punkte sind ein Zeichen für häuslichen Leistungsdruck. Jede Förderung sollte sich am Wohle des Kindes orientieren und nicht an Ihrem!

Sie sollten sich als Leser – der offenbar in Erwägung zieht, selbst etwas für die Förderung eines Kindes zu tun – immer bewusst sein, dass Sie als handelnde Person große Verantwortung tragen. Sie bestimmen die Ziele der Förderung und die einzelnen Fördermaßnahmen. Dazu sollten Sie sich erst einmal bewusst machen, warum Ihrer Meinung nach eine Förderung überhaupt nötig ist. Sie tragen außerdem die Verantwortung, die Wirksamkeit der von Ihnen getroffenen Maßnahmen kritisch zu beurteilen. **Nehmen Sie im Zweifelsfall immer professionelle Hilfe in Anspruch!**

## 7.1  Fördermöglichkeiten zu Hause

Die meisten Eltern sind bereits auf irgendeine Weise leidgeprüft, wenn es um ihre Kinder und die Mathematik geht. Deswegen sollten Sie bisherige Verhaltensweisen in Frage stellen, wenn es um Sie, Ihre Kinder und die Matheprobleme geht. Das bedeutet:

- Erklären Sie nichts in der Hoffnung, dass das Kind es sofort versteht.
- Wenn Sie spüren, dass die Stimmung während der Arbeit mit dem Kind umschlägt, hören Sie bitte auf, ohne auf das Kind böse zu sein.

160

- Helfen Sie dem Kind nur dann mit den Hausaufgaben, wenn es Sie dazu auffordert.
- Arbeiten Sie mit dem Kind nicht an aktuellem Schulstoff, es sei denn, Sie helfen ihm bei den Hausaufgaben.
- Die Note in einer Klassenarbeit sagt nichts aus über die Mühe, die sich das Kind gegeben hat.

Insbesondere der erste Punkt ist hier für Sie als Eltern wichtig. Es passiert in den seltensten Fällen, dass ein Kind auf Anhieb etwas so versteht, wie jemand anderes es ihm erklärt. Die Grundlage für wirkliches Verständnis ist die Verknüpfung von Erfahrungen mit vorherigen Erlebnissen. Erklärungen von Außenstehenden wirken nur dann, wenn sie Erfahrungen ermöglichen, die das Kind (mit oder ohne Hilfe der Lehrpersonen) mit bereits Bekanntem in Verbindung bringen kann. Ihre Aufgabe als Eltern sollte sich daher darauf konzentrieren, dem Kind vielfältige Erfahrungen zu ermöglichen, die als Grundlage für das Lernen von Mathematik dienen können. Besonders intensiv werden Erfahrungen verarbeitet, die in irgendeiner Form außergewöhnlich sind. In den nachfolgenden Abschnitten werden einige gezielte »Lernübungen« und Spiele vorgestellt, die

> Eltern sollten Erfahrungen ermöglichen

- die grundlegenden Fähigkeiten »Strukturen erkennen und benutzen«, »argumentieren«, »Analogien bilden« und »mentale Operationen« schulen,
- am Entstehen des Kardinalzahlverständnisses mitwirken,
- Themen innerhalb der Mathematik unterstützen oder vorbereiten.

## 7.1.1 Sachen auseinander nehmen

Die Idee ist ganz einfach: Legen Sie Schraubenzieher, Zange, Hammer, Pinzette, Schere, Nagelschere und andere Werkzeuge bereit. Holen Sie Stifte und Papier und bereiten Sie eine große Fläche (Tisch, Arbeitsplatte, Fußboden) vor. Wenn Sie eine Digitalkamera besitzen, kann diese zur schnellen Dokumentation eingesetzt werden. Eine Lupe wäre eine nützliche Ergänzung. Und dann kann es losgehen: Alles, was Sie noch brauchen, ist ein Gegenstand, von dem das Kind gerne wissen will, wie er funktioniert. Die Notizen auf dem Blatt sollen dazu dienen, dass das Kind die Ergebnisse seinen Freunden oder anderen Familienmitgliedern erklären kann. Sie können mit dem Kind zusammen auch einen Forschungsordner anlegen, in welchem alle Blätter abgeheftet werden. Natürlich kann an dieser Stelle keine exakte Vorgehensweise angeboten werden. Sie sollten aber mit dem Kind vorher eine oder mehrere zu untersuchende Fragestellungen festlegen, die das Kind wirklich interessieren. Nehmen wir als Beispiel einen alten Toaster. Eine für Kinder interessante Frage könnte sein, warum der Toast drin bleibt, wenn der Hebel gedrückt wird, und wieso der Toast dann von alleine wieder herauskommt. Seien Sie ehrlich: Wissen Sie's? Übernehmen Sie ruhig das Aufschreiben aller Gedanken, wenn das Kind sich ausschließlich auf das Auseinandernehmen konzentrieren will.

- Besprechen Sie mit dem Kind jeden Schritt! Dabei soll das Kind begründen, warum es genau so vorgehen will. (»*Das machen wir so. Warum glaubst du, dass das eine gute Idee ist?*«)
- Machen Sie sich mit dem Kind nach jedem Schritt Gedanken darüber, ob es neue Erkenntnisse gibt! (»*Was haben wir jetzt schon herausgefunden?*«)
- Fragen Sie immer wieder, ob Sie (bzw. das Kind) etwas notieren oder ein Bild machen/Zeichnung malen sollen!
- Stellen Sie Zwischenfragen! (»*Was ist das hier denn?*« oder »*Wo hast du das Teil denn her?*«)
- Beantworten Sie Fragen des Kindes immer wahrheitsgemäß! Wenn Sie z.B. über die Funktionsweise eines Transistors nichts wissen, dann sagen Sie: »*Das nennt sich*

*Transistor und ist irgendein elektrisches Teil. Ich weiß aber nicht genau, was Transistoren sind und wie sie funktionieren.«* Wenn Sie eine Frage nicht ausreichend beantworten konnten, bieten Sie dem Kind an: *»Wir können uns das ja aufschreiben und nachher mal jemanden suchen, der uns das sagen kann. Wollen wir das so machen?«* Aus der Klärung solcher Fragen kann man wieder kleine »Projekte« gestalten, in deren Verlauf man mit dem Kind nach geeigneten Leuten sucht oder im Internet recherchiert.

- Untersuchen Sie mit dem Kind zusammen auch die Eigenschaften der Materialien und machen Sie sich mit dem Kind Gedanken darüber.
- Wenn Sie die ursprüngliche Fragestellung mit dem Kind geklärt haben, präsentieren Sie zusammen mit dem Kind die Ergebnisse einer interessierten dritten Person.

Beachten Sie bitte folgende Punkte:
- Die Lernübung »Sachen auseinander nehmen« kann mehrere Tage oder Wochen dauern.
- Arbeiten Sie so, dass keine Verletzungsgefahr besteht! Erklären Sie Sicherheitsmaßnahmen wie Schutzbrillen oder Schutzhandschuhe, die auch bei der Arbeit mit Plastikteilen sinnvoll sind! Plastik kann zu scharfen Splittern brechen.
- Zerlegen Sie nie ein eingestecktes elektrisches Gerät. Stecken Sie ein teilweise zerlegtes Gerät nie in die Steckdose. Entfernen Sie vor dem Zerlegen Batterien.
- Entsorgen Sie das Gerät dort, wo Sie es auch vor dem Auseinandernehmen entsorgt hätten.
- Das Zerlegen aller Geräte geschieht auf eigene Verantwortung. Informieren Sie sich gegebenenfalls vorher beim Hersteller!

**Schwerpunkte dieser Lernübung:**

- Gedanken in Worte fassen, Vermutungen äußern, Vermutungen von Wissen unterscheiden (diese Lernziele werden unter »Verbalisieren« und »Argumentieren« zusammengefasst)
- analysieren
- über Handlungen reden, Handlungen planen (mentale Operationen)
- das Kind eigene Interessen ausbilden und verfolgen lassen
- Zeit mit dem Kind verbringen

Was kann man alles auseinander nehmen?
Uhr, Kugelschreiber, Füller, Kaffeemaschine, Toaster, Tacker, Diskette, Tonbandgerät, Fahrradventil, Computermaus, Tastatur, Telefon, Sprühflasche (**nicht: Sprühdose!**), Stofftier mit Geräusch, Fernglas, Zahnpastatube mit gestreifter Zahnpasta, leeres Feuerzeug, Dynamo, ...

## 7.1.2 Mathematik im Alltag

Viele rechenschwache Kinder zeichnen sich unter anderem dadurch aus, dass sie keinerlei Anwendungen der Mathematik kennen. Für sie ist Mathematik gleichbedeutend mit Rechnen und der einzige Zweck des Rechnens scheint zu sein, dass sie im Mathematikunterricht etwas zu tun haben. Dem Eindruck, dass Mathematik reiner Selbstzweck ist, kann am besten dadurch entgegengewirkt werden, dass man Kinder am mathematischen Geschehen des Alltags teilhaben lässt. Dabei sollte nicht darauf hingearbeitet werden, dass das Kind die mathematischen Inhalte versteht. Der einzige Zweck dieser Übung ist, dem Kind zu zeigen, dass Mathematik tatsächlich im Alltag eine Rolle spielt. Damit lernt das Kind einen wichtigen Gesichtspunkt der Mathematik kennen. Wenn man dem Kind eine alltägliche Anwendung von

Mathematik zeigt, sollte man vollständig darauf verzichten, es beim Rechnen mit einzubeziehen. Diese Übung ist als stressfreier Kontakt mit Mathematik gedacht. Das Kind befindet sich ausschließlich in der Beobachterrolle.

A) Mathematik beim Einkauf

- Sie brauchen einen Taschenrechner, Papier und Stift.
- Nehmen Sie das Kind zum Einkaufen mit. Wenn dabei auch etwas für das Kind gekauft wird, ist die nötige Motivation vorhanden.
- Schreiben Sie jeden Artikel, den Sie in den Einkaufswagen legen, mit seinem Preis auf ein Blatt Papier. Wenn Sie alles, was Sie kaufen möchten, im Wagen haben, rechnen Sie mit dem Taschenrechner den Gesamtpreis aus und notieren Sie ihn ebenfalls. Schauen Sie in ihrem Portmonee nach, ob Sie das Geld passend haben. Falls nicht, rechnen Sie sich noch aus, wie viel Sie herausbekommen müssen (notieren!).
- An der Kasse wird es dann spannend: Haben Sie alles richtig in den Taschenrechner eingegeben oder kommt die Kassiererin zu einem anderen Ergebnis? Verwahren Sie das Wechselgeld in einem separaten Fach.
- Gehen Sie zu Hause mit Ihrem Kind noch einmal den Kassenzettel durch und versuchen Sie, alle Positionen mit Ihrem Einkauf abzugleichen. Überprüfen Sie zu Hause noch einmal, ob das Wechselgeld mit dem Ergebnis vom Kassenbon übereinstimmt.

Beachten Sie bitte folgende Punkte:
- Ihre Aufgabe ist nicht zu erklären, warum man alles so rechnet. Das Kind soll lediglich sehen, dass hier etwas gerechnet werden kann. Dabei erhält man entweder dasselbe Ergebnis wie die Kassiererin oder ein anderes. Im zweiten Fall gelingt es meistens, den Unterschied zu klären.

- Nutzen Sie diese Übung bitte auch nicht, um dem Kind das Zählen von Geld beizubringen. Zählen Sie dort, wo nötig, das Geld so, wie Sie es immer tun würden.

B) Aufstellung eines Tagesplans

Wenn am Wochenende eine Fahrt zu Verwandten ansteht, ein Besuch in einer Freizeiteinrichtung oder ein abendliches Programm, an dem auch die Kinder teilnehmen können, kann sich die Familie zur Planung des Tagesablaufs zusammensetzen. Normalerweise wird ein Tagesablauf nur flüchtig von den Eltern besprochen, aber für ein Kind kann es wertvoll sein, wenn es erfährt, welche Art von Gedanken dahinter stecken.

- Sie brauchen einen Stift und viel Papier. Zeichnen Sie auf das erste Blatt an eine Seite einen Strich von oben bis unten, an dem die Uhrzeiten 6 Uhr, 12 Uhr, 18 Uhr und 24 Uhr eingetragen sind.
- Legen Sie die Programmpunkte fest, die auf jeden Fall im Tagesablauf enthalten sein müssen, wie aufstehen, schlafen gehen und die Mahlzeiten. Schätzen Sie mit dem Kind die Zeitdauer für diese einzelnen Tätigkeiten ab. Falls das Kind hierzu keine Vorstellungen hat, nennen Sie einfach ihren Planungsansatz.
- Besprechen Sie mit dem Kind die übrigen Programmpunkte des Tages. Dabei müssen Sie die voraussichtliche Fahrtdauer mit einbeziehen. Vielleicht will das Kind bei der Fahrt eine längere Pause machen? Warum nicht? Dadurch verlängert sich die Fahrzeit und für die Oma bleibt eine halbe Stunde weniger. Aber wenn man ausnahmsweise eine halbe Stunde später ins Bett geht, kann man eine halbe Stunde später nach Hause fahren und hat noch genug Zeit bei der Oma.
- Jeder neue Versuch des Tagesplans kann auf einem weiteren Blatt skizziert werden. Den endgültigen Tagesplan

nimmt man dann am nächsten Tag mit und guckt, wie genau man ihn einhalten kann. Vielleicht verschiebt sich ja das eine oder andere noch?

Beachten Sie bitte folgende Punkte:
- Das Kind sollte aktiv an der Gestaltung des Tagesablaufs teilnehmen.
- Fordern Sie keinerlei mathematische Gedanken des Kindes. Sagen Sie ihm lediglich, wie sich seine Veränderungsvorschläge auf den Tagesplan auswirken.
- Fordern Sie kreative Gedanken zur Tagesgestaltung.

C) Weitere Quellen der Alltagsmathematik

An vielen anderen Stellen des Alltags – vielfach sogar innerhalb der Interessengebiete des Kindes – lässt sich Mathematik finden.
- Beim Backen und Kochen müssen Zutaten abgewogen und Rezepte auf andere Personenzahlen umgerechnet werden.
- Für Renovierungsarbeiten müssen vorher Farbe, Tapete usw. gekauft werden. Man kann das Kind mit einbeziehen, wenn es darum geht herauszufinden, wie viel man davon braucht.
- Viele Mädchen lieben Tiere. Insbesondere kann man sich bei einem Besuch eines Reitstalls vom Stallmeister erklären lassen, wie er herausbekommt, wie viel Futter usw. für die Pferde benötigt wird.
- Häufig wünschen sich Kinder ein Haustier. Der hierfür benötigte Zeitaufwand kann im Vorfeld abgeschätzt – und erfahrbar gemacht – werden. Auch die Kostenfrage kann diskutiert werden.
- Die Tabellen der Bundesliga: Man kann mit dem Kind zusammen aus der Tabelle des Vortages und den aktuellen Spielergebnissen die Tabelle aufschreiben, die erst am

nächsten Tag in der Zeitung erscheint. Auch lassen sich vor dem nächsten Spieltag Vorhersagen machen, indem man erst die Spielergebnisse tippt und dann die Tabelle auf Basis der Tipps ausrechnet.

Beachten Sie bitte, dass das Kind nicht selber rechnen – und auch nicht die zugrunde liegende Mathematik durchschauen – soll. Es geht nur darum, dass es mathematikhaltige Alltagssituationen erfährt, die seine Akzeptanz der Mathematik verbessern. Mathematische Erkenntnisse sind allenfalls erfreuliche Nebeneffekte.

### 7.1.3 Zahlen in der Natur

Viele Kinder mit größeren Problemen in Mathematik haben nur eine geringe Zählkompetenz. Damit ist gemeint, dass sie wenig Erfahrung im Zählen von Gegenständen haben, ungenau zählen und Zählergebnisse nicht mit Anzahlen in Verbindung bringen (Kardinalzahlverständnis). Bestimmte Erfahrungen in der Natur lassen diesbezüglich interessante Eigenschaften von Tieren oder Pflanzen aufdecken. Die bekanntesten Beispiele sind:

- Kleeblätter (immer drei Blätter; ganz selten sind vierblättrige möglich)
- Verschiedene Blumenarten haben festgelegte Anzahlen von Blütenblättern. Auch hier sind Abweichungen möglich!
- Andere Blumenarten wiederum legen sich nicht genau fest.
- Die Anzahl der Reihen eines Maiskolbens ist immer gerade.
- Manche Tiere, insbesondere Vögel, geben Geräusche von sich, die abgezählt zu sein scheinen.
- Streifen, Punkte oder sonstige Zeichnungen auf Tieren oder Pflanzen.

Alles, was man braucht, ist ein wenig Zeit, einen Stift und einen Notizblock. Ein Pflanzenbestimmungsbuch wäre auch hilfreich. Als Einstieg sagt man dem Kind zum Beispiel: *»Wusstest du, dass manche Pflanzenarten ihre eigenen Zahlen haben?«* Erklären Sie dem Kind kurz, dass in den Samen von manchen Pflanzenarten bereits festgelegt ist, wie viele Blätter sie haben usw. Das Ziel dieser Übung ist, Pflanzen im Garten oder in der Natur zu finden, bei denen es so zu sein scheint, dass sie »zählen«. Sagen Sie dem Kind ruhig vorher, dass nicht alle Pflanzen »Zählpflanzen« sind.

- Lassen Sie das Kind entscheiden, welche Pflanzenart unter die Lupe genommen werden soll. Lassen Sie ihm Zeit zum Entscheiden.

- Schreiben Sie eine Kurzbeschreibung oder den Namen der Pflanze als Überschrift auf den Notizblock und beginnen Sie, im Wechsel mit dem Kind, das Merkmal zu bestimmen, auf welches Sie sich geeinigt haben (Anzahl der Blütenblätter, Staubgefäße, Blattkerben, Teilblätter). Dabei schreibt jeder seine eigenen Ergebnisse in die gemeinsame Liste.

- Ein sehr wichtiges Ziel dieser Übung ist, dass das Kind die entstehenden Zahlen kommentiert, ohne dazu aufgefordert zu werden. Bei »Zählpflanzen« können sich Kommentare entweder darauf beziehen, dass alle Zahlen gleich sind, oder auf die wenigen Zahlen, die von der Norm abweichen. Bei Pflanzen, die keine »Zählpflanzen« sind, werden möglicherweise besonders große oder besonders kleine ermittelte Werte Aufmerksamkeit auf sich ziehen.

- Sobald eine Art im Verdacht steht, eine »Zählpflanze« zu sein (*»Was meinst du, ist das eine Zählpflanze?«*, *»Warum?«* bzw. *»Warum nicht?«*), verständigt man sich mit dem Kind darauf, dass man jetzt unbedingt prüfen muss, ob das wirklich so ist. Dazu muss nichts mehr aufgeschrieben werden, sondern es wird nur noch nach einem Exemplar gesucht, das sich »verzählt« hat.

- Vielleicht untersucht man auch eine Art, die eine »fast richtig zählende Art« ist, wo also die meisten Pflanzen die richtige Anzahl Blätter hat, aber trotzdem eine nennenswerte Anzahl weniger oder mehr Blätter aufweist. Das bietet interessanten Diskussionsstoff.

**Schwerpunkte dieser Lernübung:**

- Zählen üben
- Kardinalzahlverständnis
- Zeit mit dem Kind verbringen

### 7.1.4 Regeln finden

A) Regeln finden (I)

Für dieses Spiel benötigen Sie so genanntes »strukturierbares Material«. Z.B. können Sie Steckwürfel, Legosteine, Duplo oder Bauklötze verwenden. Optimal ist Spielzeug zum Bauen, welches an- oder ineinander gesteckt werden kann. Sie brauchen ein Schildchen mit den Worten »Regel gilt« und eines mit »Regel gilt nicht«; dazu noch Stift und Papier.

- Zur Vorbereitung legen Sie Bauregeln fest, die unbedingt eingehalten werden müssen. Diese Regeln sollten die Menge der vorhandenen Möglichkeiten, das Material aneinander zu bauen, auf ein übersichtliches Maß zurückführen. Z.B. kann eine Bauregel mit Legosteinen lauten, dass immer vier exakt aufeinander gesetzt werden müssen. Dabei sind Farbe und Reihenfolge egal. Zusammen mit dem Kind bauen Sie dann etwa 15 bis 20 »Teile«.
- Diese werden auf einen Haufen gelegt. Das Schild mit »Regel gilt« wird auf eine Seite des Tisches gestellt, das andere auf die andere Seite.
- Den ersten Durchgang bestimmen Sie. Er dient der Erläuterung. Sie denken sich eine einfache Regel aus, die für einige der 15 bis 20 Teile zutrifft, für den Rest nicht. Für

die Legotürme könnte sie lauten: »Der oberste Klotz ist blau.« Diese Regel schreiben Sie auf das Blatt Papier und drehen es um, so dass man sie nicht sieht.

- Dann erklären Sie, dass Sie sich eine Regel ausgedacht haben, die für einige Legotürme gilt und für einige nicht.
- Lassen Sie das Kind einen Turm auswählen. Sagen Sie, ob Ihre Regel bei dem Turm gilt oder nicht. Legen Sie ihn auf die entsprechende Seite des Tisches.
- Sie lassen das Kind nach und nach Türme aus dem Vorrat wählen. Zuerst fragen Sie das Kind, ob es raten kann, auf welche Seite des Tisches der Turm kommt. Dann verraten Sie das Ergebnis für diesen Turm.
- Wenn das Kind mehrfach hintereinander richtig geraten hat, fragen Sie nach, ob es die Regel schon kennt. Wenn es dies trotzdem verneint, lassen Sie es einen Turm bauen, der noch nicht da ist. Kann es sagen, ob die Regel auch hier gilt?
- Wenn das Kind bis zum Ende Ihre Regel nicht entdecken kann, legen Sie die Regel einfach offen. Bauen Sie gegebenenfalls noch ein Teil, um die Regel zu illustrieren. So wird im Verlauf des Spiels der Vorrat immer größer!
- Nun ist das Kind an der Reihe, sich eine Regel auszudenken. Das gesamte Spiel verläuft jetzt mit vertauschten Rollen.

Beachten Sie bitte folgende Punkte:
- Fordern Sie das Kind nicht zu einer »logischen« Betrachtungsweise auf, wenn es eine Regel nicht entdecken kann oder allgemein damit Schwierigkeiten hat, Regeln zu entdecken. In diesem Fall ist es besser, wenn man dem Kind noch einen Partner an die Seite stellt, mit dem es sich austauschen kann. Dabei sollten die Ideen vom Kind ausgehen.
- Von diesem Spiel sollten Sie mehrere Durchgänge spielen. Achten Sie dabei darauf, dass die Regeln, die Sie sich im Folgenden ausdenken, keine neuen Ideen mit einbrin-

**171**

gen, sondern sich im Höchstfall auf die Ideen des Kindes stützen sollten!

- Beobachten Sie Veränderungen in der Qualität der Regeln, die das Kind sich ausdenkt. Sie sind ein Zeichen für Lernfortschritt.

**Schwerpunkte dieser Lernübung:**

- Strukturen erkennen, schaffen und ausnutzen
- Vermutungen von Wissen unterscheiden
- Vermutungen aufstellen und überprüfen
- Kreativität

B) Regeln finden (II)

Die Grundidee ist wie die der vorherigen Übung. Der Unterschied besteht darin, dass hier kein strukturierbares Material verwendet wird. Vielmehr werden Gegenstände aus dem täglichen Leben verwendet, z.B. Spielzeug, Haushaltswaren, Heimwerkerbedarf (Nägel, Schrauben, Muttern etc.), Münzen aus verschiedenen Ländern usw. Auch hier werden wieder Regeln ausgedacht, die erraten werden müssen. Vielleicht benötigt man allerdings noch einen Haufen mit »Weiß ich nicht«. Die Durchführung und Schwerpunkte sind wie bei »Regeln finden (I)«.

C) Regeln finden (III)

Immer noch dieselbe Grundidee. Allerdings werden jetzt Gegenstände genommen, die man nicht mehr auf einen Tisch legt. Jemand denkt sich eine Regel aus, und der andere (die anderen) nennt Gegenstände oder zeigt darauf. Der Regel-Aufsteller beurteilt den Gegenstand nach »Regel erfüllt« oder »Regel nicht erfüllt« oder »Weiß nicht«. Auch Dinge, die gar nicht vorhanden sind, können in das Spiel mit einbezogen werden.

## 7.1.5 Strukturiertes Bauen

Diese Übung ist bereits ab Seite 86 als Teil des Diagnose-Tests vorgestellt worden. Sie kann aber auch auf spielerische Weise als normale Lernübung umgesetzt werden. In dieser Übung macht das Kind Erfahrungen im Ordnen von unübersichtlichen Situationen. Man benötigt irgendein strukturierbares Material, also wie in »Regeln finden (I)« (Seite 170) Bauklötze, Steckwürfel, Legosteine oder Ähnliches. Außerdem lassen sich viele Ideen mit Stift und Papier umsetzen. Sie als Aufgabensteller sollten darauf achten, dass die Anzahl der zulässigen Lösungen nach Möglichkeit nicht 30–40 überschreitet. Hier seien nun einige Ideen gegeben:

1. Finde alle Möglichkeiten, Legotürme aus vier Steinen zu bauen! Dabei darf jede Farbe in dem Turm nur einmal vorkommen. Material: von vier Farben je 30 Legosteine gleicher Art. Ergebnis: 24 verschiedene Türme sind möglich.

2. Finde alle Möglichkeiten, Legotürme aus vier Steinen zu bauen! Dabei dürfen beide Farben so oft vorkommen, wie du willst. Es dürfen auch Farben ganz fehlen. Material: von zwei Farben je mehr als 32 Steine gleicher Art. Ergebnis: 16 Türme sind möglich.

3. Wie 2., es werden aber Fünfertürme gebaut. Material: von zwei Farben je mehr als 80 Steine gleicher Art. Ergebnis: 32 Türme sind möglich.

4. Alle Vierertürme, jede von drei gegebenen Farben muss vorkommen. Material: von drei Farben je mehr als 48 Steine. Ergebnis: 36 Türme sind möglich.

5. Find alle Plusaufgaben, bei denen als Ergebnis ... herauskommt. Hier sind dann weitere Einschränkungen möglich oder sogar nötig: genau zwei Summanden (die Zahlen in der Plusaufgabe), genau drei Summanden, egal wie viele Summanden, keine gleichen Summanden usw. Weitere Einschränkungen können Tauschaufgaben verbieten

(3 + 2 + 4 ist das Gleiche wie 2 + 3 + 4). Ohne Einschränkungen kann es bereits für kleine Ergebnisse eine unübersichtliche Anzahl von Plusaufgaben geben. Z.B. gibt es bereits 127 Plusaufgaben, deren Ergebnis 8 ist!

6. Wie viele verschiedene Ergebnisse kann man aus einem bestimmten Vorrat an Zeichen herstellen? Dazu muss nur noch der Vorrat festgelegt werden: eine Anzahl von Ziffern und ein oder zwei Rechenzeichen. Z.B. lassen sich aus den Ziffern 2, 3, 5, 6, 8 und aus + und − die Aufgaben 23 + 56 − 8, 235 − 6 + 8, 86 − 52 + 3 und noch viele mehr herstellen.

7. Find alle Drei-Buchstaben-Worte, die man aus den Buchstaben des Wortes APFEL machen kann. Welche davon kann man lesen? Material: Stift und Papier. Ergebnis: es gibt 60 solche Worte.

8. Auf wie viele unterschiedliche Arten kann man fünf Steckwürfel aneinander stecken? Die Farbe der Gebilde ist nicht zu beachten, sondern nur die Form. Dabei dürfen die Würfel an ihren Verbindungen nicht gedreht werden. Material: 150 Steckwürfel. Ergebnis: 29 verschiedene Möglichkeiten. Die Besonderheit ist hier, dass es für dieses Problem keine Formel gibt, mit der sich die Anzahl der Möglichkeiten berechnen ließe. Es handelt sich also um eine reine Suchaufgabe. Diese Tatsache kann man dem Kind ruhig mitteilen: *»Das ist ein Problem, das selbst die Profis noch nicht im Griff haben!«*

**Durchführung:**

• Zur Vorbereitung legen Sie alles Material auf die Arbeitsfläche und erklären die Regeln, nach denen die gesuchten Möglichkeiten gefunden werden sollen, anhand von ein oder zwei Beispielen.

• Das Kind sollte dann selbst mit dem Finden von Möglichkeiten beginnen. Zu Anfang wird das Kind recht schnell mehrere neue Varianten entdecken. Zunehmend werden aber bereits vorhandene Möglichkeiten zum zweiten Male gebaut. Dann sollte das Kind auf diese Tatsache aufmerksam gemacht werden. Weisen Sie das Kind darauf hin, dass es sich bei jeder neuen Möglichkeit sicher sein muss, dass diese noch nicht vorhanden ist.

- Wenn alle Möglichkeiten vom Kind gefunden wurden, braucht es nicht zu begründen, warum es denkt, dass es alle sind. Der Erfolg alleine zählt: *»Bravo, du hast alle gefunden!«* Wenn das Kind, ohne einen Ansatz zum Ordnen der Möglichkeiten gemacht zu haben, recht viele entdeckt hat, können Sie es ruhig auch loben.

Beachten Sie bitte folgende Punkte:
- Ein wichtiges Ziel dieser Übung ist, dass das Kind von alleine auf den Gedanken kommt, die bereits vorhandenen Möglichkeiten zu ordnen. Bitte greifen Sie nicht ein, indem Sie die Anordnung der schon gebauten Türme oder geschriebenen Worte verändern! Selbst wenn Türme immer wieder umfallen: widerstehen Sie der Versuchung, die Türme ordentlich hinzulegen, um es dem Kind einfacher zu machen.
- Beobachten Sie das Kind genau bzw. lesen Sie sich die Aufzeichnungen des Kindes (z.B. beim Worte-Suchen) durch, um den Zeitpunkt mitzubekommen, an dem die spontane, unregelmäßige Suche in eine geregelte Vorgehensweise umschlägt. Registrieren Sie diese Tatsache, aber reagieren Sie nicht zu schnell mit Lob. Eine geregelte Vorgehensweise wird allzu häufig noch mehrfach verlassen, bis ihr Nutzen − eventuell viele Übungen später − erstmals gezielt eingesetzt wird.
- Eine genaue Beobachtung des Kindes kann auch Aufschluss darüber geben, ob das Kind Möglichkeiten in Gedanken durchgeht. Diese (im Kopf durchgeführten!) Handlungen sind ebenfalls ein wichtiges Lernziel.

**Schwerpunkte dieser Lernübung:**

- Strukturen erkennen, schaffen und ausnutzen
- Vergleichen
- Handlungsergebnisse vorstellen

### 7.1.6 Bemale deinen eigenen Würfel für ein Spiel

Viele bekannte Spiele sind solche, bei denen es auf Glück beim Würfeln ankommt. Welches Kind (und welcher Erwachsene) hat sich beim »Mensch Ärgere Dich Nicht« nicht schon einmal einen Würfel mit anderen Zahlen gewünscht, z.B. mit zwei Sechsen oder zwei Einsen? Die Idee besteht nun darin, dass das Kind beim Spiel seinen eigenen, von ihm beschrifteten Würfel verwenden darf (Blanko-Würfel gibt es im Spielwaren- und Versandhandel).

- Man spielt erst einmal das Spiel – z.B. »Mensch Ärgere Dich Nicht« –, zu dem später ein Spezialwürfel bemalt werden soll, mit normalen Würfeln.
- Dann erarbeitet man mit dem Kind noch einmal die wichtigen Zahlen auf dem Würfel. (Bei »Mensch Ärgere Dich Nicht« benötigt man immer mindestens eine Sechs, um »hinten rauszukommen«, und die Einsen, wenn man dann genau ins Zielfeld hineinkommen will. Die restlichen Zahlen sind unwichtig für den reibungslosen Ablauf.)
- Jetzt erst eröffnet man dem Kind, dass es nun seinen eigenen Spezialwürfel beschriften darf. Wenn es damit fertig ist, wird eine weitere Runde »Mensch Ärgere Dich Nicht« gespielt. Man sollte sich die Gedanken des Kindes dazu anhören, falls es sich nicht um »geheime Tricks« handelt.
- Wird während dieses Spiels bereits klar, dass der Würfel des Kindes nicht wie gewünscht funktioniert, kann dem Kind mitten im Spiel die Gelegenheit gegeben werden, den Würfel neu zu beschriften. Ansonsten fragt man es erst nach dem Spiel wieder, ob es etwas ändern möchte.

- Das nächste Mal, wenn »Mensch Ärgere Dich Nicht« gespielt wird, kann man dem Kind wieder die Gelegenheit geben, den Würfel zu ändern: *»Du kannst den Würfel so oft ändern, bis du den richtigen Abzockewürfel erfunden hast!«*
- Man sollte irgendwann einmal einen Durchgang spielen, in dem jeder Mitspieler den Abzockewürfel verwenden darf.

Beachten Sie bitte folgende Punkte:

- Nehmen Sie keinen Einfluss auf die Wahl der Würfelzahlen. Falls irgendeine notwendige Zahl nicht vorhanden ist, wird das Kind beim oben genannten vierten Punkt den Würfel ändern wollen.
- Die Durchführung dieser Lernübung sollte auf mehrere Spieltage verteilt werden, es sei denn, die Motivation des Kindes ist anhaltend hoch.

**Schwerpunkte dieser Lernübung:**

- Begründungen finden, Gedanken in Worte fassen
- Zusammenhänge erforschen
- Handlungen vorstellen
- Zeit mit dem Kind verbringen

## 7.1.7 Herstellung von gebündeltem Material

Der Mangel an *geeignetem* Anschauungsmaterial ist insbesondere zu Hause oft ein großes Problem. Kinder, die Schwierigkeiten mit dem Lernen von Mathematik haben, greifen in der Schule und auch zu Hause gerne auf ungeeignete Hilfsmittel zurück, die ihnen die Berechnung von Ergebnissen erleichtern. Zu diesen ungeeigneten Mitteln zähle ich all diejenigen Rechenhilfsmittel, die schematisch verwendet werden, um Ergebnisse von Rechenaufgaben zu erhalten, z.B. Rechenrahmen, Hundertertafel, Systemblöcke

(Einer-, Zehner- und Hunderterblöcke), Zahlenstrahl, Tausenderbuch usw. Dem Verständnis des dezimalen Stellenwertsystems – und den damit verbundenen schriftlichen und halbschriftlichen Rechenverfahren – sowie des Kopfrechnens ist am ehesten damit gedient, wenn das Kind die Gelegenheit bekommt, sein eigenes Material herzustellen. Von einem Kind ohne Kardinalzahlverständnis darf man allerdings nicht erwarten, dass es diese Übung wie erhofft umsetzt. Dann trägt sie höchstens ein wenig zum Verständnis der Zahlwortreihe »eins, zwei, drei, …« bei. Für diese Lernübung benötigt man ca. 500–1000 Gegenstände, die in etwa gleich groß und gleichfarbig sind. Besonders gut eignen sich hier Holzwürfel der Größe 2,5cm oder Kastanien. Dazu braucht man noch eine Rolle durchsichtiger Brötchentüten und eine Rolle kleiner durchsichtiger Mülltüten. Für die Beschreibung der Durchführung nehme ich hier Kastanien.

- Man legt die gesamte Menge Kastanien auf den Fußboden. Dazu sagt man: *»Wir werden jetzt zusammen den ganzen Haufen Kastanien zählen. Und damit wir nicht durcheinander geraten, habe ich hier noch ein paar Beutel gekauft.«*

- Nun lässt man das Kind damit anfangen, die Kastanien durchzuzählen. Wenn es die vorhandenen Beutel nicht dahingehend interpretiert, dass immer zehn Kastanien in einen Beutel kommen, lässt man es bis etwa 35 zählen und lenkt es plötzlich ab. Nach einer kurzen Pause fragt man es, wie viele Kastanien bereits gezählt wurden. Falls das Kind unsicher ist, weist man darauf hin, wie die Beutel dazu benutzt werden können, dass die »gemeinen Eltern« einen nicht so leicht durcheinander bringen können. Falls das Kind weiterhin sicher ist, lobt man und sagt: *»Nicht alle können sich das Ergebnis so gut merken, wenn sie gestört werden. Deswegen habe ich hier ein paar Beutel gekauft. Da tun wir jetzt immer zehn Kastanien rein.«*

- Also werden immer zehn Kastanien abgezählt und in eine Plastiktüte gelegt. Diese Tüte wird dann verschlossen. Wenn z. B. 5 Tüten voll sind, fragt man das Kind, wie viele Kastanien jetzt schon gezählt worden sind. Die Antwort kann entweder über die Anzahl der Tüten (5 Tüten, also 50 Kastanien), durch Zählen in Zehnerschritten (10, 20, 30, 40, 50) oder durch Zählen der immer noch in den Tüten sichtbaren Kastanien ermittelt werden.

- Während die Kastanien nach und nach in den Beuteln verpackt werden, stoppt man immer wieder den Arbeitsfluss und fragt das Kind, wie viele Kastanien bereits weg sind. Einen wichtigen solchen Stopp legt man auch nach genau 100 Kastanien ein. Hier erklärt man dem Kind, dass nun zehn Zehnertüten voll sind und man dafür die Mülltüten hat. Die zehn Zehnertüten werden in die Mülltüte getan, welche verschlossen wird.

- Bis alle Kastanien verpackt sind, wird alle ca. 30–50 Kastanien ein »Zählstopp« eingelegt. Falls das Kind noch nie über 100 gezählt hat, kann man die Zahlennamen ganz einfach erläutern. Z. B. bei 276 Kastanien: Man nimmt die beiden Mülltüten in die Hand und zeigt darauf: *»Zwei Hundert.«* Dann weist man mit der Hand auf die bereits vorher 76 gezählten Kastanien (70 in Beuteln und sechs lose) und sagt: *»UND sechsundsiebzig.«*

- Am Ende dieser Übung liegen alle Kastanien fertig gebündelt vor: nicht mehr als neun Stück sind ohne Tüte, nicht mehr als neun Zehnertüten ohne Mülltüte. Wer das Pech hatte, mehr als 1000 Kastanien gesammelt zu haben, braucht noch irgendeinen großen Sack, den er als Tausendersack bezeichnet und der zehn Hundertertüten enthalten muss.

Beachten Sie bitte folgende Punkte:

- Das Kind sollte für diese Übung dazu in der Lage sein, ohne Probleme bis 100 zu zählen. Das Zählen über 100 kann mit dieser Übung leicht eingeführt werden.
- Bei Kindern im zweiten Schuljahr – insbesondere auch solchen, die mit Mathematik Probleme haben – kann diese Übung motivierend wirken, da sie einen Unterrichtsstoff behandelt, der erst in der dritten Klasse thematisiert wird.
- Nehmen Sie bitte keinen Einfluss auf die Zählweise ihres Kindes, wenn es an einer oben als »Zählstopp« bezeichneten Stelle alle Kastanien einzeln durchzählt. Fragen Sie höchstens, ob das Kind einen Trick kennt, wie es schneller gehen würde.
- Die durchsichtigen Tüten sorgen jederzeit dafür, dass das Kind den Anzahleindruck sieht, der gerade zur erwähnten Zahl gehört.

**Schwerpunkte dieser Lernübung**

- Kardinalzahlverständnis stärken
- Einblicke in die dezimale Zahlstruktur

### 7.1.8 Arbeit mit gebündeltem Material

Das in der vorigen Übung hergestellte gebündelte Material kann für viele Übungen eingesetzt werden. Insbesondere kann man das Material dazu verwenden, den Zusammenhang zwischen dezimalem Stellenwertsystem und Zahlnamen zu erkunden. Ferner ist dieses neue Arbeitsmittel gegenüber anderen – auf Seite 177 erwähnten – Arbeitsmitteln zu bevorzugen.

A) Zählspiel

Hierzu benötigt man das gebündelte Material und einen Karton. Spielleiter kann hierbei sowohl der Erwachsene als auch das Kind sein.

- Man legt drei Zehnertüten und vier einzelne Kastanien in einen Karton und fragt, wie viele Kastanien sich nun dort befinden. Ab dann hat man immer die Auswahl aus vier verschiedenen Möglichkeiten: Man legt eine einzelne Kastanie in den Karton, nimmt eine heraus, legt eine Zehnertüte hinein oder nimmt eine heraus.

- Jedes Mal, wenn man eine der genannten Aktionen durchgeführt hat, fragt man das Kind, wie viele Kastanien sich in dem Karton befinden (nach einigen Durchgängen kann man sich diese Frage sparen). Dabei lässt man das Kind auch hin und wieder einen Blick in den Karton werfen, um sein Ergebnis zu überprüfen. Wichtig ist dabei, dass es auch richtige Ergebnisse zu sehen bekommt.

- Ein besonderer Kniff kann sein, dass man bei einer Zehnerzahl wie 50, 60 oder 70 eine Schere mit in den Karton nimmt und hörbar – aber nicht sichtbar – einen Beutel durchschneidet. Laut kippt man den Beutel aus und nimmt den kaputten Beutel, die Schere und eine Kastanie wieder aus dem Karton heraus. Damit ist ein Zehnerübergang rückwärts geschafft.

- Nach einigen Durchgängen darf dann das Kind der Spielleiter sein und »testet« den Erwachsenen. Dabei kommt es nicht darauf an, dass das Kind mitverfolgt, ob der Erwachsene immer das richtige Ergebnis sagt; wünschenswert wäre dies aber. Die Umkehr der Rollen soll vielmehr den spielerischen Charakter dieser Lernübung betonen.

Beachten Sie bitte folgende Punkte:
- Selbstverständlich können zu dieser Übung auch die Hundertertüten hinzugenommen werden.

- Falls das Kind sehr lange braucht, um seine Antworten zu ermitteln, deutet dies auf ein im besten Fall lückenhaftes Verständnis unseres Zahlensystems hin. Mittelschnelle Antworten sind häufig auf eine schriftliche Addition oder Subtraktion im Kopf zurückzuführen.

- Wenn diese Lernübung an mehreren verschiedenen Tagen durchgeführt wird, kann es sein, dass ein (scheinbarer) Lernerfolg vorheriger Tage plötzlich wieder weg ist. Das ist kein Grund zur Besorgnis. Es zeigt vielmehr, dass das entsprechende »Wissen« nur aufgrund eines erkannten – aber nicht verstandenen – Schemas eingesetzt wurde.

**Schwerpunkte dieser Lernübung:**
- spielerischer Umgang mit Schulstoff
- unbewusstes Erarbeiten des dezimalen Stellenwertsystems
- Konzentrationsübung

B) Ansätze zur Erarbeitung von Rechenverfahren

Unsere gängigen Rechenverfahren basieren auf der geschickten Ausnutzung des dezimalen Stellenwertsystems. Lediglich die frühen Anfänge der Schulmathematik greifen auf zählende Techniken zurück (Fingerrechnen und Weiterzählen). Die Basis für die Entwicklung eigener Rechenverfahren ist ein ausreichender Erfahrungsschatz im Umgang mit Handlungen, die den Rechnungen entsprechen. Genauso wie sämtliche Rechenverfahren durch geeignete Handlungen veranschaulicht werden können, können auch alle Handlungen in Rechenverfahren »übersetzt« werden. Diese Lernübung bietet Kindern die Gelegenheit, eigene Handlungsansätze zur Bearbeitung von Rechenaufgaben zu entwickeln.

Das Kind, mit dem man diese Lernübung durchführt, sollte in der Lage sein, Zahlen mit einzelnen Kastanien, Zehnertüten und Hundertertüten darzustellen. Weiter gehende Kenntnisse über das Dezimalsystem sind nicht nötig, können sogar durch diese Übung erworben werden. Außerdem sollte das Kind sicher wissen, wofür man Plus (oder Minus, falls diese Übung mit Minus durchgeführt wird) benötigt.

- Anhand von ein oder zwei Beispielen zeigt man noch einmal die Übersetzung einer Zahl in eine Anzahl von Kastanien und Tüten und zurück.

- Nun stellt man eine Rechenaufgabe, wie z.B. 254 + 337. Dazu sagt man dem Kind: »*Ich möchte, dass du versuchst, das Ergebnis zu finden, ohne zu rechnen. Du darfst natürlich die Kastanien benutzen!*«

- Nun lässt man das Kind ganz frei arbeiten. Für den Fall, dass es beginnt, die Kastanien einzeln abzuzählen, sagt man ihm, dass es das mit den Zahlen so machen darf, wie man es ganz zu Beginn noch geübt hat. Lassen Sie dem Kind bei der Wahl seiner Vorgehensweise dann aber freie Hand.

- Das Kind kann am Ende sein Ergebnis mit dem Taschenrechner überprüfen.

Beachten Sie bitte folgenden Punkt:

- Wenn man das Kind nicht beeinflusst, kann man an seiner Vorgehensweise verschiedene Dinge erkennen. (1) Wie werden gebündelte Kastanien in Zahlen umgesetzt und umgekehrt? Die Vorgehensweise gibt Aufschluss über das Verständnis des Kindes zum dezimalen Stellenwertsystem (s. Seite 122). (2) Welches Modell der Addition bevorzugt das Kind: zusammenschieben oder hinzufügen (s. Seite 30)? (3) Wie wird der Zehnerübergang bewerkstelligt: Bündelt das Kind 10 der 11 Einzelkastanien zu einer Zehnertüte oder wird weitergezählt (s. Beispielsaufgabe 254 + 337)?

**Schwerpunkte dieser Lernübung:**

- Vorbereitung des Schulstoffs
- Beobachtung des Kindes
- dezimales Stellenwertsystem

### 7.1.9  Ein variantenreiches Würfelspiel für verschiedene Schwerpunkte

Spielideen kommen bei Kindern meistens gut an. Ausnahmen sind hier die Kinder, die Matheangst haben und »den Braten riechen«. Aber sogar sie kann man in manche Spielvarianten mit einbeziehen.

- Als Vorbereitung zeichnet jeder Mitspieler ein vorher vereinbartes Schema aus Kästchen und Rechenzeichen auf sein Blatt. Dabei ist jedes Kästchen eine Freistelle, in die im Spielverlauf eine Ziffer geschrieben wird.
- Es wird reihum mit einem zehnseitigen Ziffernwürfel (aus dem Spielwarenladen oder Versandhandel) gewürfelt. Danach trägt der Spieler, der den Würfel geworfen hat, sein Wurfergebnis in ein beliebiges freies Feld ein. Der nächste Spieler ist an der Reihe.
- Wenn alle Spieler ihre Kästchen voll haben, rechnen sie die entstandene Aufgabe aus. Die Ergebnisse werden miteinander verglichen. Sieger ist derjenige mit dem größten Ergebnis (je nach vorheriger Vereinbarung auch das kleinste Ergebnis oder das Ergebnis, welches einer vorgegebenen Zahl am nächsten kommt).

Folgende Schemata haben sich in der Praxis bewährt: $\square\square + \square\square$, $\square\square\square + \square\square\square$, $\square\square - \square\square$, $\square\square\square - \square\square\square$ und $\square\square\square - \square\square$. Andere Schemata wie $\square \times \square + \square\square$ und $\square \times \square - \square\square$ lassen im Spielverlauf keine erkennbaren Strategien entstehen.

Folgende Varianten des Spiels können gespielt werden:

- Bei Kindern mit Matheangst oder echter Rechenschwäche kann man allgemein einen Taschenrechner zur Verfügung stellen (*»Ich weiß ja, dass du nicht so gerne rechnest, deswegen benutzen wir den Taschenrechner!«*). Dadurch bleibt der Teil des Spiels, der sich auf das Verständnis des Dezimalsystems und der Rechenarten bezieht, in vollem Umfang erhalten.

- Die entstandenen Aufgaben müssen von den Mitspielern mit gebündeltem Material ausgerechnet werden (s. Seite 177).

- Jeder Spieler kann pro Runde seinem linken Nachbarn eine Zahl, die er gewürfelt hat und nicht haben will, ins Schema schreiben.

- Jede gewürfelte Zahl muss von allen Spielern in ihr Schema geschrieben werden. Damit haben alle exakt die gleichen Chancen.

- Jeder Spieler darf sich eine gewürfelte Zahl seiner Wahl so lange aufheben, bis er weiß, wo er sie hinschreiben möchte.

Bitte beachten Sie folgende Punkte:

- Passen Sie die Schwierigkeit des Spiels an die Leistungsfähigkeit des Kindes an. Die Minus-Schemata erfordern einen recht guten Überblick über das Dezimalsystem. Beginnen Sie deswegen mit □□ + □□ oder □□□ + □□□.

- Das Spiel soll Spaß machen und nicht zu einer außerschulischen Lehrveranstaltung verkommen.

### Schwerpunkte dieser Lernübung (je nach Spielvariante):

- spielerischer Einsatz von Mathematik
- Umgang mit dem Dezimalsystem
- schriftliches Rechnen, Kopfrechnen oder Rechnen mit Anschauungsmaterial

### 7.1.10 Das kleine 1 + 1 lernen

In den Augen von Eltern und Lehrern ist eines der Hauptprobleme von rechenschwachen Kindern das zählende Rechnen. Um dieses Problem in den Griff zu bekommen, muss man sich erst einmal klar machen, warum so gerechnet wird. Der Hauptgrund dafür, dass das Kind die Plusaufgaben nicht auswendig lernen kann, ist, dass es nicht innerhalb der Dauer des Arbeitsgedächtnisses (2–3 Sekunden) von der Aufgabe zum Ergebnis gelangen kann. Falls das Kind kein Kardinalzahlverständnis hat oder noch nicht den Sinn der Addition verstanden hat, ist es zwecklos, diese Übung mit ihm durchzuführen.

Der Hauptgrund für das Beharren auf ineffektiven und umständlichen Strategien beim Rechnen ist die Sicherheit, dass das so erhaltene Ergebnis richtig ist. Wieso soll das Kind auch ein funktionierendes Verfahren verlassen? Diese Übung zielt auf einen freiwilligen Übergang zu anderen Rechenstrategien. Dafür muss man sich erst einmal alle denkbaren Additionsstrategien vor Augen halten:

- an den Fingern abzählen
- im Kopf weiterzählen
- Verdopplungsaufgaben als Hilfe: 6 + 7 über 6 + 6 = 12, einer mehr ist 13 oder 7 + 8 über 8 + 8 = 16, einer weniger ist 15
- Ausgleichsaufgaben: 6 + 8 = 7 + 7 = 14, einfach einen rübergetan
- mit »+10«: 4 + 9 über 4 + 10, einen weg ist 13
- mit »+10«: 4 + 9, einen von der 4 zur 9, dann hat man 3 + 10 = 13

Das Üben der Plusaufgaben erfolgt nun nicht mehr als einfache Aufgabenstellung, sondern als Rechenaufgabe zuzüglich eines geforderten Rechenverfahrens, das laut durchgeführt wird. Alle paar Aufgaben wird die Rechentechnik freigestellt. Eine Aufgabenserie könnte also wie folgt lauten:

1. Rechne 5 + 6 mit einem Verdopplungstrick!
2. Rechne 5 + 9 mit einer Zehner-Hilfsaufgabe!
3. Rechne 8 + 7 so, wie du willst!
4. Rechne 4 + 9 mit einer Zehner-Hilfsaufgabe!
5. Rechne 9 + 8 mit den Fingern!
6. Rechne 6 + 9 so, wie du willst!
   usw.

Bitte beachten Sie folgende Punkte:

- Das Kind soll bei dieser Übung die anderen Rechenverfahren kennen und verwenden lernen. Der Vorteil dieser Verfahren wird so selbst entdeckt.
- Illustrieren Sie die Rechenverfahren stets durch Arbeit mit Anschauungsmaterial!
- Eine Rechenaufgabe kann nur dann nachhaltig auswendig gelernt werden, wenn sie wiederholt innerhalb von zwei bis drei Sekunden mit einer selbstgewählten Strategie ausgerechnet worden ist. Der Weg von Aufgabe zu Ergebnis darf nicht länger als diese Zeitspanne dauern.

### 7.1.11 Brett- und Gesellschaftsspiele

In diesem Abschnitt geht es um Spiele aus dem Spielwarenladen, von denen einige auch sicherlich zu Hause vorhanden sein dürften. In der Regel sprechen Spiele verschiedene Fähigkeiten an, die auch beim Lernen von Mathematik wichtig sind. Dazu zählen insbesondere

- Strategien entwickeln, die auf eine Vielzahl von (Spiel-) Situationen anwendbar sind. In der Mathematik entspricht dies der Entwicklung von Rechenverfahren.
- Ähnlichkeiten von Situationen als Entscheidungshilfe verwenden. In der Mathematik entspricht dies z.B. der Übertragung von Lösungsmethoden auf neue Aufgabentypen.
- Regeln anwenden, erkennen und ausnutzen

- über Handlungen und Handlungsergebnisse nachdenken
- über Gedanken der Mitspieler nachdenken

Mit Spielen kann man also vielfach die Voraussetzungen für das Lernen von Mathematik verbessern.

Da die Spielstärke von Erwachsenen und Kindern unterschiedlich ist, sollte man Spiele wählen, in denen man Handicaps einsetzen kann. Damit ist gemeint, dass durch Änderung der Regeln oder der Anfangspositionen ein Spieler gezielt bevorzugt oder benachteiligt werden kann. Ein motivierendes Ziel für das Kind ist dann, sein Handicap abzubauen. Das kann man machen, indem die Benachteiligung des Erwachsenen nach jedem Sieg des Kindes verringert wird.

**Abalone**

Dieses Spiel wird auf einem sechseckigen Spielfeld gespielt. Man versucht, mit seinen eigenen Kugeln die gegnerischen Kugeln vom Spielfeld zu schieben.

Altersempfehlung: ab 8 Jahre (Herstellerangabe)

Spieler: 2

Spielart: reines Strategiespiel

Regeln: übersichtliche Anzahl von Zugmöglichkeiten, keine weiteren Entscheidungen

Handicap: das Kind darf vor Beginn eine festgelegte Anzahl Kugeln des Gegners vom Spielbrett nehmen

Mathematik: nichts

Mentale Operationen: nötig für das Vorausplanen von Zügen

Argumentieren: kaum

**Mensch Ärgere Dich Nicht**

Ein Klassiker unter den Brettspielen. Man kann hier noch mehr für das Kardinalzahlverständnis tun, indem man ausdrücklich festlegt, dass auch geschummelt werden darf. Falls es entdeckt wird, gibt es eine Strafe für den Schummler.

Altersempfehlung: ab 5 Jahre (meine Meinung)
Spieler: bis 4 (es gibt Varianten mit 6)
Spielart: fast reines Glücksspiel, wenig Strategie
Regeln: geringe Auswahl von Zügen, übersichtliches Regelwerk
Handicap: (falls nötig) eine Figur des Kindes ins Zielfeld setzen
Mathematik: Kardinalzahlverständnis
Mentale Operationen: keine
Argumentieren: kaum

**Triomino**
Dieses Spiel funktioniert ähnlich dem bekannteren Domino. Hier sind allerdings die drei Ecken eines gleichseitigen Dreiecks mit Zahlen beschriftet. Das Spiel bezieht unter anderem seinen Reiz daraus, dass während des Spielverlaufs interessante geometrische Formen entstehen. Ich empfehle, gegebenenfalls vereinfachte Spielregeln zu verwenden, die auf Punktezählen verzichten.
Altersempfehlung: ab 5 Jahre (vereinfachte Regeln)
Spieler: bis 4
Spielart: Mischung aus Glücksspiel und Strategiespiel
Regeln: einfach
Handicap: Das Kind darf beim Ziehen immer zwei Triominos ansehen und eins davon auswählen.
Mathematik: keine
Mentale Operationen: Dreiecke müssen gedanklich gedreht werden.

**Schach, Halma, Mühle, Dame**
Wenn ein Elternteil gegen das Kind spielt, kann der andere Elternteil mit dem Kind jeweils über den nächsten Spielzug sprechen. Dadurch wird das Lernziel »Argumentieren/Begründen« stark angesprochen.
Altersempfehlung: ab 7 Jahre (meine Empfehlung)

Spieler: 2 (oder 2 Mannschaften)

Spielart: reines Strategiespiel

Regeln: leicht zu lernen (alle), anfangs noch nicht leicht anzuwenden (Schach)

Handicap: Der stärkere Spieler startet mit weniger Figuren, hat keine Bedenkzeit oder das Kind zieht immer zweimal hintereinander.

Mentale Operationen: nötig für das Vorausplanen von Zügen

Mathematik: keine

Weitere geeignete Spiele sind:

- **Mastermind** (Herstellerangabe: ab 8 Jahre): Eine Kombination aus Farben wird durch Raten und Denken ermittelt. Nach jedem Tipp erhält das Kind Informationen darüber, wie viele Farben richtig waren und wie viele Farben sogar auf der richtigen Position waren. Das Spiel schult logisches Denken und vor allem das Bilden von Hypothesen (Vermutungen). Außerdem liegt ein Schwerpunkt im Entwickeln einer Strategie (Lernziel: Algorithmisieren).
- **Rummikub** (ab 8 Jahre): Bei diesem Spiel, in dem auch der Zufall eine Rolle spielt, müssen Kombinationen entdeckt und gelegt werden. Das Spiel kann auch mit Handicap gespielt werden.
- **Labyrinth** (ab 7 Jahre): Bei diesem Spiel werden Karten gelegt, um selbst Vorteile zu erhalten oder um dem Gegner eins auszuwischen. Dadurch entsteht im Spielverlauf ein großes Labyrinth. Das Spiel schult mentale Operationen und logisches Denken. Ein Handicap ist möglich.
- **Simon** (ab 7 Jahre): Ein elektronisches Spiel, bei dem sich die Spieler eine Ton- und Farbfolge merken müssen. Es trainiert die Aufmerksamkeit, das Gedächtnis und in geringerem Maße auch mentale Operationen. Die sensorische Integration wird ebenfalls gefördert.
- **Vier Gewinnt** (ab 7 Jahre): Wer zuerst vier Plättchen der eigenen Farbe in einer Reihe oder Diagonalen hat, ge-

winnt. Das Spiel schult mentale Operationen und Entwicklung von Strategien (Algorithmisieren).

- **Jenga** (ab 5 Jahre): Ein Geschicklichkeitsspiel, bei dem aus einem Turm von flachen Bauklötzen einzelne Klötze gezogen werden müssen, um sie oben wieder darauf zu legen. Dieses Spiel ist ein Spiel für Feinmotorik und mentale Operationen.

- **Geschicklichkeitsspiele**, bei denen eine Kugel durch einen Hindernisparcours gebracht werden muss: Das sind Spiele für die Feinmotorik.

- **Kniffel** (ab 8 Jahre): Ein bekanntes Würfelspiel, bei dem mit fünf Würfeln verschiedene Kombinationen erreicht werden sollen. Dieses Spiel schult vor allem das Algorithmisieren. Sein Nachteil ist, dass es recht mathematisch ist, weil nur Zahlen auftauchen. Wenn es mit Taschenrechner gespielt wird, sollte das Kind wenigstens eine gute Orientierung im Zahlenraum haben.

- **Carcassonne** (ab 8 Jahre): In diesem Klassiker werden viele instrumentelle Lernziele angesprochen. Er hat viele Regeln, die aber durch Zuschauen leicht gelernt werden können. Insbesondere schult das Spiel die mentalen Operationen und die Fähigkeit, mehrere Bedingungen gleichzeitig im Auge zu behalten. Durch die Art des Punktezählens wird auch das Kardinalzahlverständnis gefördert.

- **Differix** (4–9 Jahre): Hier müssen Kärtchen richtig zu Bildern zugeordnet werden. Diese Bilder sind aber fast gleich, so dass die Aufgabe recht schwierig ist. Konzentrationsvermögen und optische Wahrnehmung (Sehen) werden gefördert.

- **Make+Break** (ab 8 Jahre): Ein Nachbauspiel, bei dem unter Zeitdruck vorgegebene Figuren aus bunten Klötzchen nachgebaut werden sollen. Das Spiel fördert mentale Operationen, optische Wahrnehmung und die Feinmotorik.

- **Twister:** Ein Spiel, bei dem die Spieler auf einem Spielplan am Boden stehen. Sie müssen sich – je nach Würfel-

**191**

glück – in verschiedene Richtungen biegen und strecken, denn der Würfel gibt vor, wo sie den Boden berühren sollen. Das Spiel schult die Motorik.

### 7.1.12 Spielzeug

Bei zusammensetzbarem Spielzeug, welches aus Bauteilen besteht – wie Lego, Steckwürfel, Bauklötze usw. – muss sich das Kind zwangsläufig Gedanken über die Ergebnisse seiner Handlungen machen. Ferner muss es die Eigenschaften der verwendeten Bausteine und zusammengesetzter Bausteingruppen kennen lernen und ausnutzen. Es kann mechanische Eigenschaften wie die Hebelgesetze erkunden und entdeckt beim Zusammenbauen den Sinn des Zählens, das Vorstellen von Handlungen, das räumliche Drehen von Bausteinen, die Erprobung von Alternativen und dass bei manchen Bauwerken bereits eine kleine Ungenauigkeit zum Versagen der Konstruktion führt. Die Kreativität wird in besonderem Maße gefördert. Kurz gesagt: Spielzeug, aus dem die Kinder etwas Selbstausgedachtes bauen können, kann wesentlich zur Entwicklung derjenigen Fähigkeiten beitragen, die für das Lernen von Mathematik nötig sind. Beispiele für geeignetes Spielzeug sind:

- **Lego, Duplo:** Jeder kennt die Plastiksteine, aus denen sich fast alle Gegenstände des täglichen Lebens nachbauen lassen.
- **Puzzles, auch Puzzle-Ball und 3-D-Puzzles:** Besonders die letzten beiden schulen das räumliche Vorstellungsvermögen.
- **Geomag und Supermag:** Magnetische Stäbe und nicht magnetische Metallkugeln, aus denen sich geometrische Formen bauen lassen. Mit ein wenig Fantasie lassen sich auch Gegenstände des täglichen Lebens bauen. Die Faszination, die vom Magnetismus ausgeht, erfasst fast jeden.

- **Modellbau:** Wenig flexibel, schult aber auch die oben genannten Lernziele.
- **Eisenbahn,** insbesondere solche, die leicht auf- und abgebaut werden können (z. B. Brio).
- **Experimentierkästen,** z. B. von Kosmos: Machen verschiedene Bereiche der Wissenschaft auf interessante Weise für Kinder erfahrbar.
- **Fischer-Technik:** Plastikteile, die auf interessante Weise aneinander befestigt werden können. Ähnlich Lego kann man hier verschiedenste Alltagsgegenstände nachbauen.
- **Märklin:** Mit Schrauben, Metallplatten und Stangen, Zahnrädern und Wellen, Kurbeln und Funktionsteilen aller Art kann man viele interessante und funktionstüchtige Gegenstände zusammenbauen und später wieder auseinander nehmen.
- **Kugelbahnen** (Cuboro, Haba etc.): Nach dem Baukastenprinzip kann man eigene Kugelbahnen erstellen. Hierbei werden insbesondere die mentalen Operationen gefördert.
- **Kaufladen:** Hier kann man spielerisch Mathematik anwenden.
- **Hama Perlensteckbilder:** Die Steckperlen werden auf Plastikbrettchen mit Noppen gesteckt. Wenn alles fertig ist, wird die Perlenschicht erhitzt und das Bild kann von der Steckplatte genommen werden. Schult vor allem die Feinmotorik.
- **Ministeck:** Verschieden geformte, farbige kleine Plastiksteckteile, mit denen Bilder auf eine spezielle Platte gesteckt werden können. Auch hier werden die Feinmotorik, aber auch mentale Operationen angesprochen.

## 7.2 Fördermöglichkeiten in der Schule

Lehrerinnen und Lehrer, die ein rechenschwaches Kind in der Klasse haben, sitzen in der Regel zwischen allen Stühlen. Einerseits wissen sie, dass dem Kind mehr Aufmerksamkeit gewidmet werden müsste, andererseits sind die Klassen so groß, dass man sowieso bereits Probleme hat, allen Kindern die nötige Aufmerksamkeit zuteil werden zu lassen. Einerseits sehen sie, dass das Kind kein echtes Verständnis entwickelt, andererseits aber sind sie verpflichtet, den Lehrplan zu erfüllen. Einerseits ist das Kind in seinem Lernverhalten »besonders«, andererseits muss man aber verhindern, dass es in der Klasse eine allzu offensichtliche Sonderrolle bekommt. Fördermöglichkeiten in der Schule können in zwei verschiedene Kategorien eingeteilt werden:

1. Lernübungen, Lernspiele und Unterrichtsinhalte, die man mit der ganzen Klasse durchführen kann. In diesen Einheiten wird speziell Wert auf die Verbesserung der Fähigkeiten gelegt, die zum Erlernen der Mathematik nötig sind. Davon profitieren alle Kinder, auch diejenigen, die keine Rechenschwäche haben. Ihre Einsatzmöglichkeiten sind immer dann, wenn auch andere Spiele stattfinden würden.

2. Lernübungen und Lernspiele, die speziell auf das rechenschwache Kind bezogen sind. Ob sie im normalen Unterrichtsrahmen stattfinden sollen, muss jede Lehrkraft für sich entscheiden. Das hängt vom Klassenklima und dem betroffenen Kind ab. Im Rahmen einer Sonderförderung, an der viele rechenschwache Kinder ohnehin bereits teilnehmen, sind diese Spiele und Übungen auf jeden Fall einsetzbar.

Selbstverständlich können auch Lernübungen der ersten Kategorie im Einzel- oder Gruppenförderunterricht eingesetzt werden.

Erste Kategorie: Ideen für den allgemeinen Unterricht

### 7.2.1 Ein Plädoyer für den Geometrieunterricht

Der Geometrieunterricht in der Grundschule führt leider meist ein Schattendasein. Einzelne geometrische Inhalte sind im Lehrplan zwar vorgesehen, meistens herrscht jedoch der Eindruck vor, dass die Nennung der Geometrie im Lehrplan wenig mehr als ein Relikt vergangener Zeiten ist. Dabei bietet die Geometrie gerade für die Arbeit mit schwächeren Schülerinnen und Schülern viele Vorteile:

- Es können exakt dieselben instrumentellen Lernziele verfolgt werden, die auch durch Rechen- und Knobelaufgaben angesprochen werden. Dazu zählen: Strukturen erkennen und ausnutzen, Analogien finden, Zusammenhänge sprachlich ausdrücken, logisches Denken, Handlungen vorstellen und andere.
- Problemlösen in der Geometrie fordert und fördert dieselben Fähigkeiten wie das Problemlösen in der Arithmetik (=Rechnen mit Zahlen).
- Geometrie gehört zwar zur Mathematik, wird von Kindern aber nicht als Mathematik empfunden. Mit Geometrie kann man also auch Kinder, die Matheangst oder eine Rechenschwäche haben, an die Mathematik heranführen. Weil dieselben instrumentellen Lernziele verfolgt werden, verbessert sich so auch ihre Leistung im Rechnen.
- Die Geometrie selbst enthält viele Rechenanlässe. So ist eine der wichtigsten Deutungen der Multiplikation geometrischer Natur: Die Anzahl der Quadrate, die in einem Rechteck Platz haben, wird durch Multiplikation der Seitenlängen ermittelt. Auch andere Rechenarten finden sich bei geometrischen Betrachtungen wieder.

Der Einsatz der Geometrie (insbesondere in der Grundschule) muss sich also nicht auf die Erfüllung des Lehrplans

**195**

beschränken. Vielmehr bietet Geometrie die Chance, Kindern noch reichhaltigere Erfahrungen in ihrer Umwelt zu ermöglichen und mathematisches Wissen an noch mehr Bereichen ihrer Lebenswirklichkeit festzumachen.

### 7.2.2 Rennen und nachbauen

Der Titel ist etwas irreführend: In diesem Abschnitt geht es um Nachbauspiele allgemein. Die beliebteste Variante bei Kindern scheint aber das »Rennen und Nachbauen« zu sein, welches auch beschrieben wird. Die Nachbauspiele erfordern in ihren unterschiedlichen Ausführungen verschiedene instrumentelle Lernziele. Diese werden im Anschluss an die Übungen aufgeführt. Für Nachbauspiele sind immer mehrere Personen nötig. Sie eignen sich hervorragend für Turniere. Als Material sollte eines gewählt werden, welches allen Kindern bekannt ist. Im Schulalltag sind dies meistens Steckwürfel. Auch Legosteine können verwendet werden.

A) Einfaches Nachbauen (2 Personen)

- Die erste Kind baut, ohne dass das zweite es beobachten kann, ein Gebilde aus Steckwürfeln. Dann gibt es das Steckwürfelgebilde dem zweiten Kind unter dem Tisch in die Hand.
- Kind zwei befühlt das Gebilde, legt es auf dem Schoß ab und versucht, auf dem Tisch mit weiteren Steckwürfeln dasselbe Gebilde zu bauen. Dazu darf es das Steckwürfelgebilde auf seinem Schoß beliebig oft in die Hände nehmen.
- Wenn es meint, dass das Ergebnis nun richtig ist, nimmt es das verdeckte Steckwürfelgebilde über den Tisch und vergleicht die beiden.

Varianten:

(a) Das zweite Kind baut ein Steckwürfelgebilde nach, das sichtbar vor ihm auf dem Tisch liegt.

(b) Das Kind baut ein Gebilde nach, das hinter einem Sichtschutz liegt. Es darf entweder schauen oder bauen, muss sich also das gesehene Steckwürfelgebilde immer wieder merken.

(c) Das Kind sieht das Original und baut sein Gebilde, ohne es zu sehen, unter dem Tisch nur nach Gefühl.

(d) Das Kind fühlt das Original unter dem Tisch und baut es auf dem Tisch nach, aber hinter einem Sichtschutz, so dass es keines der beiden Gebilde sehen kann.

(e) Das Kind fühlt das Gebilde, muss es sich merken und baut es dann nach, ohne es noch einmal in die Hand nehmen zu dürfen.

(f) Das Kind sieht das Gebilde, muss es sich merken und baut es nach, ohne einen weiteren Blick darauf zu werfen.

**Schwerpunkte dieser Lernübung:**
- Verbesserung des Zusammenspiels der Sinne (sensorische Integration)
- Kardinalzahlverständnis
- Strukturen erkennen
- Konzentration

B) Erklären und nachbauen (3 Personen)

- Das erste Kind baut ein Steckwürfelgebilde, welches das dritte Kind nicht sehen kann. Es gibt dieses Gebilde dem zweiten Kind.
- Die Aufgabe des zweiten Kindes ist nun, dem dritten Kind das Gebilde so zu beschreiben, dass es dieses nachbauen kann. Dabei bekommt das dritte Kind das Gebilde nie zu Gesicht.

**197**

- Das zweite Kind darf bei seiner Beschreibung nicht die Finger zum Zeigen benutzen.

Auch hier gibt es viele Varianten:

(a) Das zweite Kind sieht nicht, was das dritte Kind baut. Die Kinder dürfen sich aber miteinander unterhalten, um sicher zu gehen, dass das richtige Gebilde gebaut wird.

(b) Wie oben, aber die Kinder dürfen sich nicht unterhalten. Dann muss die Beschreibung von Kind zwei wasserdicht sein.

(c) Das zweite Kind sieht, was das dritte Kind baut. Das dritte Kind darf aber keine Fragen stellen, ja nicht einmal fragend einen Steckwürfel an die vermutete Stelle halten, um so die Information zu bekommen, ob es stimmt.

(d) Das zweite Kind bekommt einen Stift und ein Blatt Papier und muss das Steckwürfelgebilde so auf dem Papier festhalten, dass das dritte Kind dieses nachbauen kann. Dabei kann das zweite Kind sowohl zeichnen als auch eine Bauanleitung aufschreiben oder kommentierte Zeichnungen anfertigen.

(e) Man kann auch die Varianten von Seite 197 mit einbeziehen. Eine Übung könnte z.B. so aussehen, dass das erste Kind ein Gebilde baut, welches das zweite Kind nicht sieht. Es darf das Gebilde jedoch unter dem Tisch in die Hand nehmen, um es dem dritten Kind zu beschreiben. Dabei gehen die Kinder wie in (a) vor.

**Schwerpunkte der Übung:**
- dieselben wie bei der vorigen Übung, zusätzlich jedoch
- sprachliches Ausdrucksvermögen
- sich in andere Menschen hineinversetzen

C) Rennen und nachbauen

Das Prinzip ist dasselbe wie in den vorangegangenen beiden Übungen. Es wird allerdings durch eine sportliche Übung ergänzt bzw. unterbrochen. Die Stelle, an der das Steckwürfelgebilde liegt, ist durch einen Parcours von der Stelle getrennt, an der das Gebilde nachgebaut werden soll. Unter anderem sind hier folgende Varianten möglich:

(a) Das Kind flitzt durch den Parcours, schaut sich das Steckwürfelgebilde an, flitzt zurück und baut so viel, wie es von dem Gebilde behalten hat. Dann läuft es wieder zur Stelle, wo das Original liegt, rennt zurück und baut weiter. Das geht so lange, bis es ruft, dass es fertig ist. In Turnierform kann man immer einige Kinder auf parallelen Parcours gegeneinander antreten lassen, wobei dann die Gebilde in einem auf der Seite stehenden Kasten nachgebaut werden sollten, damit keiner abschauen kann.

(b) Das eine Kind baut das Steckwürfelgebilde, während das andere Kind immer hin und her rennt und dem ersten Kind beschreibt, was es bauen soll.

(c) Es werden kleine Mannschaften gebildet, welche die Aufgabe gemeinsam erledigen sollen. Auch hier wird ein Gebilde von der Lehrkraft vorgebaut und an der vorgesehenen Stelle bereitgelegt. Die Mannschaft, die das Gebilde zuerst richtig nachgebaut hat, hat gewonnen.

Schwerpunkte dieser Lernübung:
* Spielcharakter der Aufgabe
* mentale Operationen
* sprachliches Ausdrucksvermögen ((b) und (c))
* Organisation einer Mannschaftsaufgabe (c)
* weitere wie bei den beiden vorigen Übungen

### 7.2.3 Der mathematische Ausflug

Für viele Kinder, die im Rechnen Probleme haben, wird das Lernen der Mathematik zusätzlich dadurch erschwert, dass sie keinerlei Zusammenhang zwischen dieser und ihren Anwendungen in der Umwelt herstellen können. Daher ist es wichtig, dass insbesondere schwächere Kinder Anwendungen der Mathematik außerhalb des Schulunterrichts kennen lernen. Bei einem Ausflug, in dessen Rahmen Erlebnisse oft intensiver wahrgenommen werden als im Schulalltag, lassen sich zahlreiche Bezüge der Mathematik zur realen Welt aufzeigen. Dabei sollte der mathematische Gehalt des Ausflugs allerdings gut vorbereitet und gegebenenfalls mit Personen am Ausflugsziel abgesprochen sein.

- Z.B. ein Ausflug zum örtlichen Tierheim: In der Regel übernimmt ein Mitarbeiter des Tierheims die Führung durch die Anlage. Wichtige Zahlen sind hier die Anzahl der Tiere, die Anzahl der Käfige für die verschiedenen Arten, die Menge an Futter, das Gewicht von Tieren und insbesondere bei vorher vernachlässigten Tieren die Veränderung des Gewichts seit der Einlieferung. Der Tierschutzverein muss an vielen Stellen rechnen: Für wie viele Tiere haben wir noch Platz? Wie viel kostet Futter für einen Hund, eine Katze, ein Meerschweinchen? Wie viel Geld wird für das Futter insgesamt ausgegeben? Für wie viele Tiere würde das vorhandene Geld ausreichen? Wie lange reichen die im Lager befindlichen Vorräte? Es wäre wünschenswert, wenn der Mitarbeiter des Tierheims bei seiner Führung diese Punkte ansprechen könnte. Falls dies nicht möglich sein sollte, müssen Sie sich als Lehrkraft vorab im Gespräch mit diesen Daten vertraut machen und darüber vor Ort berichten.
- Weitere Ausflüge, die für Kinder interessant sein können, sind zum Zoo, zur Polizeiwache, zur Feuerwehr oder die Besichtigung einer Lokomotive. Dabei sollten Sie sich

vorher über das »mathematische Potenzial« des Ausflugs informieren und mit dem Führer oder der Führerin absprechen, wie es den Kindern präsentiert werden kann.

- Bei allen anderen Freizeitgestaltungen, bei denen Eintrittsgeld gezahlt werden muss, kann die Berechnung des Beitrags pro Kind mit den Kindern zusammen stattfinden. Dabei kann auch die Ersparnis durch Gruppenrabatt thematisiert werden.

Alle Rechnungen, die im Rahmen dieser Lernübung durchgeführt werden, haben das Ziel, dass die Kinder Mathematik in der Anwendung erleben. Das Ziel ist nicht deren vollständiges Verständnis.

### 7.2.4 Mathenacht

Die Lesenacht ist in der Grundschule mittlerweile eine bekannte Idee. Die Lehrerin und alle Kinder der Klasse übernachten gemeinsam im Klassenzimmer. Die Zeit bis zum Einschlafen wird mit Lesen, Vorlesen und Diskutieren verbracht, womit viele Lernziele des Sprachunterrichts verfolgt werden. Für die Kinder ist dies wie ein kleines gemeinsames Abenteuer. Nichts spricht dagegen, das Konzept der Lesenacht auf das Fach Mathematik anzuwenden. Durch Spiele, Geometrie, Knobelaufgaben und weitere bereits vorgestellte Lernübungen kann die Zeit zur intensiven Bearbeitung aller instrumentellen Lernziele verwendet werden. Die Beschäftigung mit diesen Themen bis zur Schlafenszeit und das Abenteuer »Übernachtung in der Schule« erhöhen die Verarbeitungstiefe der erlebten Inhalte, sodass ein effektives Lernen gewährleistet ist. In der Mathenacht sollten rechenschwache Kinder und solche mit Matheangst allerdings die Möglichkeit haben, dem eigentlichen Rechnen unauffällig ausweichen zu können. Dennoch werden die instrumentellen Lernziele durch Spiele, Geometrie und die anderen Lernübungen verfolgt.

## 7.2.5 Dreidimensionales Zeichnen

Normalerweise wird ein Teil des Mathematikunterrichts der Geometrie gewidmet. In dieser Übung lassen sich hervorragend die Lernziele »Regeln befolgen« und »räumliches Vorstellen« miteinander verknüpfen, indem man dem Kind erklärt, wie Schrägbilder von Würfelgebäuden gezeichnet werden. Bei schwächeren Kindern steht hier das Zeichnen oft so sehr im Vordergrund, dass sie die Übung gar nicht mit Mathematik in Verbindung bringen können. Deswegen kann das dreidimensionale Zeichnen auch im Kunstunterricht eingesetzt werden, wobei die Lehrkraft dem rechenschwachen Kind allerdings die meiste Aufmerksamkeit widmen sollte. Damit sich das Kind auf das Wesentliche konzentrieren kann, sollte man ihm Kästchenpapier zur Verfügung stellen. Die Arbeit mit Lineal auf unliniertem Papier ergibt bei motorisch wenig begabten Kindern häufig unbefriedigende Ergebnisse, so dass Frust vorprogrammiert ist. Außerdem sollten einige Holzwürfel vorliegen, an denen sich das Kind orientieren kann.

**Zeichnen eines einzelnen Würfels**

- Zuerst malt man dem Kind auf der Tafel oder auf dem Papier einen Würfel vor (Abb. 7.1). Die Aufgabe des Kindes besteht dann einzig darin, den Würfel abzumalen.
- Falls das Kind es nicht schafft, den Würfel abzumalen, zeigt man dem Kind die gesamte Strichfolge, die man benutzt hat: erst ein Quadrat mit Kantenlänge drei Kästchen, dann die drei schrägen – jeweils diagonal durch ein Kästchen verlaufenden – Linien und zum Schluss die fehlenden beiden Linien für die Rückwand. Während man diese malt, erklärt man die einzelnen Striche – etwa so, wie hier eben beschrieben.

- Falls diese erklärte Vorgehensweise vom Kind nicht reproduzierbar ist (eventuell ein Zeichen für schwache mentale Operationen oder auch Schwierigkeiten im Strukturieren, Testelemente für die Diagnose s. Kapitel 5), bietet man dem Kind an, Schritt für Schritt nachzumalen. Dann verfährt man wie im zweiten Punkt, wartet aber immer, bis das Kind seine Zeichnung auch so weit gemalt hat. Besonders bei den schrägen Linien können hier Probleme auftreten, wenn die Lehrkraft alle drei auf einmal malt. Deswegen sollte man am besten bei jeder schrägen Linie warten, bis das Kind sie abgezeichnet hat.

- Das Zeichnen des Würfelschrägbildes übt man mit dem Kind so lange, bis es dieses von alleine kann. Die Fähigkeit des Kindes, einen Würfel zu zeichnen, bildet die Grundlage für den nächsten Teil, in dem andere Lernziele verfolgt werden.

- Wenn man den Eindruck hat, dass das Kind die Zeichnung verstanden hat, nimmt man einen der vorliegenden Holzwürfel und untersucht mit dem Kind, welches Element der Zeichnung welchem Teil des Würfels entspricht. Dabei werden alle in der Zeichnung sichtbaren Flächen, Kanten und Ecken am Würfel gesucht. Die Lagen der nicht sichtbaren Flächen, Kanten und Ecken werden am Würfel bestimmt.

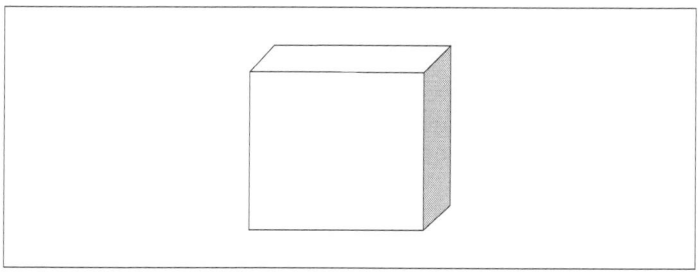

*Abbildung 7.1*

**Zeichnen eines kleinen Würfelgebäudes**

- Man stellt dem Kind einen zweiten Würfel links neben den im letzten Punkt verwendeten Würfel, sodass sich die beiden mit einer Fläche berühren. Dann bittet man das Kind, ein bereits vorhandenes Würfelbild weiterzuzeichnen, sodass der »Doppelwürfel« entsteht.
- Dabei fragt man das Kind bei jeder Linie, die es malt, sofort, welche Kante des Würfels diese sein soll. Eventuell verweist man darauf, welche Kanten des Holzwürfels durch den zweiten fortgesetzt werden und wie man das in der Zeichnung festhalten könne. Zu beachten ist hierbei, dass die schräg gezeichneten Kanten die richtige Richtung und Position aufweisen. Die Lehrkraft sollte Schrägbilder vorher bereits geübt haben!
- Wie bereits beim Einzelwürfel bezieht man mit dem Kind zusammen jede Stelle des Bildes auf die entsprechenden Stellen der beiden Holzwürfel.

**Zeichnen, während ein Bauvorgang stattfindet**

- Dieser Übungsteil verläuft im Prinzip wie der vorherige. Allerdings werden neue Würfel auch hinter, vor, auf oder rechts neben alte Würfel gestellt. Durch die neuen Würfel werden manchmal bereits gezeichnete Flächen, Kanten und Ecken ganz oder teilweise verdeckt. Dieses Problem wird mit einem Radiergummi gelöst.
- Bei diesem Aufgabenteil verlangt man vom Kind immer wieder den Abgleich, ob die gezeichneten Kanten usw. auch wirklich sichtbar sind und wo am Würfelgebäude sie sich befinden.

**Zeichnen eines vorgegebenen Würfelgebäudes**

- Diese Arbeit kann das Kind dann weit gehend ohne Aufsicht durchführen, wenn es die vorigen drei Phasen zur Zufriedenheit der Lehrkraft durchlaufen hat.

- Wenn das Kind fertig ist, gleicht man ausgewählte Stellen des Bildes mit den entsprechenden Stellen des Würfelgebäudes ab.

**Alternative Übungen zum Thema**
- Man kann dem Kind fehlerhafte Zeichnungen geben und es soll den/die Fehler finden. Dabei könnte z.b. eine Seitenfläche andere Maße als 3 × 3 aufweisen, eine schräge Linie in die falsche Richtung gehen, sichtbare Linien fehlen oder unsichtbare Linien (z.b. Kanten an der Rückseite eines Würfels) trotzdem gezeichnet sein.
- Man gibt dem Kind Kärtchen mit Bildern und lässt diese – bereits vorhandenen – Würfelgebäuden zuordnen.
- Man lässt das Kind Würfelgebäude nachbauen, die bereits gezeichnet sind.
- Das Kind soll erst die Anzahl der benötigten Würfel feststellen, bevor es das auf dem Bild gezeigte Würfelgebäude nachbaut.
- Man gibt dem Kind vier Zeichnungen, von denen drei dasselbe Würfelgebäude aus unterschiedlichen Perspektiven zeigen, das vierte jedoch falsch ist. Diese vierte Zeichnung muss herausgefunden werden.

Bitte beachten Sie:
- Das Kind sollte verstehen, dass die Zeichnung eine Eins-zu-Eins-Korrespondenz zu den sichtbaren Teilen des Würfelgebäudes aufweisen muss.

**Ziele dieser Lernübung:**
- Kardinalzahlverständnis (nur bei exakter Einhaltung der Anzahlen sieht das Bild gut aus); auch Kardinalzahlverständnis bei der vierten Alternativübung
- Regeln befolgen, später auch Regeln verstehen und begründen

- räumliches Vorstellen und Orientieren (beim Vergleichen von Bild und Original und beim gedanklichen Drehen)
- mentale Operationen (beim Planen der nächsten Linien)
- Konzentration

## 7.2.6 Würfelsummen

Jeder, der einmal Monopoly oder Siedler von Catan gespielt hat, weiß, dass die Summe von zwei Würfeln häufiger sechs, sieben oder acht ist als z.B. zehn, elf oder zwölf. Aber warum ist das so? Wissen Sie's? Die Untersuchung mathematischer Phänomene, die in der Lebenswirklichkeit des Kindes bereits erfahrbar gemacht werden können, bietet auch für schwächere Kinder Forschungsmöglichkeiten. Als Basis für diese Lernübung kann ein einfaches Spiel dienen: Auf einem Blatt Papier befinden sich zwölf große Felder, die mit den Zahlen von 1 bis 12 beschriftet sind. Jeder Mitspieler hat eine Anzahl von Spielsteinen, die am Anfang des Spiels auf die Felder gelegt werden. Dabei dürfen auch mehrere Spielsteine auf ein Feld. Eine gute Anzahl Steine pro Spieler wäre etwa 15 bis 20. Nun wird mit zwei Würfeln gewürfelt (wenn die Würfel unterschiedliche Farben – z.B. blau und rot – haben, werden dadurch nachfolgende Betrachtungen erleichtert). Die Summe der gewürfelten Zahlen bestimmt das Feld, aus dem jeder Mitspieler einen Spielstein nehmen darf. Falls in dem betreffenden Feld kein eigener Stein mehr liegt, kann man eben keinen zurückholen. Sieger ist derjenige, der als Erster alle Spielsteine zurückerhalten hat.

- Dieses Spiel wird einige Male gespielt, damit das Kind die unterschiedliche Häufigkeit der vorkommenden Zahlen erlebt.
- Man schlägt vor, das Spiel zu untersuchen, und legt eine Tabelle an, in deren oberster Spalte die Zahlen von 1 bis 12 stehen. Nun beginnt die experimentelle Phase der Lernübung: Das Kind würfelt, zählt die Zahlen zusam-

men und trägt das Ergebnis als Strich an der richtigen Stelle der Tabelle ein (»Strichliste«). Hier wechselt man sich mit dem Kind ab, wenn es dies wünscht.

- Nach ca. 50 Durchgängen erklärt man diesen Teil für abgeschlossen.

- Jetzt spielt man das Spiel ein weiteres Mal und beobachtet, ob das Kind im Vergleich zu vorher seine Strategie ändert: verstärkte Belegung der Felder um die Sieben herum. Diese Strategieänderung wird dann hinterfragt. Falls keine Strategieänderung auftritt, verweist man auf die angelegte Tabelle und erklärt, dass diese einem etwas über »Tricks« für das Spiel verrät.

- Wenn das Kind zur Überzeugung gelangt ist, dass die Verteilung der gewürfelten Summen tatsächlich ungleichmäßig – mit Schwerpunkt um die mittleren Zahlen 6, 7 und 8 herum – ist, stellt man als große Frage: »*Warum?*«

In dieser Phase – der Suche nach einer Begründung – sind so viele Ansätze möglich, dass es keinen Sinn macht, einzelne zu erklären. Vielfach wird das Experiment noch weiter fortgesetzt. Letztendlich liegt der Grund für die Verteilung der Würfelsummen darin, dass die Zahl 2 nur auf eine Art erreicht werden kann (2 = 1 + 1), während es für die 3 bereits zwei Möglichkeiten gibt: 3 = 1(blau) + 2(rot) oder 3 = 2(blau) + 1(rot). Die häufigste Zahl ist dann die 7. Für sie gibt es sechs Möglichkeiten. Über 7 nimmt die Anzahl der Kombinationen wieder ab.

Die Suche nach Gründen ist das eigentliche Ziel der Aufgabe. Dabei ist es zweitrangig, ob sie auch gefunden werden.

**Ziele dieser Lernübung:**
- Regeln entdecken und formulieren
- argumentieren und begründen
- spielerischer Zugang zur Mathematik

### 7.2.7 Einer fehlt

Diese Lernübung kann prinzipiell auch im normalen Klassenrahmen eingesetzt werden. Da die Leistungsunterschiede zwischen rechenschwachen und normal starken Schülern in den instrumentellen Lernzielen »Regeln erkennen« und »Abstrahieren« meistens erheblich sind, ist diese Übung eher für die Sonderförderung – insbesondere die Einzelförderung – empfehlenswert. Das Prinzip der Lernübung ist wie folgt:

- Die Lehrperson überlegt sich eine Menge, die nach einer selbst ausgedachten Regel vollständig ist. Diese Regel teilt sie dem Kind nicht mit. Hier sei die Beispielsregel: »Alle dreibuchstabigen Wörter aus den Buchstaben A, M und O.« Die vollständige Menge, die sich aus der Regel ergibt ist AMO, AOM, MAO, MOA, OAM und OMA.

- Aus dieser Menge wird ein Wort weggelassen, die restlichen Worte werden dem Kind gegeben. Das Kind erhält z. B. ein Blatt, auf dem die Worte AOM, AMO, OMA, MAO und MOA stehen.

- Die Lehrperson erteilt den Auftrag: »*Ein Wort fehlt. Finde es!*«

- Falls das Kind nicht in der Lage ist, das Wort zu finden, kann die Lehrperson das Kind erst einmal fragen, ob es denn sieht, nach welcher Regel alle diese Beispiele gebildet wurden. Sie kann mit dem Kind Gemeinsamkeiten der Beispiele erarbeiten, die vielleicht in der Aufstellungsregel münden. Dann kann das Kind erneut versuchen, das fehlende Wort zu finden.

- Gelingt es dem Kind immer noch nicht, kann man ihm eine Auswahl von Möglichkeiten geben, wobei auch das richtige Wort dabei ist. Hier z. B. »MOA, AMOA, MMA, OAM und AOMA«.

- Die letzten beiden Punkte können in ihrer Reihenfolge auch vertauscht werden.

Bitte beachten Sie:

- Die Auswahl des weggelassenen Teils bestimmt auch den Schwierigkeitsgrad der Aufgabe. Das Wort OMA wäre jedenfalls leichter zu entdecken als das Wort OAM.
- Bei größeren Mengen können auch zwei oder drei Möglichkeiten weggelassen werden.
- Geben Sie dem Kind genug Zeit zum Denken. Es soll in dieser Lernübung unter anderem den Einsatz der Tätigkeiten »ordnen, Regeln suchen, Gemeinsamkeiten erkennen und Beispiele finden« selbst initiieren und üben.
- Hinweise Ihrerseits sollten nur das Ziel verfolgen, Frust zu vermeiden. Stellen Sie die Aufgabe als das, was es ist: ein schwieriges Rätsel!

Weitere Regeln, nach denen Mengen hergestellt werden können, sind:

- relative Lagen von geometrischen Figuren: Bei einem Kreis und fünf Punkten können alle Punkte im Kreis liegen, alle außerhalb, zwei drin und drei draußen usw. Insgesamt sind es sechs Möglichkeiten.
- Bei einem Kreis, zwei Punkten und einem Strich sind auch sechs Varianten möglich.
- Steckwürfeltürme, die nach bestimmten Kriterien gebaut werden (s. auch Seite 173)
- alle Arten, fünf Quadrate bündig aneinander zu legen (12 Möglichkeiten)
- alle Teilmengen einer drei- oder vierelementigen Menge
- andere Mengen mit einer zu entdeckenden Struktur (z.B. die Menge aus großem und kleinem Quadrat, großem und kleinem Dreieck, großem und kleinem Kreis usw.)
- Rechenaufgaben mit immer demselben Ergebnis: $1 + 7$, $3 + 5$, $6 + 2$, $2 + 6$, $7 + 1$, $4 + 4$, welche fehlt?

**Ziele dieser Lernübung:**

- Regeln erkennen und befolgen
- ordnen
- mentale Operationen
- Analogien finden
- je nach Übung: Kardinalzahlverständnis
- argumentieren und begründen

### 7.2.8 Schätzkaskade

Diese Übung ist speziell zur Orientierung im Zahlenraum gedacht. Mit ihr erhält die Lehrperson einen Einblick in die kindliche Vorstellung der Zahlen. Eine weitere Einsatzmöglichkeit dieser Übung ist, dem Kind Erfahrungen bezüglich des Mengeneindrucks bestimmter Anzahlen von Objekten zu ermöglichen.

Man benötigt für diese Übung etwa 100 bis 500 Einzelgegenstände, je nach Leistungsstand des Kindes. Voraussetzung für die Durchführung ist, dass das Kind – mit allenfalls leichten Hilfestellungen – bis zur entsprechenden Zahl zählen kann. Besonders eignen sich hier Kastanien, Steckwürfel, Holzwürfel etc. Ein Blatt Papier und ein Stift sind ebenfalls nötig. Der gesamte Schätzprozess wird in der Form eines Baumdiagramms auf dem Papier festgehalten.

- Die Menge beispielsweise von Kastanien wird auf dem Tisch oder auf dem Boden ausgebreitet. Das Kind wird gefragt: *»Was schätzt du, wie viele Kastanien sind das?«* Insbesondere rechenschwache Kinder können beim Schätzen sehr zurückhaltend sein. Falls das bei Ihrem Kind der Fall ist, müssen Sie ihm in einem Gespräch die Angst vor dem »falschen Ergebnis« nehmen, da beim Schätzen der einzige zuverlässige Weg der Anzahlbestimmung ausgeschlossen wird. Diese erste Schätzung ist der Anfangspunkt eines längeren Schätzspiels, welches nur dann funktionieren kann, wenn man schätzt und nicht von Beginn an zählt. Versprechen Sie dem Kind, dass Sie eventuell am Ende des Spiels alle Kastanien genau durchzählen, falls es die genaue Anzahl wissen will.

- Das Schätzergebnis des Kindes wird ganz oben in die Mitte des Blattes geschrieben.
- Die Schätzkaskade hat keine völlig festgelegte Form. Es können in jedem Schritt verschiedene Aktionen durchgeführt werden: (a) Trennung eines Haufens in mehrere verschiedene Haufen, (b) möglichst genaue Aufteilung eines Haufens in eine vorgegebene Anzahl gleich großer Haufen, (c) Abspaltung eines Haufens mit einer vorgegebenen Anzahl von Kastanien oder (d) Zählen eines Haufens.
- Nach jedem Schritt wird die Anzahl Kastanien in jedem Haufen neu geschätzt. Auch die Haufen, die gar nicht verändert wurden, dürfen – mit der Begründung, dass Schätzen ja nicht genau ist – neu geschätzt werden.
- Die geschätzten und gezählten Anzahlen der Haufen werden etwas tiefer unter die vorhergehende Zeile auf das Blatt geschrieben. Dabei wird durch Verbindungslinien festgehalten, welche neuen Haufen aus welchen alten hervorgingen. So entsteht Schritt für Schritt das erwähnte Baumdiagramm.
- Wenn man die Übung beenden will, sagt man, dass nun auf Basis der Schätzungen und Zählungen die voraussichtliche Anzahl aller Kastanien bestimmt werden soll. Dazu stellt man einen Taschenrechner zur Verfügung. Wahlweise können auch alle Kastanien durchgezählt werden (eventuell mit der in 7.1.7 erwähnten Vorgehensweise).

Zum besseren Verständnis folgt eine kurze Beschreibung einer Schätzkaskade, Abb. 7.2:
- Das Kind schätzt die vorliegenden Kastanien auf 100 Stück.

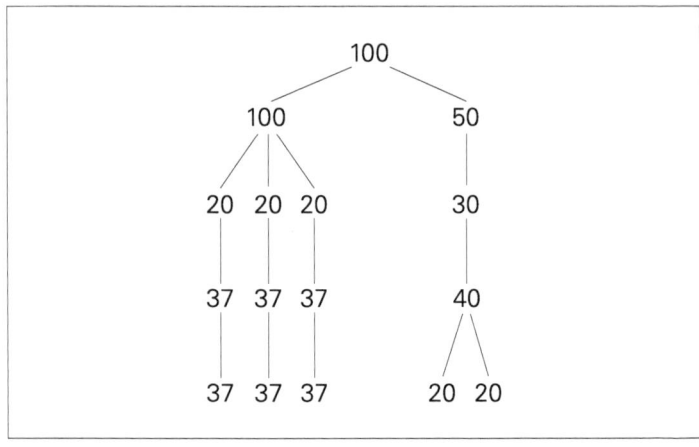

*Abbildung 7.2*

- Man erteilt den Auftrag: *»Nimm das einfach einmal auseinander in zwei verschieden große Haufen.«*
- Das Kind schätzt die beiden Haufen auf fünfzig und hundert.
- Man sagt: *»Und jetzt nimm den großen Haufen und mache daraus drei gleich große Teile!«*
- Das Kind schätzt die neuen Haufen auf je zwanzig und den ehemaligen »Fünfziger« auf dreißig.
- Man zeigt auf einen Zwanziger: *»Und jetzt zähle den hier!«*
- Das Kind zählt den Haufen durch und erhält 37 Stück. Daraufhin schätzt es die anderen beiden auch auf 37 und den letzten Haufen auf 40.
- Nach der Halbierung des letzten Haufens sagt das Kind sofort, dass die beiden neuen nun je 20 Stück seien.

## 7.3  Was sollte eine Therapie leisten?

So wichtig die Sofortmaßnahmen (s. Seite 155) für das Kind sind und so hilfreich die Fördermaßnahmen zu Hause und in der Schule (erste beide Abschnitte dieses Kapitels) sein können, bei den meisten rechenschwachen Kindern ab der Klasse drei reicht diese Förderarbeit nicht aus, um ihnen das Aufholen des Unterrichtsstoffs zu ermöglichen. Als Eltern oder Lehrkräfte sind Sie im Interesse des Kindes dazu verpflichtet, die Wirkung der von Ihnen getroffenen Maßnahmen kritisch zu beurteilen. Wenn Sie nicht sicher sind, dass das Kind das Förderziel ohne zusätzliche Förderung erreicht, sollten Sie eine spezielle Dyskalkulie-Therapie in Betracht ziehen. In Deutschland ist Dyskalkulie-Therapeut keine geschützte Berufsbezeichnung. Deswegen ist nicht überall, wo die Bezeichnung »Dyskalkulie« oder »Rechenschwäche« vorkommt, automatisch davon auszugehen, dass es sich dabei auch wirklich um kompetente und fachlich versierte Hilfe handelt. Nachfolgend werden einige Kriterien aufgeführt und begründet, die meines Erachtens Zeichen einer sinnvollen Therapie sind:

**1. Keine Zeitverträge**

Es ist leider immer wieder zu beobachten, dass Verträge auf eine bestimmte Mindestdauer abgeschlossen werden. Am Anfang einer Therapie kann nicht abgeschätzt werden, wie schnell das Kind seine mathematischen Fähigkeiten entwickeln wird. Ein Einjahresvertrag oder ein Halbjahresvertrag ist eventuell viel zu lang, wenn das Kind nur wenige Lücken hat und viele in der Schule wahrgenommenen Zusammenhänge im impliziten (unbewussten, nicht willentlich abrufbaren) Gedächtnis vorhanden sind. Außerdem laufen diese Verträge häufig durch die Ferien hindurch weiter, sodass auch durch den Therapeuten nicht erbrachte Leistungen bezahlt werden. Ein weiteres Problem der Zeitverträge ist, dass ein Ausstieg vielfach nicht möglich ist. Wenn erkannt wird, dass das Kind die Therapie oder den Therapeuten ablehnt, oder wenn die Eltern oder Lehrer begründete Zweifel an der Kompetenz des Therapeuten bekommen, ist das gezahlte Geld verloren. Zeitverträge sind also vom didaktischen Standpunkt her fragwürdig und dienen nur der finanziellen Absicherung des Therapeuten oder der Einrichtung.

Eine Einrichtung, die im Interesse des Kindes arbeitet, akzeptiert die Möglichkeit, dass eine Therapie auch entweder kürzer als erwartet sein kann oder dass sich die Einstellung des Kindes zur Therapie negativ entwickeln kann. Sie verzichtet deswegen auf langfristige Zeitverträge. Gegen Verträge mit Laufzeiten von bis zu zwei Monaten ist nichts einzuwenden, sofern sie vernünftige Regelungen enthalten, die den frühzeitig angekündigten Ausfall einzelner Stunden ermöglichen (Klassenfahrt, Urlaub oder Geburtstage etc.).

**2. Einblick der Eltern in den Unterricht**

Die Situation in der Familie eines rechenschwachen Kindes ist oft sehr angespannt. Das wird häufig als Begründung dafür genommen, dass die Eltern während der Therapie draußen warten müssen. Diese Begründung berücksichtigt aber Folgendes nicht:

(a) Nicht die Eltern sind der Grund für die schlechte Stimmung in der Familie, wenn es um das Rechnen geht. Auslöser für den familiären Stress ist vielmehr die Unkenntnis der Eltern über die Auswirkungen einer Rechenschwäche und die völlig andere Wahrnehmung der Mathematik durch das Kind. Es ist wünschenswert, dass die Eltern so viel wie möglich über die Rechenschwäche erfahren.

(b) Eltern sollten nicht den Eindruck bekommen, sie könnten das Problem einfach in die Hände von irgendwelchen Fachkräften geben. Umgekehrt ist es richtiger: Das Kind muss erkennen, dass es bei der Bewältigung seiner Probleme die aktive Unterstützung durch die Eltern erfährt.

(c) Es ist egal, wie spielerisch die Therapie aussieht und wie angenehm die Arbeitsatmosphäre ist. Das Kind weiß, dass es hier um seinen Alptraum Mathematik geht. Deshalb ist die Anwesenheit der Eltern ein Stück Sicherheit im Ungewissen.

(d) Eine gute Therapie sollte den Eltern Übungen an die Hand geben, die sie zu Hause mit dem Kind durchführen können. Eltern sollten ein Gefühl für den Umgang mit diesen Übungen bekommen. Daher ist es besser, wenn sie den Therapeuten bei der Arbeit beobachten können.

Es gibt allerdings auch Gründe, die den Ausschluss der Eltern aus einigen oder allen Therapiestunden rechtfertigen. Diese sind dann gegeben, wenn

- das Kind ständig Antworten auf Fragen im Gesicht der Eltern sucht,
- die Eltern sich während der Therapie zu sehr einmischen,
- das Kind in der Therapie Angst hat, in der Gegenwart der Eltern Fehler zu machen oder
- die Eltern zu Hause Übungen entgegen den Anweisungen des Therapeuten durchführen.

Es gibt keine Gründe, die den Ausschluss von Eltern aus der Therapie von vornherein rechtfertigen würden. Eine spätere diesbezügliche Entscheidung sollte der Therapeut (in einem Telefonat?) begründen können.

**3. Flexibles Therapiekonzept**

Wie in den Kapiteln 4 und 5 beschrieben wurde, braucht ein Kind unterschiedliche Fähigkeiten, um Mathematik lernen zu können. Bei einer vorliegenden Rechenschwäche können die Ursachen von Kind zu Kind daher völlig unterschiedlich sein. Es gibt kein Patentrezept, das mit allen Kindern gleichermaßen schnell fertig werden kann. Da im Interesse des Kindes die Therapiedauer möglichst kurz zu halten ist, sollte das Therapiekonzept flexibel auf das Kind abgestimmt werden können, um dessen besondere Stärken und Schwä-

215

chen zu berücksichtigen. Ein flexibles Therapiekonzept erkennt man an folgenden Punkten:

- Die Therapie findet als Einzelunterricht statt, denn nur so ist eine unmittelbare Reaktion des Therapeuten auf die Vorgehensweise des Kindes möglich.
- Der Therapieverlauf richtet sich nicht nach einem »programmierten Lernen«, besteht also nicht aus einer Abfolge von Arbeitsblättern. Arbeitsblätter, die eingesetzt werden, werden individuell für das spezielle Kind ausgewählt oder erstellt. Sie dienen in den Therapiestunden als Grundlage für die gezielte Beobachtung des Kindes, zu Hause als zusätzliche Aufgaben neben der Durchführung von Lernübungen durch die Eltern. Sie sollen nicht dazu dienen, den Eltern Arbeit mit dem Kind abzunehmen.
- Der Therapeut ist bereit, auf Beobachtungen seitens der Eltern in der häuslichen Arbeit mit dem Kind zu reagieren. Er nutzt Aufzeichnungen der Eltern, um Lernfortschritte des Kindes festzustellen, kann sein Therapiekonzept darauf einstellen und unerwartete Entwicklungen zur Verbesserung der Therapie einsetzen.

**4. Offenheit**

Ein seriöses Therapiekonzept muss nicht versteckt werden. Der Therapeut sollte in der Lage sein, das Therapiekonzept verständlich zu erklären, damit die Eltern verstehen, was mit ihrem Kind gemacht wird. Das Vertrauen der Eltern ist wichtig, denn es überträgt sich auf das Kind, genauso wie das Kind Skepsis seitens der Eltern spürt und fortan das unterschwellige Gefühl hat, dass die Therapie möglicherweise gar nichts bringt. Sie sollten als Eltern jederzeit die Gelegenheit haben, den Sinn bestimmter Aufgabenstellungen und Vorgehensweisen des Therapeuten zu hinterfragen. Sofern sich diese in ein sinnvolles Therapiekonzept einfügen lassen, wird der Therapeut ihnen Antworten geben können.

Das wird sowohl Sie weiterbringen (Sie verstehen den Zusammenhang) als auch den Therapeuten (er erkennt möglicherweise Verbesserungsmöglichkeiten). Stellen Sie diese Fragen aber nicht während der Therapiestunde, sondern in Abwesenheit des Kindes. Es wäre gut, wenn bei Interesse der Lehrerin auch diese an einer Therapiestunde teilnehmen könnte.

**5. Kompetente Therapeuten**

Hinterfragen Sie ruhig die berufliche Qualifikation des Therapeuten, der Ihr Kind betreuen wird. Sie werden ihm für die Betreuung Ihres Kindes eine Menge Geld zahlen. Es ist leider immer noch so, dass der Markt für Lerntherapien durch unseriöse Angebote »bereichert« wird. Teilweise arbeiten selbst ernannte Fachleute mit Kindern, teilweise glauben sie, dass eine mehrtägige Fortbildung ausreicht, um die nötige Qualifikation für die Therapie zu erlangen. Selbst im derzeitigen Lehramtsstudium kann man Examen machen, ohne ein einziges Mal den Begriff »Rechenschwäche« gehört zu haben. Lehrer sind daher nicht notwendigerweise sofort auch geeignete Dyskalkulie-Therapeuten. Sie werden eine Zusatzqualifikation in der Regel aber leichter umsetzen können als fachfremde Menschen. Mindestens ebenso wichtig wie die fachliche Qualifikation ist die Erfahrung im Umgang mit rechenschwachen Kindern, sofern ein flexibler Therapieansatz verwendet wird. Ein seriöser Therapeut wird Ihnen gerne und bereitwillig Auskunft über seinen beruflichen Werdegang erteilen.

# 8. Definitionen und rechtliche Lage

## 8.1 Verschiedene Definitionen von Rechenschwäche

Im Allgemeinen wird Rechenschwäche/Dyskalkulie als »die der Legasthenie im mathematischen Bereich entsprechende Lernstörung« empfunden. Die drei Begriffe Dyskalkulie, Arithmasthenie und Rechenschwäche haben dieselbe Bedeutung. Sie entsprechen in dieser Reihenfolge den Begriffen Dyslexie, Legasthenie und Lese- und Rechtschreibschwäche. Diese Analogien zwischen den Begriffen reichen aber nicht aus, um Dyskalkulie zu definieren.

Seit der Entdeckung der Tatsache, dass es offenbar Kinder gibt, die nicht ihrem Intelligenzniveau entsprechend Mathematik lernen, wurde von der Forschung viel Zeit und Arbeit investiert, eine funktionstüchtige Definition für Dyskalkulie zu finden. Es gab in der Vergangenheit dazu viele verschiedene Ansätze. Einige sollen hier herausgegriffen werden.

Ein möglicher Ansatz zur Definition von Dyskalkulie erfolgt über die in allgemeiner Form beobachtbaren Auswirkungen:

- Dyskalkulie liegt vor, wenn das Kind erhebliche Schwierigkeiten beim Lernen von Mathematik hat.
  Diese Definition hat ihr Hauptproblem darin, dass kein Entscheidungskriterium geliefert wird, ab wann Schwierigkeiten als »erheblich« einzustufen sind. Ein weiteres Problem ist, was überhaupt unter »Schwierigkeiten« zu verstehen sein soll.
- Dyskalkulie liegt vor, wenn die Schwierigkeiten und Verständnisfehler im Verlaufe des Lernens von Mathematik

gravierender werden und nicht oder nur schwer ausgeräumt werden können.

Auch hier ist das Problem in der Definition, dass nicht gesagt wird, wie schnell die Schwierigkeiten zunehmen
müssen bzw. wie viele Verständnisfehler welcher Art vorhanden sein müssen, um die Kriterien für das Vorliegen
einer Dyskalkulie zu erfüllen. Jeder kennt es aus seiner
Schulzeit, dass er irgendwann einmal »hinter den Stoff«
geraten ist, sei es durch häufigen Lehrerwechsel, Schul-
wechsel oder Krankheit. Insbesondere der Wechsel zu
einem schneller vorgehenden Lehrer, der den Stoff anders erklärte, als man gewohnt war, konnte dafür sorgen,
das man plötzlich »erhebliche« Probleme bekam. Man erkennt also, dass eine sinnvolle Definition von Rechenschwäche oder Dyskalkulie auch die Ursachen der Lern-
probleme berücksichtigen sollte.

Ein seit längerer Zeit verworfener Definitionsansatz war mit
der Annahme verbunden, dass es sich bei der Dyskalkulie
um die Konsequenz irgendeiner (hirn)organischen Ursache
handele. Extremformen dieser Art von Definition sagten
sinngemäß:

• Eine Dyskalkulie liegt vor, wenn die Hirnstrukturen, die
  für das Lernen der Mathematik nötig sind, nicht vorhanden oder nur unzureichend ausgebildet sind.

Das ist nach neurologischen Erkenntnissen mittlerweile
als Definitionsmöglichkeit so gut wie ausgeschlossen. An
den mathematischen Fertigkeiten sind so viele Hirnareale
beteiligt, dass man im Hirn nicht »den Bereich, in dem
die Mathematik gelernt wird« ausmachen kann. Allerdings gibt es Regionen im Gehirn, die spezielle Funktio-
nen ausüben, wie z.B. das Übersetzen von gesprochenen
Zahlen in geschriebene oder umgekehrt. Nachträgliche
Schädigungen in diesen Bereichen haben ganz spezifi-
sche Ausfälle zur Folge. Das menschliche Gehirn ist je-

doch plastisch genug, um kleinere vorgeburtliche Schädigungen einer Hirnregion durch andere Hirnregionen aufzufangen.

Eine weitere Möglichkeit, Dyskalkulie zu definieren, ergibt sich über die Tatsache, dass die Leistungsfähigkeit eines rechenschwachen Kindes im Bereich Mathematik signifikant von der Leistung in anderen Bereichen abweicht (Diskrepanzdefinition). Man spricht dann auch von einer Teilleistungsschwäche. In der Schule sind diese anderen Bereiche in der Regel die anderen Fächer. Wird ein Kind, das im Fach Sprache (also Lesen und Schreiben) und Sachunterricht gute Noten aufweist, nur in Mathematik mit mangelhaft oder gar ungenügend bewertet, so ist dies in der Regel ein Anlass für Eltern oder Lehrer, sich um die Klärung der dahinter stehenden Problematik zu kümmern. Da es jedoch in seltenen Fällen auch Kinder mit Schwierigkeiten im Erlernen des Rechnens gibt, die gleichzeitig legasthen sind, wird nicht nur die Schulleistung in den anderen Fächern für eine Definition heranzuziehen sein, sondern auch das allgemeine Intelligenzniveau des Kindes. Ferner sollte ausgeschlossen werden, dass die Minderleistung in Mathematik die Konsequenz einer anderen Störung wie Schädigung eines Sinnes oder neurologischer Probleme ist. Als Grundlage für eine Definition der Dyskalkulie dienen hier also zwei Gesichtspunkte:

- Das Kind weist in Mathematik ein Leistungsbild auf, das den Leistungen in anderen Fächern und/oder seiner Intelligenz nicht entspricht.
- Das Kind verfügt über eine normale Intelligenz und die Minderleistung im mathematischen Bereich ist keine direkte Folge einer Sinnesschädigung oder neurologischen Störung.

Auch bei dieser Art von Definition bestehen einige Probleme. Zum einen muss ein willkürliches Maß dafür angegeben werden, wann eine Abweichung der mathematischen Leistung von der Intelligenz oder den sonstigen schulischen Leistungen als signifikant einzustufen ist. Zum anderen treten als Begleiterscheinung einer Teilleistungsschwäche auch emotionale Störungen auf, welche sich sowohl auf die anderen Schulfächer als auch auf das Abschneiden bei Intelligenztests auswirken können. Der Unterschied zwischen der mathematischen Leistung und der gemessenen Intelligenz (bzw. den Leistungen in den anderen Fächern) fällt dann möglicherweise geringer aus als das festgelegte Maß der zulässigen Abweichung. Daher sollten die verwendeten Testverfahren nach Möglichkeit dazu geeignet sein, auch die Ursache von Fehlern, vom langsamen Aufgaben-Lösen oder sonstigem im Test beobachteten Verhalten zu bestimmen.

Eine andere Gruppe von Definitionen bezieht sich auf bestimmte Fehlertypen, die beim Rechnen, sonstigem mathematischen Arbeiten oder außerhalb schulischer oder anderer Lernsituationen auftreten können. Als besonders aussagekräftig werden insbesondere folgende Arten von Fehlern angesehen:

* schlechte Leistungen beim Vorwärts- und Rückwärtszählen
* sich um eins bei der Addition verrechnen
* Zehner und Einer vertauschen (45 ist vierundfünfzig)
* Rechenarten verwechseln
* Textaufgaben werden nur schematisch bearbeitet
* schlechtes Auswendiglernen des 1 + 1 und 1 × 1
* das Stellenwertsystem wird nicht richtig eingesetzt
* … (Jede Lehrperson hat weitere eigene Favoriten.)

Zu einer Definition von Dyskalkulie kann man hier gelangen, wenn man bestimmte Fehlertypen zuvor als relevant festlegt. Die Dyskalkulie wird dann über ein gehäuftes Auftreten von Fehlern der festgelegten Typen definiert.

221

Das Hauptproblem ist, Fehlertypen ausfindig zu machen, die tatsächlich ein Zeichen für eine besondere Qualität von Unverständnis oder Fehlverständnis sind. Was diese Art von Definition erheblich erschwert, ist, dass alle Fehlerarten auch während des normalen Lernprozesses auftreten können und mitunter über längere Zeit Bestand haben. Der betrachtete Fehler müsste daher immer auch im Kontext der Lernsituation des Kindes gesehen und bewertet werden. Wie schon bei den ersten beiden Ansätzen ist hier eine Grenze, diesmal zwischen tolerierbaren und nicht-tolerierbaren Fehlern und deren Häufigkeit, schwer zu ziehen.

Der Versuch, eine Dyskalkulie über die bei einem Kind auftretenden Fehler definieren zu wollen, ist jedoch verständlich. Schließlich ist es ja das gehäufte Auftreten von bestimmten Fehlern und die Hartnäckigkeit dieser Fehler, die Eltern oder Lehrpersonen erstmals auf die besondere Situation des Kindes aufmerksam werden lassen. Erheblich aussagekräftiger als die Fehler selber wäre in jedem Fall ein Gespräch mit dem Kind über die Gedankengänge, die zur Ermittlung der fehlerhaften Antwort geführt haben, denn Fehler in einem Ergebnis können auch bei größtenteils richtigen Gedankengängen auftreten. Entscheidend ist nie das Fehlerprofil des Kindes, sondern vielmehr das »Ursachenprofil«, das zu dem Fehlerprofil führt. Insbesondere gilt es bei der Arbeit mit dem Kind während einer Untersuchung seiner mathematischen Fähigkeiten, die durch Angst vor der Mathematik verursachten Fehler als solche zu erkennen. Deswegen erfordert diese Art von Definition die Durchführung eines Diagnoseverfahrens, welches nicht alleine auf vorgegebenen Tests basiert, sondern auch individuell auf das Kind eingeht, um die Ursachen der Fehler zu erkennen.

Die Richtlinien der Weltgesundheitsorganisation WHO (WHO/ICD10 – internationale Klassifikation psychischer Störungen 1995, Unterpunkt F81.2) definieren eine »Rechenstörung« so: »Beeinträchtigung von grundlegenden Rechenfertigkeiten. Diese Störung beinhaltet eine umschriebene Beeinträchtigung von Rechenfertigkeiten, die nicht alleine durch eine allgemeine Intelligenzminderung oder eine eindeutig unangemessene Beschulung erklärbar ist. Das Defizit betrifft die Beherrschung grundlegender Rechenfertigkeiten wie Addition, Subtraktion, Multiplikation und Division, weniger die höheren mathematischen Fertigkeiten, die für Algebra, Trigonometrie, Geometrie und Differential- sowie Integralrechnung benötigt werden.«

In den Leitlinien der Deutschen Gesellschaft für Kinder- und Jugendpsychiatrie und -psychologie werden neben dieser Definition auch Leitsymptome (eigentlich Symptomgruppen!) aufgeführt:

- Schwierigkeiten beim Verständnis der Rechenoperationen und der ihnen zugrunde liegenden Konzepte
- fehlender Mengenbegriff (auch Kardinalzahlverständnis genannt)
- Probleme beim Zählen und beim Lernen der Zahlwortfolge
- Probleme beim Speichern von Faktenwissen wie dem 1 + 1 oder dem 1 × 1
- Probleme mit dem dezimalen Stellenwertsystem und den darauf aufbauenden Rechenverfahren
- Probleme beim Übertragen von Zahlen aus einer Darstellung in eine andere (z.B. gesprochene Zahlen in dezimaler Schreibweise notieren oder eine solche Zahl vorlesen).

Als weitere Bedingungen für die Diagnose einer Rechenschwäche führen die Leitlinien einen gemessenen Intelligenzquotienten von IQ > 70, ein Rechentestergebnis in den unteren 10 % der Vergleichsgruppe bei zusätzlicher Abweichung des Ergebnisses des IQ-Tests um 1,5 Standardabweichungen vom Rechentestergebnis. Dadurch wird die Richtlinie der WHO weit gehend umgesetzt. Diese Definition, gemeinsam mit den Diagnosehinweisen, vereinigt also die drei Definitionsansätze für Dyskalkulie, die in diesem Abschnitt bereits vorgestellt wurden: den Ansatz über die in allgemeiner Form beobachtbaren Auswirkungen, die Diskrepanzdefinitionen und den Ansatz über spezielle Fehlertypen.

Im Umgang mit dem Kind ist die Unterscheidung zwischen »hat Dyskalkulie« und »hat keine Dyskalkulie« unwichtig. Die Aussage »hat Dyskalkulie« kann beim Kind bewirken, dass es sich jetzt nicht mehr um das Verständnis des Faches bemühen will, weil es ja sowieso nichts verstehen kann und das nicht seine Schuld ist. Andere Kinder sind niedergeschmettert, weil sie dem Vorhandensein des Begriffes entnehmen, dass ihre Lage aussichtslos ist. Wichtiger als die Unterscheidung zwischen »Dyskalkulie« und »Nicht-Dyskalkulie« ist, welche Auswirkungen die Schwierigkeiten in Mathematik auf das Wohlergehen des Kindes haben. Dass in der heutigen Welt jeder Mensch eine Grundausstattung mathematischen Verständnisses braucht, ist unstrittig. Deswegen ist Hilfe in jedem Fall auch angezeigt. Aber eventuell vorhandene oder auch nur drohende physische oder psychische Probleme machen Hilfe dringender, ob jetzt eine Dyskalkulie diagnostiziert wurde oder nicht.

Die einfache Aussage, dass eine Dyskalkulie vorliegt, hilft auch nicht bei der Planung geeigneter Gegenmaßnahmen. Die Benutzung dieses Wortes versteckt die Tatsache, dass es so viele verschiedene Dyskalkulien gibt, wie es auch Kinder gibt. Jedes Kind hat sein eigenes Fehlerprofil und zu jedem Fehlerprofil gibt es noch einmal unendlich viele denkbare Ursachenprofile. Bei einer sinnvollen Therapie sollten in jedem Fall die Ursachen der Teilleistungsschwäche angegangen werden mit der Zielsetzung, dass das Kind die Fehlerhaftigkeit seiner eigenen Gedankengänge selbst erkennen und überwinden lernt. Zudem sind häufig noch die Rechenschwäche begünstigende Faktoren in der Biografie oder Krankheitsgeschichte des Kindes zu finden, was wiederum auch Auswirkungen auf die Therapie haben kann.

Nachdem wir so viele Definitionen und Definitionsversuche für Dyskalkulie (Rechenschwäche, Arithmasthenie) gesehen haben, müssen wir uns über zweierlei klar werden:

1. Es gibt kein klar definierbares Phänomen »Dyskalkulie«. Jedes Kind hat seine eigene Auswahl an Verständnisschwierigkeiten, Fehlertypen, Ursachen usw.
2. Die Notwendigkeit, eine enge Definition der Dyskalkulie zu finden, ist fraglich.

## 8.2 Anforderungen an das Kind

In so genannten Lehrplänen legen die für Bildung zuständigen Ministerien der Länder Ziele und Inhalte der Lehrtätigkeit in den Schulen fest. Diese sind im Wesentlichen in allen Ländern gleich.

So findet man in den Richtlinien und Lehrplänen zur Erprobung für die Grundschule in NRW* auf Seite 84 ff. die Anforderungen an das Kind nach Klasse 2:

**Fähigkeiten und Fertigkeiten:**
- im Zahlenraum bis 100 addieren und subtrahieren
- die Größenordnung von Ergebnissen näherungsweise bestimmen
- verschiedene Rechenwege bei Additions- und Subtraktionsaufgaben nutzen
- zu den Kernaufgaben des kleinen Einmaleins die Ergebnisse weiterer Mal- und Geteiltaufgaben ableiten oder auf anderen Wegen errechnen

---

\* Richtlinien und Lehrpläne zur Erprobung für die Grundschule in Nordrhein-Westfalen, Schriftenreihe Schule in NRW, Heft Nr. 2012, herausgegeben vom Ministerium für Schule, Jugend und Kinder des Landes Nordrhein-Westfalen, Auflage 2003, Ritterbach Verlag

- sich unter Ausnutzung von Lagebeziehungen im Raum orientieren
- geometrische Grundfertigkeiten (legen, bauen, zeichnen) ausführen
- einfache Sachaufgaben lösen
- Tabellen und Diagrammen Daten entnehmen
- über Grundfertigkeiten beim Erheben von Daten verfügen (Messen von Längen, Darstellen von Geldbeträgen, Ablesen von Uhrzeiten).

**Kenntnisse:**
- Grundvorstellungen im Zahlenraum bis 100 besitzen
- über Grundvorstellungen der Addition und der Subtraktion, der Multiplikation und Division verfügen
- die Aufgaben des kleinen Einspluseins automatisiert und deren Umkehrungen sicher verfügbar haben
- die Kernaufgaben des kleinen Einmaleins automatisiert haben
- elementare Lagebeziehungen kennen
- zentrale ebene Figuren und Körper und deren wichtigste Eigenschaften kennen
- Grundwissen und basale Größenvorstellungen in den Bereichen Geld, Längen und Zeit besitzen.

Außerdem werden die **instrumentellen Lernziele** aufgeführt, also diejenigen Fähigkeiten, die geschult werden müssen, damit das Lernen von Mathematik erleichtert wird:
- kreativ sein: Aufgaben selbst erfinden
- mathematisieren: lebensweltlichen Situationen relevante Informationen entnehmen
- begründen: einfache Beziehungen und Gesetzmäßigkeiten erklären
- darstellen: eigene Überlegungen mitteilen
- kooperieren: anderen Vorgehensweisen nachspüren.

In der Regel sollte man davon ausgehen, dass bei verständiger Erfüllung dieser Anforderungen nach der zweiten Klasse bei einem Kind nicht mehr der Verdacht auf Dyskalkulie besteht. Bei Kindern mit hoher Intelligenz kann durch teilweises Erreichen dieser Ziele und Anforderungen eine Rechenschwäche verdeckt werden. Es ist also im Verdachtsfall auch bei richtigen Antworten auf Testfragen das zugrunde liegende Verständnis zu ermitteln.

Die Anforderungen an das Kind nach der vierten Klasse werden wie folgt festgelegt:

**Fähigkeiten und Fertigkeiten:**
- auf der Grundlage gedächtnismäßig verfügbarer Grundkenntnisse über Sicherheit im schnellen Rechnen – auch mit großen Zahlen – verfügen
- auf der Basis von Grundvorstellungen der vier Grundrechenarten verständig und unter Ausnutzung von Zahlbeziehungen, Rechengesetzen und Rechenvorteilen mündlich und halbschriftlich rechnen können
- die vier schriftlichen Rechenverfahren verstehen und die Verfahren der Addition, Subtraktion und Multiplikation sicher ausführen können
- problemangemessen runden bzw. schätzen und mit gerundeten bzw. geschätzten Zahlen überschlagend rechnen können
- Rechenwege aufgabenbezogen, aber auch abhängig von eigenen Präferenzen auswählen, hierbei auch den Taschenrechner reflektiert einsetzen können
- über räumliches Vorstellungsvermögen verfügen
- Grundvorstellungen zu geometrischen Grundbegriffen wie Flächeninhalt, Umfang, Symmetrie, Ähnlichkeit oder Parallelität in Problemsituationen nutzen können
- geometrische Grundfertigkeiten (z.B. zeichnen, zerlegen und zusammensetzen, spiegeln) anwenden können

- passend zum Aufgabenkontext unter verschiedenen Modellen zur Erschließung von Sachzusammenhängen (z.B. Zeichnungen, Zahlensätze, Simulationen) auswählen können
- Daten aus der unmittelbaren und der durch Diagramme oder Tabellen repräsentierten Lebenswirklichkeit erheben, verarbeiten und darstellen können
- Sachaufgaben in verschiedenen Darstellungsweisen (z.B. Sachtexte, authentische Texte, Sachprobleme) erschließen und selbstständig bearbeiten können
- wichtige Bezugsgrößen aus der Erfahrungswelt zur Lösung von Sachproblemen heranziehen können
- über sachrechnerische Grundfertigkeiten (z.B. Messen, Schätzen, Vergleichen) in den Bereichen Geld, Längen, Zeit, Gewichte und Rauminhalte verfügen.

**Kenntnisse:**

- gesicherte Vorstellungen von Zahlen und Zahlbeziehungen im Zahlenraum bis zu 1 000 000 sowie vom Aufbau des Zehnersystems besitzen
- über gesicherte Vorstellungen der vier Grundrechenarten und ihrer Zusammenhänge verfügen
- die Aufgaben des kleinen Einspluseins und des kleinen Einmaleins gedächtnismäßig beherrschen
- Eigenschaften geometrischer Grundformen (ebene Figuren und Körper) kennen
- die Wirkungen zentraler geometrischer Operationen kennen
- über sachrechnerisches Grundwissen in den Bereichen Geld, Längen, Zeit, Gewichte und Rauminhalte verfügen
- grundlegende Größenvorstellungen in diesen Bereichen ausgeprägt haben.

**Einstellungen und Haltungen:**

- Zutrauen in die eigenen Lernmöglichkeiten besitzen
- an herausfordernden Aufgaben interessiert sein
- Aufgaben zielgerichtet bearbeiten
- Fehler und Schwierigkeiten als Bestandteile des Lernprozesses akzeptieren und konstruktiv nutzen
- Beispiele für die Bedeutung von Mathematik für die Lösung von Problemen kennen.

Außerdem werden die **instrumentellen Lernziele** aufgeführt, also diejenigen Fähigkeiten, die geschult werden müssen, damit das Lernen von Mathematik erleichtert wird:

- kreativ sein
- mathematisieren, also aus einer Situation in der Lebenswirklichkeit einen mathematischen Inhalt ableiten und diesen weiter mit Mitteln der Mathematik bearbeiten
- begründen
- darstellen, also eigene Gedanken für andere nachvollziehbar präsentieren können
- kooperieren, also gemeinsam komplexere Aufgaben bearbeiten, dabei Verabredungen treffen und einhalten sowie eigene und fremde Standpunkte zueinander in Beziehung setzen.

Über spezielle Anforderungen an das Kind am Ende des ersten und dritten Schuljahres sagt dieser Lehrplan nichts aus.

## 8.3 Rechtliche Lage

In der International Classification of Diseases (ICD, internationaler Krankheitenkatalog) wird die Dyskalkulie/Rechenschwäche aufgeführt. Streng genommen ist diese Teilleistungsschwäche aber keine Krankheit im eigentlichen Sinne. Die Aufführung im ICD hat den Zweck, dass die Mitgliedsstaaten der WHO eine Therapie der Dyskalkulie in den Aufgabenbereich der Krankenkassen legen können. Von dieser Möglichkeit wird in Deutschland jedoch nicht Gebrauch gemacht.

Falls man in *Deutschland* die Übernahme der Therapiekosten durch Dritte wünscht, kommt in der Regel der §35a im Sozialgesetzbuch VIII zum Zuge (Eingliederungshilfe), seltener der §27 (Hilfe zur Erziehung). Die Voraussetzungen für die Gewährung der Eingliederungshilfe sind wie folgt geregelt:»Kinder und Jugendliche, die seelisch behindert oder von einer solchen Behinderung bedroht sind, haben Anspruch auf Eingliederungshilfe (Behinderung = funktionelle Einschränkung bzw. soziale Ausgrenzung).« Das bedeutet, dass man eine rechtlich relevante Bestätigung für das Vorhandensein einer seelischen Behinderung oder die Bedrohung durch eine solche aufgrund der vorliegenden Teilleistungsschwäche benötigt. In Deutschland ist daher der Gang zu einem Kinderarzt oder Psychologen notwendig, der eine solche Bescheinigung ausstellen darf. Wenden Sie sich bitte hierfür unbedingt an das Schulpsychologische Institut in Ihrem Kreis oder Ihrer Stadt. Die Therapiekosten werden in der Regel von dem Amt übernommen, das für Jugend zuständig ist. Da die Aufgabenaufteilung nicht in jeder Stadt und Gemeinde gleich geregelt ist, sollte man sich hier bei seiner Kommune informieren. Leider ist es in Deutschland so, dass jede Gemeinde oder Stadt ihren eigenen Umgang mit der Gewährung von Therapiekosten hat. Im Zuge knapper Kassen werden die Bedingungen für eine solche Kostenübernahme immer weiter verschärft. Hier zahlt sich eventuell Hartnäckigkeit oder der Kontakt zu lokalen Selbsthilfeorganisationen aus. Schließlich steht im Gesetzestext, dass ein von einer seelischen Behinderung betroffenes oder bedrohtes Kind ein Recht auf Eingliederungshilfe hat. In jedem Fall kann auch das örtliche Schulpsychologische Institut Hinweise für die in der jeweiligen Gemeinde nötigen Schritte hin zur Gewährung einer Kostenübernahme geben.

In der *Schweiz* sollten Eltern erst zum örtlichen Schulpsychologischen Dienst gehen. Dort stellt der Schulpsychologe in einem Gutachten den Förderbedarf des Kindes fest. Mit Einverständnis der Eltern wird dieses Gutachten an die Schulbehörde weitergeleitet. Die Therapie erfolgt durch von der Schulgemeinde gestellte Therapeuten und ist für die Eltern kostenneutral. Teilweise gibt es Wartelisten mit Wartezeiten von drei bis sechs Monaten. In Gemeinden mit integrativer Beschulung bestehen abweichende Regelungen.

In *Österreich* sollten sich betroffene Eltern erst an den Schulpsychologischen Dienst wenden. Ob Therapiekosten übernommen werden, kann man dann bei seiner Krankenkasse erfahren.

## 9. Erklärung der wichtigsten in diesem Buch verwendeten Fachbegriffe

**abstrahieren:** aus einer konkreten Situation den allgemeineren Zusammenhang ableiten. Beim Abstrahieren entfernt man sich von Beispielen und konzentriert sich nur auf bestimmte Eigenschaften der Beispiele.

**Abstraktion:** entweder die Tätigkeit des Abstrahierens oder das Ergebnis davon.

**Addition:** Plus.

**algorithmisieren:** eine Vorgehensweise entwickeln, die für viele Aufgaben desselben Typs angewandt werden kann.

**Analogien bilden:** von Bekanntem auf Neues schließen, Gemeinsamkeiten vermuten und diese Gewinn bringend einsetzen (»das hier scheint so ähnlich zu sein wie dieses, also wird es wohl auch so ähnlich funktionieren«).

**analysieren:** eine Ordnung erkennen, Beispiele erzeugen und von diesen auf die Eigenschaften der Gesamtsituation schließen.

**Anschauungsmaterial:** Gegenstände, mit denen das Kind eine Rechnung handelnd lösen kann, z. B. Klötzchen, die man zusammenschütten kann, um eine Plusaufgabe zu lösen.

**Anzahlgefühl:** von speziellen Gehirnzellen vermittelter Eindruck, der uns – ohne dass wir erst zählen müssen – sagt, wie viele Gegenstände ungefähr vorliegen. Umgekehrt wird das Anzahlgefühl bei uns sogar dann ausgelöst, wenn wir etwas gesagt bekommen wie »zwanzig Schafe«; s. S. 68 ff.

**Anzahlkonstanz:** Wenn eine Menge durcheinander gerät, aber nichts abhanden kommt, bleibt die Anzahl der Gegenstände gleich: Wir brauchen nicht noch einmal zu zählen, um das zu wissen.

**Arbeitsmittel:** zusammenfassende Bezeichnung für alle Gegenstände, mit denen das Lernen der Mathematik erleichtert werden kann. Dazu zählt insbesondere alles Anschauungsmaterial.

**Arithmasthenie:** weitere Bezeichnung für Rechenschwäche oder Dyskalkulie. Das zugehörige Adjektiv ist »arithmasthen«.

**Auge-Hand-Koordination:** das Zusammenspiel zwischen Sehen und Handeln (mit den Händen); wichtig für die Feinmotorik.

**Cuisenaire-Stäbe:** bunte Holzstäbe im Format $1 \times 1 \times 1$ cm bis $1 \times 1 \times 10$ cm. Gleich lange Stäbe haben gleiche Farben; s. S. 97 ff.

**dezimale Zahlenstruktur:** die Ordnung innerhalb einer Zahl nach dem dezimalen Stellenwertsystem.

**dezimales Stellenwertsystem, Dezimalsystem:** unser Zehnersystem. Die Zahlen sind so aufgebaut, dass die 10 eine vereinfachende Rolle spielt: 27 heißt: zwei Zehner und sieben Einer. Für zehn Zehner wiederum wird eine neue Zahl eingeführt, nämlich die Hundert. Mit Tausend, Zehntausend usw. setzt sich das gleiche Prinzip fort; s. S. 45 ff.

**Dezimalzahlverständnis:** hat ein Kind, wenn es weiß, dass in einer mehrstelligen Zahl den einzelnen Ziffern unterschiedliche Werte zugeordnet werden müssen.

**Division:** Geteilt; das Gegenteil von Mal. Wenn drei Kinder 234 Gummibärchen haben, berechnet man mit der Division 234:3, wie viele Gummibärchen jedes einzelne Kind bekommen muss, wenn gerecht geteilt wird.

**Doppelzahl:** Zahlen wie 22, 33 oder 66.

**Eins-zu-Eins-Beziehung:** Zwischen zwei Mengen besteht eine Eins-zu-Eins-Beziehung, wenn jedem Gegenstand der einen Menge ein Gegenstand der anderen Menge entspricht und umgekehrt. Wird diese Entsprechung irgendwie verdeutlicht, z.B. durch Zusammenlegen von jeweils zwei Gegenständen oder das Ziehen von Verbindungs-

linien, dann spricht man von einer Eins-zu-Eins-Zuordnung.

**Faktor:** eine Zahl in einer Mal-Aufgabe. Bei 3 × 4 = 12 sind 3
und 4 die Faktoren.

**Feinmotorik:** die Gesamtheit aller kleinen, genau abge-
stimmten Bewegungen, zu denen ein Mensch fähig ist.

**gebündeltes Material:** Im Gegensatz zu Anschauungsmaterial, das in lauter Einzelteilen vorliegt (z.B. Kastanien), ist
gebündeltes Material in Gruppen zu zehn Stück abgepackt.
Diese Packungen werden wiederum zu zehnt in Hundertern zusammengefasst. Im weiteren Sinne kann man auch
Systemblöcke (Einerwürfel, Zehnerstangen und Hunder-
terplatten) dazu zählen. Hier kann man die Zehner und
Hunderter aber nicht wieder »entbündeln«, also in die
nächstkleineren Einheiten auflösen.

**Grundrechenarten:** Plus (Addition), Minus (Subtraktion),
Mal (Multiplikation) und Geteilt (Division); s. S. 30 ff.

**Händigkeit:** die bevorzugte Arbeitshand (Linkshändigkeit
und Rechtshändigkeit).

**halbschriftliche Rechenverfahren:** Rechenmethoden für die
Grundrechenarten, die nicht festlegen, wie das Ergebnis
erlangt werden soll. Dabei dürfen Zwischenergebnisse
aufgeschrieben werden. Teilschritte werden aber auch im
Kopf gerechnet.

**Handicap:** gezielte Selbstbenachteiligung eines Spielers. Bei
unterschiedlichen Spielstärken kann man durch Anpas-
sen der Startposition, des zu erreichenden Ziels oder eini-
ger Regeln die Siegeschancen eines schwächeren Spielers
steigern. Langfristig ist dann für den schwächeren Spieler
der Abbau des Handicaps ein attraktives Ziel.

**Handlungserfahrungen:** Erfahrungen mit dem Durchführen
von Handlungen. Dabei wird vorausgesetzt, dass auch die
Ergebnisse der Handlungen wahrgenommen werden.

**handlungsorientiert:** darauf achtend, dass auch Erfahrungen
an konkretem Material gemacht werden können.

**Hypothese:** eine Vermutung, die noch überprüft werden soll.

**hypothesengeleitetes Beobachten:** Testverfahren, welches aus einem Wechselspiel zwischen »Vermutungen aufstellen« und »diese einem Test unterwerfen« besteht. Die Beobachtungen während des Testverfahrens nehmen Einfluss auf die Vermutungen, während die neuen Vermutungen wiederum bestimmte Änderungen der Vorgehensweise erfordern. So kann z. B. flexibel auf ein Kind eingegangen werden, das auf Rechenschwäche hin getestet wird; s. S. 62 ff.

***ICD*:** siehe »International Classification of Diseases«

**individuelle Bezugsnormorientierung:** Zur Benotung oder Bewertung vergleicht man das Kind nicht mit den anderen Kindern, sondern misst es an der Entwicklung seiner eigenen Fähigkeiten.

**instrumentelle Lernziele:** allgemeine Fähigkeiten, die für das Lernen von Mathematik nützlich sind, und umgekehrt: Durch das mathematische Arbeiten können diese gefördert werden und so auch wieder positive Auswirkungen auf andere, nicht mathematische Lebensbereiche haben. Dazu zählen: Strukturen erkennen, Ordnen, Analysieren, Analogisieren, Algorithmisieren, mentale Operationen, Verbalisieren und weitere; s. S. 66.

**Intelligenzquotient:** gibt an, wie viele Punkte jemand in einem Intelligenztest erreicht hat. Soll in einer Zahl ausdrücken, wie intelligent jemand ist. 100 gilt als Durchschnitt.

**International Classification of Diseases (*ICD*):** von der Weltgesundheitsorganisation herausgegebene Liste aller definierten Krankheitsbilder.

**Kapitänsaufgabe:** eine Textaufgabe, die keinen Sinn ergibt. Mit den Angaben einer solchen Aufgabe kann man kein Ergebnis erhalten.

**Kardinalzahlverständnis:** wenn ein Kind weiß, dass sich das Ergebnis, das es beim Zählen einer Menge herausbekommt, nicht ändert, wenn die Menge neu angeordnet wird, spricht man von Kardinalzahlverständnis. Das Kind erkennt das Ergebnis des Zählens als Anzahl; s. S. 26ff; S. 68ff; bes. S. 75ff.

**Kernaufgaben:** wichtige Rechenaufgaben, aus denen sich die Ergebnisse anderer Aufgaben leicht ableiten lassen. Z.B. lassen sich aus Aufgaben wie 5 + 5, 6 + 6 usw. auch die Ergebnisse von 5 + 6, 6 + 7 usw. herleiten.

**Kombinatorik:** der Bereich der Mathematik, der sich mit der Frage »Wie viele Möglichkeiten gibt es, um ...?« befasst.

**Kopfgeometrie:** das gedankliche Bewegen und Verändern von geometrischen Formen im Kopf.

**Legasthenie:** Teilleistungsschwäche, bei der Probleme im Lesen oder Schreiben vorliegen, die nicht durch geringere Intelligenz verursacht werden. Im übertragenen Sinne wie eine Rechenschwäche im Bereich Lesen und Schreiben.

**Mengenbegriff:** Kardinalzahlverständnis.

**Mengeninvarianz:** Eine Menge verändert nicht die Anzahl ihrer Elemente, wenn sie neu angeordnet wird.

**mentale Operationen:** gedanklich durchgeführte Handlungen; s. S. 30ff.

**Motorik:** die Gesamtheit aller Bewegungen, die ein Kind durchführen kann.

**Multiplikation:** Mal. Wenn mehrere gleiche Zahlen addiert werden sollen, kann man das Ergebnis auch mit »Mal« herausfinden. Beispiel: 4 + 4 + 4 = 12 kann man auch mit 3 × 4 berechnen; s. S. 40ff.

**Piaget-Test:** vom Schweizer Psychologen Jean Piaget entwickelter Test um zu untersuchen, ob ein Kind Kardinalzahlverständnis besitzt.

**Quader:** eine räumliche, geometrische Figur, deren Seitenflächen Rechtecke sind. Beispiele hierfür sind Streichholzschachteln, Schuhkartons oder Ziegelsteine.

**Rechenoperationen:** alles, womit man aus zwei oder mehr Zahlen neue Zahlen macht. In erster Linie die Grundrechenarten Plus, Minus, Mal und Geteilt.

**selbstdifferenzierende Aufgaben:** Aufgaben, die so gestellt sind, dass unterschiedliche Kinder sie jeweils ihren eigenen Fähigkeiten entsprechend bearbeiten können, ohne dass die Lehrkraft weiter eingreifen muss.

**sensorische Integration:** die Vernetzung verschiedener Sinneseindrücke miteinander. Vor allem nachts werden vom Gehirn Sinneseindrücke unterschiedlicher Sinne, die ungefähr gleichzeitig wahrgenommen wurden, miteinander in Beziehung gesetzt. Daher können wir uns z.B. vorstellen, wie sich etwas anfühlt oder anhört, das wir lediglich sehen; s. S. 69.

**Stellenwertsystem:** siehe »dezimales Stellenwertsystem«.

**strukturieren:** ungeordnete Situationen ordnen, eine Systematik in etwas hineinbringen und bekannte Ordnungen nutzen.

**»subitizing«:** englischer Begriff für das spontane Erfassen kleiner Anzahlen: Bei einem, zwei oder drei Gegenständen wissen wir sofort, wie viele es sind, ohne erst zu zählen.

**Subtraktion:** Minus; s. S. 36.

**suggestiv:** suggestiv sind Fragen, Hinweise oder Verhalten dann, wenn sie das Kind zu einer bestimmten Antwort lenken. Das kann sowohl bewusst als auch unbewusst geschehen.

**Summand:** Zahl in einer Plus-Aufgabe. Bei 3 + 4 = 7 sind 3 und 4 die Summanden.

**symmetrisch:** spiegelsymmetrisch ist eine Figur dann, wenn man bei ihr – wie bei einem Schmetterling – die eine Seite genau auf die andere Seite klappen kann. Drehsymmetrisch ist eine Figur dann, wenn sie, nur ein Stückchen weitergedreht, so aussieht, als wäre sie nicht gedreht worden.

**Symptom:** allgemein: Auswirkung einer Krankheit. Hier: Auswirkungen der Dyskalkulie in Form von Fehlern etc.

**Symptomatik:** das Gesamtbild aller Symptome.

**Teilleistungsschwäche:** Minderleistung in einem Schulfach, die nicht durch geringe Intelligenz zu erklären ist.

**verbalisieren:** einen Zusammenhang in Worte fassen.

**Vorzugsrichtung:** eine der beiden Richtungen »von rechts nach links« oder »von links nach rechts«, und zwar die Richtung, die man als »normal« empfindet.; s. S. 99.

***WHO*:** die Weltgesundheitsorganisation in New York.

**Zählneuronen:** eine spezialisierte Art von Gehirnzellen, die uns ein Gefühl für die Anzahl von vorhandenen Gegenständen mitteilen. Mit ihrer Hilfe schätzen wir Anzahlen und erkennen, welcher von zwei Haufen der größere ist; s. S. 68 ff.

**Zahlendreher:** wenn bei einer Zahl die Zehner mit den Einern vertauscht werden, wie in 45 ⟺ 54.

**Zahlwortfolge:** die Abfolge der Wörter, die beim Zählen verwendet werden. Die Zahlwortfolge beginnt mit »Eins, Zwei, Drei, …«.

**Zehnerpotenz:** nur die Zahlen 1, 10, 100, 1000 und so weiter.

**Zehnerübergang:** beim Zählen diejenige Stelle in der Wortfolge, an der ein Wechsel der Anzahl der Zehner in der Zahl stattfindet: … 59, 60 … oder rückwärts. Beim Rechnen sind dieselben Stellen gemeint, nur werden sie dann gegebenenfalls übersprungen, wie bei 35 + 7 = 42.

**Ziffernkette:** mehrere Ziffern hintereinander, ohne dass ihre unterschiedlichen Positionen als Einer, Zehner oder Hunderter berücksichtigt werden. Dieser Begriff soll im Gegensatz zum Dezimalzahlverständnis gesehen werden; s. S. 45 ff.

**Zuordenbarkeit:** wenn es möglich ist, zwei Mengen Stück für Stück einander zuzuordnen, dann spricht man von Zuordenbarkeit der Mengen.